RATGEBER ERLÄUTERT, WARUM EIGENTUM BESSER IST ALS MIETE - Überlegen Sie gerade, ob Sie vom Mieter zum Eigentümer werden wollen, oder ob Sie Ihr Geld in eine Immobilie investieren, um diese zu vermieten? Dann sollte das Buch „Das Einmaleins der Immobilien-Investition“ vorab zu Ihrer Pflichtlektüre werden.

HAMBURGER ABENDBLATT, 14. Nov. 2015

DAS EIN X 1 DER IMMOBILIEN-INVESTITION...
Dieser Titel ist tatsächlich Programm [...] Peter stellt so ziemlich alle Vor- und Nachteile der Immobilie als Anlageform heraus [...] Egal ob Eigenheim oder Anlageimmobilie, alle Beispiele werden mit einem fixen Startkapital exakt durchgerechnet [...].

WELT AM SONNTAG, 27. Dez. 2015

Dieser profunde Ratgeber vermittelt einen detaillierten Überblick über die Trümpfe und Fallstricke, Chancen und Risiken von Immobilieninvestitionen und liefert dem Leser mit aktuellen Praxisbezügen eine konkrete Hilfestellung.

IZ – DAS IMMOBILIENMAGAZIN, 2016 / Heft 1-2
(Immobilienverband Deutschland)

Baugeld war nie günstiger – was liegt da näher, als in Wohneigentum zu investieren? Wie man das am besten macht, weiß Immobilien-Experte Michael A. Peter.

SCHÖNER WOHNEN, Heft 3/2016

Durch seinen einfachen, aber dennoch fundierten Schreibstil versucht Peter, dem Leser die Unsicherheit zu nehmen. Jeder kann lernen, klug in Immobilien zu investieren.

BERLINER ZEITUNG, 22. Nov. 2015

DAS EINMALEINS DER IMMOBILIEN-INVESTITION

3. Auflage, Dezember 2020

Peter & Peter Liegenschaften GmbH, Berlin
Projektleiter: Philipp Peil

Lektorat: Tina Conrad, Berlin
Co-Lektorat: Michael Bachmann, Birgit Conrad, Werner Kost,
Marcus Kramer, Gerold Krystosek, Chris Metelmann

Buchgestaltung: Double Standards, Berlin
Fotografie: Nell Peter
Schmetterling: Theresa Peter

Druck: primeline print berlin GmbH

ISBN: 978-3-00-043390-0
Deutsche Nationalbibliothek: IDN 107 601 46 58
www.immoEinmaleins.de

DAS EIN × 1 DER IMMOBILIENINVESTITION

WARUM IMMOBILIEN SO PHÄNOMENAL LUKRATIV SIND

Warten Sie nicht damit Immobilien zu kaufen.
Kaufen Sie Immobilien und warten Sie!

Don’t wait to buy real estate. Buy real estate and wait!

Mark Twain

Für meine Eltern Ina Peter und Hans Rudolf Peter.
Welch ein Glück, dass es euch gab!

Für Vincent, Nell, Noah und Theresa.
Welch ein Glück, dass es euch gibt!

Wer eine Tätigkeit gefunden hat, die er liebt,
braucht nie mehr zu arbeiten.
Konfuzius

WARUM ICH TUE, WAS ICH TUE

Ich liebe Häuser,
die ganz kleinen wie die ganz großen,
die Perlen und auch die heruntergekommenen
(weil ich mir hier ausmalen kann,
was alles daraus werden könnte).

Ich liebe Hausbesichtigungen, schummrige Keller,
den Putzmittelgeruch in Treppenhäusern
und die staubflimmernde Luft der Dachböden.
Ich liebe Eingänge, Flure und Kammern
und das Sonnenlicht auf Balkonen.
Ich liebe Hinterhöfe und Gärten,
sogar die vergessenen
und erst recht die verwunschenen.

Ich liebe es, Immobilienangebote zu studieren,
egal, wo in der Welt ich mich gerade aufhalte.
Man lernt dabei viel über die Kultur
und den Zustand einer Region.

Ich liebe es, dass man in meiner Branche
so vielen unterschiedlichen Menschen begegnet.
Ich liebe es, mit Handwerkern, Hausbewohnern,
Nachbarn, Maklern und Hausverwaltern zu plaudern,
mit Verkäufern oder Käufern zu verhandeln.

Ich liebe es, Projekte zu entwickeln, Skizzen zu machen,
Kosten und Erlöse zu kalkulieren.
Ich liebe auch die Ausarbeitung von Verträgen und
die Verlesung der Kaufurkunden durch den Notar.

Ich liebe das Dauerhafte an Gebäuden
und dass man sie, genau deshalb,
auf Dauer nie für sich alleine hat.
Sie hatten andere Besitzer, Bewohner, Besucher
und werden wieder andere haben -
Häuser speichern Geschichte und Geschichten.

Die meisten Häuser überleben uns.
Aber für eine befristete Zeit
lassen sie uns nicht nur in sich,
sondern auch von sich leben.

Ja, ich liebe Häuser auch deshalb,
weil ich von ihnen lebe.
Ich liebe es, dass ich durch sie, und obwohl ich
mit nichts begann außer Leidenschaft,
über lehrreiche Jahre hinweg,
Wohlstand und Unabhängigkeit erlangen durfte.

Ich liebe gute Häuser und gute Investitionen,
am meisten jene, mit denen alle gut leben können.
Außerdem liebe ich es, keinen Boss zu haben.

Nur weil ich so vieles daran liebe, tue ich das, was ich tue.
Deshalb sind Immobilien mein Beruf geworden.

DAS EIN × 1 DER IMMOBILIEN INVESTITION

WARUM IMMOBILIEN SO PHÄNOMENAL LUKRATIV SIND

EINLEITUNG

WILLKOMMEN IN DER WELT DER IMMOBILIE!

Bisher ist Deutschland kein Land von Immobilieneigentümern. Nicht einmal die Hälfte der Bundesbürger besitzt vermietete oder selbst genutzte Immobilien. Ein einsamer Minusrekord in Europa. In Großbritannien sind rund 70% der Einwohner Immobilieneigentümer, in Spanien und Italien sind es 80% und in Staaten wie der Slowakei und Rumänien sogar 90%. In Berlin, der größten deutschen Metropole, besitzen hingegen nur etwa 15% der Einwohner Immobilien. Aufgrund des geringen Immobilienbesitzes ist das Durchschnittsvermögen der deutschen Haushalte nicht einmal halb so groß wie zum Beispiel jenes in den Euro-Krisenstaaten Spanien, Italien und Zypern.

Deutschland ist traditionell eine Mieternation. Eine wesentliche Ursache dafür ist das historische Rentenversprechen der deutschen Politik. Die Nachkriegsgenerationen wurden in Sicherheit gewogen, getreu dem Motto: *Die Rente ist sicher.* Und darauf haben wir uns blind verlassen. Es schien ausgemacht, dass der Staat sich *für uns* kümmert und dass die Rente locker einen komfortablen Lebensabend samt Mietwohnung finanzieren wird. Doch in den letzten Jahren hat die Realität uns eingeholt. Und plötzlich wird die Politik gar nicht mehr müde zu betonen, dass die Rente für viele nicht reichen werde und dass jeder Bürger selbst vorzusorgen habe. Wie aber soll das gehen, in Zeiten historisch niedriger Sparzinsen unterhalb der Inflationsrate?

DIE AUSGANGSSITUATION IN SACHEN VERMÖGENSAUFBAU 2015:

- die Rente ist nicht mehr sicher;
- die früheren Lieblingsanlagen der Deutschen, das Sparkonto und die Lebensversicherung, liefern unterirdische Verzinsungen; dasselbe gilt für das Riester-Sparen;
- Aktien und andere globale Anlagen sind für niemanden mehr zu durchschauen und riskantes Wettgeschäft für Wohlhabende;
- was uns bleibt, ist die Immobilie. Dank der niedrigen Zinsen ist sie besser denn je. Sie macht mehr Arbeit als jede Alternative, ist aber, vernünftig ausgewählt, enorm zuverlässig und lukrativ.

FINANZIELLE UNABHÄNGIGKEIT BEDINGT EIGENVERANTWORTUNG

Die Probleme mit der staatlichen Rente und mit den bisher bevorzugten privaten Anlagemodellen zur Daseinsvorsorge haben bewirkt, dass die Deutschen momentan eine Neuorientierung durchleben. Immer mehr Mitmenschen wird bewusst, dass wir uns künftig eigenverantwortlich und aktiv um den Vermögensaufbau kümmern müssen. **Dahinter steht das Ziel, größere finanzielle Unabhängigkeit zu erlangen, am liebsten so bald wie möglich, spätestens aber im Ruhestand.** Niemand möchte jemals in die Situation kommen, als Bittsteller vor Sozialämtern Schlange stehen zu müssen.

Vielen ist mittlerweile auch klar geworden, dass wir eine größere finanzielle Unabhängigkeit nur dann erreichen können, wenn wir zuvor unsere Abhängigkeit von den gigantischen Bürokratien der Rentenkassen, Lebensversicherer, Riesterkassen, Sparinstitute, Aktienfonds usw. aufkündigen.

Wie kamen wir nur auf die Idee, dass es genügen könnte, unser Sparkapital einfach regelmäßig irgendwo abzuliefern, wo es dann von irgendeinem Sachbearbeiter im Rahmen eines 9-bis-17-Uhr-Jobs verwaltet wird? Wie kamen wir jemals nur auf die Idee, dass riesige institutionelle Verwaltungsapparate mit unseren Ersparnissen auf Dauer engagierter und erfolgreicher wirtschaften könnten als wir selbst? Bevor von solchen Kapitalsammelstellen auch nur ein einziger Cent an uns zurückfließt, werden erhebliche Vermögenswerte einfach wegverwaltet. Und das ist im Übrigen gar nicht so vorwurfsvoll gemeint, wie es vielleicht klingt. Das Problem liegt schlicht in der Natur der Sache. Für Institutionen ist Vermögensverwaltung ein aufwendiges Massengeschäft. Selbstverständlich müssen der bürokratische Verwaltungsaufwand sowie ein gewisser Gewinn für den Vermögensverwalter vorab aus den Erträgen der Kapitalanlagen abgezweigt werden. Nur das, was anschließend noch übrig bleibt, geht an die Anleger.

Überweisen Sie künftig keinen Euro mehr an vermögensverwaltende Institutionen, als Sie per Gesetz gegebenenfalls müssen. Jede Summe, die Sie nur halbwegs geschickt auf eigene Faust anlegen, sollte bessere Ergebnisse für Sie abliefern.

DES EINEN LEID, DES ANDEREN FREUD

Das anhaltende niedrige Zinsniveau ist schuld daran, dass beliebte und bequeme Kapitalanlagen, wie das Sparkonto, die Lebensversicherung usw., seit Längerem in ernsthaften Schwierigkeiten stecken. Tatsächlich waren diese Anlagen nie wirklich lukrativ, aber inzwischen sind sie gänzlich unannehmbar geworden.

Die Mehrzahl der Experten geht übrigens davon aus, dass es bis auf Weiteres bei den mickrigen Zinsen bleiben wird. Grund zu dieser Annahme ist die immense Verschuldung der öffentlichen Haushalte rund um den Globus. Höhere Zinsen könnte sich die Mehrheit der Staaten einfach nicht leisten. Deshalb werden die Regierungen wohl keinen Anstieg der Leitzinsen zulassen, zumindest nicht auf ein Niveau oberhalb der Inflationsrate.

Für gut ausgesuchte und langfristig beliehene Immobilien sind die niedrigen Zinsen ein Glücksfall - des einen Leid, des anderen Freud. Immobilien waren als Kapitalanlage schon immer hervorragend und werden durch die Minizinsen noch besser. Keine andere Anlageform wird Ihnen in ähnlich guter Weise ermöglichen, Ihre finanzielle Unabhängigkeit bei vergleichsweise beherrschbarem Risiko zu steigern.

GRUNDBUCH STATT SPARBUCH BEWIRKT VERMÖGENSZUWACHS

Mit einer guten und langfristig finanzierten *Anlageimmobilie* werden Sie ab dem Tag der Besitzübergabe ein schönes Zusatzeinkommen in bar erzielen. Gleichzeitig werden Sie aus den Mieteinnahmen Ihre Kreditschulden tilgen und dadurch dauerhaft Vermögen aufbauen.

Beim Kauf eines vernünftigen *Eigenheims* wird Ihre monatliche Belastung mittel- bis langfristig niedriger sein als die eines Mieters. **Auch ersparte Miete ist Rendite!** Außerdem tilgen Sie als Eigenheimbesitzer nicht Monat für Monat die Schulden Ihres Vermieters, sondern Ihre eigenen und bauen dadurch Vermögen auf.

Fast nebenbei bieten Ihnen sowohl die Anlageimmobilie als auch das Eigenheim einen sehr guten Inflationsschutz.

***DAS EINMALEINS DER IMMOBILIEN-INVESTITION* LIEFERT IHNEN ANTWORTEN AUF DIE FRAGEN:**

- Warum sollten Sie ausgerechnet in Immobilie(-n) investieren?
- Welche Risiken sind mit Immobilien verbunden und wie gehen Sie mit diesen um?
- Welche konkreten Ziele können Sie mit Anlageimmobilien, bzw. mit dem Eigenheim erreichen und worauf müssen Sie dabei achten?

AUFBAU UND BEWAHRUNG VON WOHLSTAND MIT IMMOBILIEN

Dieses Buch dreht sich um *langfristig* ausgerichtetes Investieren in vermietete sowie selbst genutzte Immobilien, mit einem Schwerpunkt auf Wohnimmobilien. Es soll Privatanlegern wie Ihnen dabei helfen, soliden Wohlstand aufzubauen und dauerhaft zu bewahren. *Langfristig* bedeutet auf dem Gebiet der Immobilie zehn Jahre aufwärts. Gute Anlageimmobilien verkauft man am besten nie.

Wollen Sie DIE Immobilie Ihres Lebens kaufen? Oder denken Sie vielleicht über den Erwerb mehrerer Wohnungen oder eines ganzen Mietshauses zur Altersvorsorge nach? Wollen Sie eventuell sogar Profi werden und sich in der Immobilienbranche etablieren? Dieses Buch soll Sie auf Ihrem Weg unterstützen.

Bereits für den Kauf einer einzigen Immobilie wird es sich lohnen, wenn Sie sich vorher gründlich mit dem Thema befassen. Sofern ein anschließender kluger Immobilienerwerb auf längere Sicht zu einem um zehn, zwanzig oder gar fünfzig Prozent besserem Ergebnis führt, macht das schnell ein kleines Vermögen aus. Kein schlechter Lohn für das Lesen eines Buches. Meiner Auffassung nach stellt die Immobilie für den privaten Anleger den wichtigsten Baustein beim Aufbau von Wohlstand und persönlicher Unabhängigkeit dar.

ALLE DINGE ERSCHEINEN SCHWIERIG, BEVOR SIE EINFACH WERDEN

Beim Investieren in Immobilien handelt es sich um ein archaisches Geschäftsmodell, das seit Generationen nach kaum veränderten Prinzipien funktioniert. Keine geheime Magie. Keine Nanoforschung, bei der man sich immer extremeres Tiefenwissen über immer winziger werdende Details erarbeiten muss. Eine akademische Vorbildung ist nicht erforderlich. Als Ausgangsvoraussetzungen benötigen Sie die vier Grundrechenarten, vor allem aber gesunden Menschenverstand und Freude am Lernen.

Damit soll nicht gesagt sein, dass Ihr Weg zur Immobilie immer ein leichter sein wird. Wie bei allen Anlagegeschäften ist es auch mit Immobilien zunächst einfacher, Geld zu verlieren, als welches zu gewinnen. Aber nur allzu oft erscheinen uns Dinge, die wir neu beginnen, anfangs viel schwieriger, als sie es am Ende sind.

Jeder kann lernen, klug in Immobilien zu investieren. Dabei sind die Überlegungen und Abläufe immer dieselben, egal, ob es um den Kauf einer einzelnen Wohnung oder eines ganzen Wohnblocks geht.

IMMOBILIEN KANN ICH MIR NICHT LEISTEN. EIN TRUGSCHLUSS!

Eine Menge Leute meinen mit Blick auf Immobilien völlig zu Unrecht, dass sie sich diese gar nicht leisten können. Das Gegenteil ist der Fall: Auf Dauer kann man es sich eigentlich nicht leisten, keine Immobilie(n) zu besitzen.

Ab etwa 10.000€ Eigenkapital ist der Erwerb einer ersten kleinen Immobilie möglich. Ein konkretes Zahlenbeispiel dazu werden Sie im Verlauf des Buches noch kennenlernen →#137.

ÜBER NACHT ZUM MILLIONÄR...(?)

Der Schwerpunkt meines Buches besteht nicht darin, eine Anleitung für schnelle Spekulationsgeschäfte mit Immobilien zu liefern. Wie schon erwähnt, geht es mir vorrangig um den *langfristig* ausgerichteten Vermögensaufbau. Dessen ungeachtet dürfte auch der am kurzfristigen Immobilienhandel interessierte Leser aus den hier angebotenen Grundlagen seinen Nutzen ziehen können.

Die meisten Menschen überschätzen, was man in einem Jahr erreichen kann und unterschätzen, was man in zehn, fünfzehn, zwanzig Jahren erreichen kann. **Langfristige Erfolge sind in der Immobilienbranche vergleichsweise zuverlässig vorausplanbar.** Im Gegensatz dazu bergen kurzfristig angelegte Spekulationen in der Regel große Risiken. Sie sind zu nervenaufreibend und für den berufstätigen Teilzeitanleger meist auch zu speziell und zu zeitaufwendig. Trotzdem findet natürlich immer wieder jemand eine Abkürzung zum schnellen Millionengeschäft. **Für Ausnahmedeals gibt es allerdings kein Patentrezept, das man mal eben kurz zu Papier bringen könnte. Solche Geschäfte sind nicht einfach reproduzierbar. Sie ergeben sich in der Regel aus einer Verkettung besonderer Umstände.** Wer eine außergewöhnliche Gelegenheit beim Schopfe packen will, muss eine gehörige Portion an guter Vorbereitung, Leidenschaft, Mut und natürlich Glück mitbringen. Mit dem sprichwörtlichen *Dummenglück* allein ist es aber in den seltensten Fällen getan.

GLÜCK IST, WENN EINE GUTE VORBEREITUNG AUF EINE GUTE GELEGENHEIT TRIFFT

In den vergangenen Jahrzehnten sind mir, wenn man es so sehen will, etliche außergewöhnliche Glücksfälle begegnet. Unmittelbar nach Eröffnung meines Büros war es mir als jungem Architekten vergönnt, meinen ersten Architektenwettbewerb zu gewinnen. In der Folge durfte ich einen großen Neubau realisieren. Nach dem Fall der Mauer zog ich mit meinem Büro nach Berlin. Kaum dort angekommen, bin ich wiederum durch glückliche Umstände, in eine spannende Projektpartnerschaft quasi hineingestolpert. In der Folge realisierten wir als Generalplaner einige große Nachwende-Projekte. Parallel dazu startete ich meine ersten Aktivitäten in der Immobilienbranche.

Seitdem bekomme ich regelmäßig die erstaunlichsten Kaufgelegenheiten auf den Tisch. Ich meine von jener Art, von der ich tags zuvor noch behauptet hätte, dass es so etwas eigentlich gar nicht geben könne. Jeden Tag bedanke ich mich innerlich aufs Neue für mein bisheriges Glück. Ich hatte eine Menge Dusel im Leben. Doch ich kann Ihnen versichern, dass ich mich stets nach Kräften bemüht habe, optimal auf den nächsten Tag X, an dem sich erneut eine Ausnahmechance bietet, vorbereitet zu sein. Nach wie vor lerne ich jeden Tag etwas Neues. Lernen zu dürfen ist eine großartige Sache. Mithilfe des *Einmaleins der Immobilien-Investition* können Sie sich die grundlegenden Kenntnisse aneignen, die Sie benötigen, um erfolgreich mit Immobilien umgehen zu können.

Je besser Sie sich auf überraschende Chancen vorbereiten, umso wahrscheinlicher ist es, dass Sie diese überhaupt als solche erkennen. Jedes Mal, wenn ich eine herausragende Gelegenheit genutzt habe, war ich erstaunt, dass es im Vorfeld Berufskollegen gab, die nicht zugegriffen haben. Entweder haben sie die Besonderheit der Chance gar nicht wahrgenommen, oder ihnen fehlte der Mut, um entschlossen zuzugreifen. Die Ursache für Beides geht auf eine ungenügende Vorbereitung zurück.

Wenn Sie nach und nach einen siebten Sinn für besondere Glücksfälle jener Art entwickeln, die in den Lehrbüchern gar nicht erst vorkommen, dann sind Sie auf sich allein gestellt. Gegen unvermeidlich auftretende Selbstzweifel hilft in solchen Situationen weiter nichts als das Vertrauen in die eigene Urteilskraft und der bekannte Ratschlag Franz Kafkas, man solle seine Zeit nicht dauernd mit der Suche nach einem Hindernis verschwenden - vielleicht ist einfach keines da ...

AUS DER PRAXIS FÜR DIE PRAXIS

Ich liebe das praktische Leben. Sie können sich darauf verlassen, in diesem Buch nur Wissen serviert zu bekommen, das Ihnen in der Immobilienpraxis von Nutzen sein wird. Das unumgängliche Maß an Theorie habe ich so anwendungsbezogen wie möglich aufbereitet. Vielfältige Erfahrungen aus meinem Immobilienalltag sind in die Teile dieses Buches eingeflossen.

Schon seit meinen Tagen als Teenager bevorzuge ich das Prinzip des *learning by doing*. Damals flog ich, durchaus berechtigt, vom Gymnasium. Viel wichtiger als die Schule waren mir damals Motorradrennen und das Herumschrauben an Fahrzeugen aller Art. Noch heute betrachte ich es als Bereicherung für mein Leben, dass ich seinerzeit zunächst die Möglichkeit bekam, den praktischen Beruf des Automechanikers zu erlernen. Jahre später entdeckte ich dann meine zweite Leidenschaft, jene für die Architektur und das Bauen. Bereits während des Architekturstudiums habe ich erste Bauvorhaben für Freunde geplant und umgesetzt. Doch als Architekt ist man sein Leben lang auf externe Bauherren angewiesen. Nur wenn Dritte irgendwelche Bauaktivitäten entfalten, hat man selbst auch etwas zu tun. Nach etlichen Jahren als reiner Planer wurde mir klar, dass ich mein weiteres Dasein nicht in dieser Form der Abhängigkeit fristen wollte. Es folgte der logische Schritt ins Immobiliengeschäft. Mir die Aufträge und Arbeit selbst zu geben, erschien und erscheint mir bis heute als das spannendste Geschäftsmodell.

Meine Umwege zur Immobilie sollen gewiss nicht als beispielgebend verstanden werden. Aber vielleicht mag ein Blick darauf bewirken, dass auch Sie sich nicht abschrecken lassen, egal, aus welcher anderen Ecke der Berufswelt Sie kommen. Die besten meiner Kollegen in der Immobilienbranche sind aus völlig unterschiedlichen Richtungen dorthin gekommen. Viele Wege führen nach Rom.

Wie schon erwähnt, benötigen Sie keine besondere Vorbildung auf dem Gebiet der Immobilie. Es genügt, wenn Sie eine gewisse Begeisterung mitbringen. Gehen Sie mit Neugier und wachen Sinnen auf die Beschäftigung mit Immobilien zu, dann wird sich eine inspirierende Welt vor Ihnen auftun. Bei den Besichtigungen im Vorfeld eines Objektkaufes werden

Sie am laufenden Band neue Orte und Gebäude kennenlernen. Außerdem werden Sie einer interessanten Vielfalt an Mitmenschen begegnen, die Ihren Alltag bereichern.

DER HÄRTESTE WEG IST DER, DEN SIE ALLEIN GEHEN: SIE BRAUCHEN EIN T E A M

Das Immobiliengeschäft ist Teamsport in Reinkultur. Ohne Partner können Sie hier nichts bewegen. Das bedeutet im Umkehrschluss aber auch: In dieser Branche werden Sie niemals allein sein. Egal, wie groß oder klein Ihre jeweilige Wunschimmobilie ist, Sie treffen immer auf dasselbe Spektrum an Beteiligten, an die Sie sich nach Bedarf halten können. Jene Partner, die in der Regel schon vor dem Ankauf einer Immobilie eingebunden werden müssen, bezeichne ich als *Phase-1-Team*: Makler, Verkäufer, Hausverwalter, Banker, Steuerberater und Notar. Spätestens nach dem Kaufvertragsabschluss kommen Sie bei vermieteten Anlageimmobilien natürlich auch mit den Mietern - Ihren Kunden - in Kontakt, die Ihnen fast immer wertvolle Anregungen geben können. Und je nach Erfordernis beziehen Sie nach Abschluss des Kaufvertrages dann noch weitere Beteiligte aus dem *Phase-2-Team* mit ein: den Hausmeister und gegebenenfalls Behörden, Architekten, Fachplaner, Handwerker, Nachbarn usw. Behandeln Sie all diese Menschen wie Freunde und Partner, die für das Gedeihen Ihrer Immobilienanlage unverzichtbar sind. Sie sind *nur* der Initiator des Geschäftes. Die beteiligten Spezialisten nehmen Ihnen einen erheblichen Teil der Arbeit ab.

Übrigens ist es weder heute noch später erforderlich, dass Sie sich alles Fachwissen der anderen Teamplayer selbst aneignen. Sie sind der Generalist, bei dem die Fäden zusammenlaufen. Es genügt, wenn Sie die Sprache und Argumente der beteiligten Spezialisten im Großen und Ganzen verstehen und wenn Sie diesen Ihre Wünsche und Fragen verständlich machen können. In der Folge werden Sie eine Menge Input zurückbekommen. Saugen Sie *alle* Informationen in sich auf, die Sie über Ihre Wunschimmobilie und über laufende Vorgänge in Erfahrung bringen können. Dann werden Sie wohlbegründete Entscheidungen treffen können, sobald diese anstehen. Ihre Kenntnisse und Routine werden von Tag zu Tag wachsen.

FOLGEN SIE DEN REGELN UND BRECHEN SIE SIE

Die Regeln und Strategien, von denen *das Einmaleins der Immobilien-Investition* handelt, funktionieren gut und machen auf ihre Art Sinn. Wenn ich mich daran halte, dann gelingen meine Unternehmungen auf ansprechendem Niveau. Aber es gibt immer wieder Situationen, in denen man flexibel und ungewöhnlich agieren muss. Dies gilt ganz besonders in den Fällen, in denen außergewöhnliche Chancen an die Tür klopfen.

Wenn man immer nur das tut, was alle tun, wird man auch immer nur das (Mittelmaß) ernten, was alle ernten. Bessere und erst recht herausragende Ergebnisse erreichen wir aber nicht dadurch, dass wir uns anpassen, sondern indem wir querdenken und ungewöhnlich handeln. Halten Sie sich an die Empfehlung von Apple-Gründer Steve Jobs: Bleiben Sie hungrig auf Neues und immer ein wenig verrückt. Folgen Sie den bewährten Regeln nur so lange, wie Sie keinen Anlass sehen, davon abzuweichen. **Je mehr Sie von einer Sache verstehen, umso kreativer können Sie mit den Regeln umgehen und zunehmend mehr auf Ihr Bauchgefühl hören. Ersetzen Sie gesunden Menschenverstand nicht durch sklavische Abarbeitung von Routineprozessen.** Manchmal bin ich schon den entscheidenden Schritt weiter und sitze beim Notar, um ein tolles Objekt zu erwerben, während meine Mitbewerber noch über ihren standardisierten Ablaufplänen und Checklisten brüten ...

Vermeiden Sie Routine wann immer möglich. Sie können damit auf der Fahrt durch Ihre Stadt beginnen. Fahren Sie nicht immer auf denselben Routen. Wählen Sie Alternativen. Dabei gibt es viel zu entdecken und unerwartete Anregungen. Einmal habe ich auf einem *Umweg* ein sehr günstiges Grundstück gefunden, das wir anschließend gekauft und bebaut haben.

Nur zwei Investorenregeln gelten wohl unverrückbar, und zwar für jede denkbare Investition, nicht nur für Immobilien. Aktienguru Warren Buffet hat sie als Erster aufgeschrieben, obwohl sie fast zu banal klingen, um zu Papier gebracht zu werden. **Regel Nummer 1: Verlieren Sie niemals Geld. Regel Nummer 2: Beachten Sie immer Regel Nummer 1.** Bezogen auf Immobilien-Investitionen bedeutet das, dass diese regelmäßig mehr einbringen sollten, als sie kosten. Persönlich hatte ich bisher das Glück, bei keiner einzigen meiner Immobilienaktivitäten jemals auch nur einen Euro Verlust gemacht zu haben.

Auch auf das selbst genutzte Eigenheim sind die beiden Grundregeln Buffets anwendbar. Ein Kauf ist dann sinnvoll, wenn es auf längere Sicht teurer wäre ähnlichen Wohnraum zu mieten. Dies ist bei dem aktuell sehr niedrigen Zinsniveau sehr häufig der Fall. Sofern Kaufen mittel- bis langfristig teurer ist als Mieten, lassen Sie besser die Finger weg.

Verlieren Sie niemals Geld! Das klingt so einfach. Und doch verfehlen viele Anleger dieses Ziel so oft. Wenn man die einfachen Grundlagen des Immobiliengeschäftes verinnerlicht hat, ist es nicht besonders schwierig, mit Immobilien Erfolg zu haben. Doch man kann auch eine Menge Geld verlieren, sofern es am erforderlichen Knowhow fehlt. **Für alle Branchen gilt, dass es am einfachsten ist, schlechte Geschäfte zu machen. Dafür muss man überhaupt nichts lernen.**

IHR WICHTIGSTES EIGENKAPITAL IST NICHT GELD, SONDERN GRIPS UND FLEISS

Viele Leute denken, die wichtigste Voraussetzung, um in der Immobilienbranche etwas bewegen zu können, sei der Besitz von Unmengen an Eigenkapital, womit sie allein Geld meinen. Tatsächlich wäre es für die meisten manchmal besser, sie hätten zunächst weniger Geld in der Tasche, in dem Moment, in dem es ihnen in den Sinn kommt, in Immobilien zu investieren. So könnte mancher schmerzliche Verlust vermieden werden.

Geld produziert keinen Wohlstand – Wissen produziert Wohlstand. Das mit Abstand wichtigste Eigenkapital, das Sie einbringen müssen, ist Ihr Verstand und Ihre Kreativität in Verbindung mit einem gewissen Maß an Fleiß.

Für das mit Abstand beste Geschäft, das ich in der Immobilienbranche bisher machen durfte, musste ich keinen einzigen Cent Eigenkapital einsetzen. Dafür habe ich im Vorfeld fast zwei Jahre regelmäßig an der Sache gearbeitet, mit nicht mehr als dem vagen Glauben daran, dass alles schon irgendwie klappen wird.

Es ging um den Ankauf einer größeren Wohnanlage zu äußerst günstigen Konditionen. Für mich allein war die Investition zu groß und Berliner Partner ließen sich nicht finden. Die Lokalmatadore waren damals betriebsblind und sahen in ihrem kollektiven Trübsinn um das Jahr 2005 herum für den Berliner Immobilienmarkt keinerlei Erholungschancen mehr. Am Ende habe ich das Geschäft mit auswärtigen Partnern gemacht. Diese steuerten liebend gerne das gesamte Eigenkapital bei. Jeden Cent. Mein Beitrag war, dass ich das Geschäft überhaupt erst ermöglicht hatte, durch eine gründliche Vorbereitung, einschließlich Beschaffung einer hohen Bankenfinanzierung. Meine Partner hatten zu dieser Zeit auf dem lokalen Immobilienmarkt noch keinerlei Erfahrung vorzuweisen. Ohne mich hätten sie weder eine derart günstige Kaufgelegenheit angeboten bekommen, noch eine derart attraktive Finanzierung dafür erlangt. Gut vorbereitet, hatte ich das Glück, zur richtigen Zeit am richtigen Ort zu sein.

GELD PRODUZIERT
KEINEN WOHLSTAND

–

WISSEN

PRODUZIERT

WOHLSTAND

VON NICHTS KOMMT NICHTS

Eines sollte Ihnen klar sein - zwei, drei schnelle Mausklicks wie beim Aktienkauf machen in der Immobilienbranche noch lange kein Geschäft. Immobilienbesitz bringt deutlich mehr praktische Arbeit mit sich, als der Besitz von Aktien, Anleihen, Sparkonten, Lebensversicherungspolicen oder dergleichen.

Immobilien liefern kein leistungsloses Einkommen. Diese Tatsache birgt gleichzeitig Vor- und Nachteile. Auf den ersten Blick mag es als ein Nachteil erscheinen, dass Sie einen gewissen Zeitaufwand in Ihre Immobilienanlage investieren müssen. Vielleicht lehnen Sie sich dann doch lieber mit einem Aktienpaket auf Ihrem Sofa zurück. Aktien sind superbequem. Aber im Gegenzug *verbieten* Aktien Ihnen geradezu jede Form der Mitarbeit. Das heißt, dass Sie durch persönlichen Einsatz rein gar nichts zum Gelingen einer Aktieninvestition beitragen können. Und auch deren Absturz könnten Sie durch nichts aufhalten. Dies gilt gleichermaßen für ALLE anderen gängigen Kapitalanlagen jenseits der Immobilie.

Unterm Strich betrachte ich es als riesigen Vorteil zugunsten der Immobilie, dass Sie hier durch persönlichen Einsatz sehr viel zum wirtschaftlichen Erfolg beitragen können. Klug in Immobilien investierte Arbeit wird sich auf Dauer immer als lohnenswert erweisen.

An dieser Stelle soll nicht der Eindruck erweckt werden, dass Sie schon als Besitzer von zwei, drei Eigentumswohnungen gleich mit einem Vollzeitjob zu rechnen hätten. Einer der entscheidenden Arbeitsschritte liegt ohnehin *vor* dem Ankauf, nämlich bei der klugen Auswahl der Immobilie. Zwar folgen auch nach getätigtem Kauf stetige Bemühungen zur Optimierung einer Anlageimmobilie, aber ganz bestimmt gilt gerade hier: *work smarter not harder.*

Selbst ein ganzes Mietshaus wird Sie, bei geschickter Vorgehensweise, nur einige Stunden Zeit pro Monat kosten. Ganz bestimmt werden Sie die Glühbirnen im Hausflur nicht selbst auswechseln. Die meisten Aufgaben können Sie delegieren, einschließlich der alltäglichen Hausverwaltung. Dennoch werden Sie sich auf dem Laufenden halten und sich von Zeit zu Zeit einbringen, um den langfristigen Erfolg Ihres Objektes sicherzustellen. Alle wichtigen Fragen und strategischen Entscheidungen sollten über Ihren Tisch gehen. Für mich ist das Immobiliengeschäft keine belastende Tätigkeit. Es ist so abwechslungsreich, dass mir nie langweilig wird.

NEHMEN SIE SICH ZEIT! IHR LEBEN MIT DER IMMOBILIE BEGINNT GENAU HIER UND JETZT

Verlieren Sie nicht die Geduld. Niemand würde sich an ein Klavier setzen und davon ausgehen, dass er in zwei Stunden zu spielen lernt. Warum nur meinen so viele Leute, eine Immobilieninvestition mal eben nebenbei bewerkstelligen zu können? Kein Wunder, dass auch mit Immobilien regelmäßig viel Geld verbrannt wird.

Jene Zeit, die Sie für die Ausweitung Ihrer Kenntnisse einsetzen, ist die wirksamste Investition, die Sie tätigen können.

DIES IST EIN ARBEITSBUCH

Studieren Sie die Buchinhalte aktiv. Haben Sie keine Hemmungen, sich Notizen an den Seitenrändern zu machen. Rechnen Sie die Beispielkalkulationen selbst noch mal genau nach und gehen Sie die einzelnen Buchpassagen solange immer wieder durch, bis Ihnen die Inhalte vollständig vertraut geworden sind.

BITTE LESEN SIE DAS BUCH VON VORNE NACH HINTEN

In Teil 1 geht es um die Vorteile von Immobilien, in Teil 2 um die mit Immobilien verbundenen Risiken. Beide Teile zusammen liefern den Schlüssel für das Verständnis des dritten Teils. Dort geht es um konkret erreichbare Immobilienziele und um die dazu passenden Zielimmobilien, und zwar sowohl in Bezug auf vermietete Anlageimmobilien als auch auf das selbst genutzte Eigenheim.

QUERVERWEISE ZU ANDEREN TEXTABSCHNITTEN →#Nr

Die kleinen Hinweispfeile und Nummern helfen Ihnen, zügig andere Textabschnitte aufzufinden, die zum besseren Verständnis einer aktuellen Textstelle beitragen können.

WIEDERHOLUNGEN

Sie werden feststellen, dass ich dazu neige, wichtige Grundlagen gebetsmühlenartig zu wiederholen. Insbesondere dann, wenn diese in einem neuen Zusammenhang wieder auftauchen. Die Wiederholung ist einfach ein so wirksames Hilfsmittel, wenn es darum geht entscheidendes Wissen zu verankern.

Manche Leute sind von den Wiederholungen gelangweilt oder gar genervt. Falls Ihnen das auch so gehen sollte, blättern Sie bitte einfach weiter.

DER ORANGENE FADEN

Die über das Buch verteilten orangenen Seiten enthalten die wesentlichen Kernbotschaften. Das Durchblättern dieser Seiten ist eine gute Möglichkeit, sich die Themen noch mal ins Gedächtnis zu rufen.

ES IST WICHTIG, DIE FACHBEGRIFFE ZU KENNEN

Dieses Buch wurde mit dem Anspruch geschrieben, das verständlichste aller Immobilienbücher zu sein. Fremdwörter werden soweit möglich vermieden. Allerdings kommen Sie um eine gewisse Anzahl an Fachbegriffen nicht herum. Bitte springen Sie immer gleich nach hinten ins Glossar (→#G1) sobald Ihnen ein Begriff nicht ausreichend vertraut ist. Es wäre durchaus eine Möglichkeit, das Glossar vorab zu lesen, bevor Sie in Teil 1 des Buches einsteigen.

Gelegentlich nenne ich Ihnen parallel zu den deutschen Begriffen deren englische Entsprechung. Mir persönlich würden die deutschen Bezeichnungen genügen. Allerdings haben Sie es im Immobiliengeschäft nun einmal ständig mit Bankern zu tun. Diese lieben die englischen Begriffe. Sie werden auf Ihren Ansprechpartner bei der Bank einen professionelleren Eindruck machen, wenn Sie dessen Sprache nicht nur verstehen, sondern gelegentlich auch selbst anwenden.

WESHALB SIE IN DIESEM BUCH KEINE KONKRETEN LAGETIPPS BZW. KAUFEMPFEHLUNGEN BEKOMMEN

Das Hauptanliegen dieses Buches ist es, die allgemeingültigen Prinzipien der Immobilienanlage zu beschreiben. Die vermittelten Grundkenntnisse sollen möglichst auch dann noch gelten, wenn Sie das Buch erst nach einigen Jahren wieder aus dem Regal ziehen. Bis dahin könnten aber jene

Lagen und Immobilien, die heute noch besonders empfehlenswert sind, schon wieder überteuert sein. Andere wiederum, die heute sehr teuer sind, könnten dann zu den attraktivsten Kaufempfehlungen gehören. Immobilienpreise durchlaufen Zyklen, ein ständiges Auf und Ab, wie die Gezeiten des Meeres. Darauf kommen wir ausführlich zurück.

Da sich die Anlagequalität von Lagen und Immobilien im Laufe der Zeit ständig ändert, werden in diesem Buch keine konkreten Kaufempfehlungen ausgesprochen.

IN DIESEM BUCH STEHT LÄNGST NICHT ALLES ÜBER IMMOBILIEN

Das Einmaleins der Immobilien-Investition beinhaltet bei Weitem nicht alles, was es über Immobilien zu lernen gäbe. Aber wenn Sie am Ende des Buches angekommen sind, werden Sie die entscheidenden Grundlagen der Immobilien-Investition kennengelernt haben.

Sie werden ein gesundes Gefühl dafür haben, wie eine sinnvolle Investition in eine vermietete Anlageimmobilie oder in ein selbst genutztes Eigenheim aussehen sollte und wie die Immobilienbranche im Großen und Ganzen tickt. Sie werden auch ein Gefühl dafür haben, was Sie noch nicht wissen bzw., was Sie gar nicht wissen müssen, weil Sie das Thema getrost den Profis in Ihrem Team überlassen können.

Alles in allem werden Sie sich in der Welt der Immobilie ausreichend zu Hause fühlen, um sich als Anleger oder Eigennutzer erfolgreich Schritt für Schritt darin bewegen zu können. Klug in Immobilien zu investieren, ist nicht einfach. Aber es ist einfach genug, dass jeder es erlernen kann.

WILLKOMMEN IN DER WELT DER IMMOBILIE!

TEIL 1

-

TRUMPFKARTEN

TRUMPFKARTEN

DIE SPIELENTSCHEIDENDEN KARTEN ZUGUNSTEN DER IMMOBILIE, VORGESTELLT IM DIREKTEN VERGLEICH MIT DER AKTIE

Eine optimale Kapitalanlage gibt es nicht. Auch Immobilien bergen Risiken und Schwachstellen. Unterm Strich aber überwiegen die Vorteile bei Weitem. Für private Anleger sind Immobilien viel besser als die gängigen Alternativen zur Immobilie. Warum dies so ist, lässt sich am besten im Rahmen einer direkten Gegenüberstellung mit der Aktie nachvollziehen. In Bezug auf die Anlagequalität ist es allein die Aktie, die der Immobilie vermeintlich etwas näher kommt.

IMMOBILIEN VERSUS AKTIEN

Immobilien wie Aktien werden beide den sogenannten *Sachwerten* zugeordnet. Dies mag der Grund sein, weshalb die Fachwelt sie häufig als ebenbürtige Konkurrenten betrachtet. Sachwerte sind reale Wirtschaftsgüter: Man kann sie anfassen. Sie haben einen konkreten Gebrauchswert. Im Gegensatz dazu bestehen Geldscheine aus nichts als bedrucktem Papier. Neben anderen Vorteilen bieten ordentliche Sachwerte einen vergleichsweise hohen Inflationsschutz.

Wenn Sie eine Immobilie kaufen, dann besitzen Sie einen wirklichen Sachwert, und zwar ganz für sich alleine. Als Aktienbesitzer gehört Ihnen hingegen nur ein winziger Bruchteil an den *Sachen*, die ein riesiges börsennotiertes Unternehmen sein Eigen nennt. Dabei handelt es sich um Gebäude, Maschinen, Fahrzeuge, Patente, Produkte usw. Im Gegenzug besitzt die Aktiengesellschaft aber auch Schulden und sonstige Verpflichtungen unterschiedlichster Art. Bessere oder schlechtere Vorstände lenken die Geschicke des Unternehmens. Bessere oder schlechtere Analysten beeinflussen den Unternehmenswert. Der persönliche Einfluss der Aktionäre auf Gewinne und Wertentwicklung von Aktienunternehmen ist gleich NULL. Nicht selten haben sich vermeintliche *Sachwerte* in Form von Aktien über Nacht halbiert oder sogar gänzlich in Luft aufgelöst. Die Deutsche Telekom, Lehman Brothers & Co. lassen grüßen. Sachwert? Welcher Sachwert? In Wirklichkeit erhalten Sie auf keine der

Sachen eines Aktienunternehmens jemals direkten Zugriff. Im Falle abstürzender Börsenkurse können Sie als Aktionär nicht einfach hingehen, sich die Produkte oder andere Sachen eines Unternehmens einpacken lassen und mit nach Hause nehmen. Und damit wären wir schon mitten im Thema.

Nachfolgend lernen Sie die *Vier Trumpfkarten* zugunsten der Immobilie sowie einige *Joker* in Form von Steuervorteilen kennen. Dabei werden die speziellen Eigenheiten der Immobilie immer wieder denen der Aktie vergleichend gegenübergestellt. Lassen Sie sich überraschen...

Übrigens gehen alle im Teil 1 dargestellten konkreten Beispielrechnungen davon aus, Sie hätten ein Eigenkapital von 200.000€ anzulegen. Dieser Betrag ist rein willkürlich gewählt. Die beschriebenen Prinzipien gelten in gleicher Weise, egal ob Sie in Wirklichkeit 10.000€ oder 1 Million zur Verfügung haben.

DIE ERSTE TRUMPFKARTE #1

DIE MAGIE DES HEBELEFFEKTES BEVORZUGT DIE IMMOBILIE UND KATAPULTIERT DEREN EIGENKAPITAL-RENDITE NACH OBEN

Immobilien liefern die stabilsten laufenden Einnahmen. Deshalb werden sie von den Banken besonders geliebt. Nur Immobilien können Sie als Privatanleger zu so günstigen Bedingungen beleihen, dass es möglich wird einen renditesteigernden Hebeleffekt zu erzielen. Nicht trotz, sondern gerade wegen der Inflation gewinnen Sie mit beliehenen Immobilien sogar an *realem* Vermögen hinzu.

Mit 200.000€ Eigenkapital können Sie Aktien im Wert von 200.000€ kaufen oder eine Immobilie für 500.000€, 800.000€ oder sogar für 1 Million.

Vielleicht fragen Sie sich jetzt: *Für ein Darlehen muss ich doch Zinsen bezahlen – wie kann da noch viel für mich übrig bleiben? Wenn ich 200.000€ anzulegen hätte, warum sollte ich dann nicht einfach eine Immobilie für 200.000€ kaufen? Ich fühle mich unwohl, wenn ich mir größere Summen von der Bank leihe! Schon meine Großeltern haben mir immer gesagt, dass ich keine Schulden machen soll. Und außerdem: Wenn ich mir für Immobilien Geld leihen kann, dann kann ich das ja wohl auch für Aktien?!*

BANKEN LIEBEN IMMOBILIENKREDITE #2

Gute Immobilien bieten aus Bankensicht viele Vorteile. Der wichtigste sind die regelmäßigen Erträge: bei Anlageimmobilien in Form von Mieteinnahmen, bei einem vernünftig gewählten Eigenheim in Form von ersparter Miete. Weitere Immobilienvorteile: Wertschwankungen fallen weniger extrem als bei Aktien aus. Mit Immobilien erlebt man niemals Abstürze über Nacht. Darüber hinaus kann der Eigentümer auf die Entwicklung von Immobilien persönlich Einfluss ausüben, in guten wie in schwierigen Zeiten. Selbst bei unterdurchschnittlichen Immobilien sind Totalverluste kaum vorstellbar. Bei Aktien hingegen schon, dafür gibt es unzählige Beispiele.

Unter allen renditeorientierten Kapitalanlagen liefern Immobilien die stabilsten *laufenden Einnahmen*. Diese Bezeichnung klingt etwas umständlich. Der englische Fachbegriff *Cashflow* bringt die Sache kurz und knapp auf den Punkt: *Geldfluss*. Dies ist das Erste von zwei Zauberwörtern, welche die einzigartige Qualität der Immobilie als Kapitalanlage bewirken:

CASHFLOW

Wenn Banken Geld verleihen, ist ihnen nichts wichtiger als ein zuverlässiger Fluss an Einnahmen zur Absicherung von Zins und Tilgung. Genau dieselbe Erwartung hat der kluge Anleger: Wenn er sein Eigenkapital einsetzt, legt er Wert auf nachhaltige Geldrückflüsse.

Insbesondere Wohnimmobilien gelten wegen ihres stabilen Cashflows als sichere Burg. Wohnen müssen die Menschen immer. Auf keine andere Kapitalanlage leihen Ihnen die Banken deshalb mit Handkuss so viel Geld zu so niedrigen Zinsen. Außerdem lassen die Banken Sie für sehr, sehr lange Zeit mit dem Geld arbeiten: 10, 15, 20, 25 Jahre. Das bedeutet, die Höhe Ihrer Darlehensbelastung ist auf lange Frist nach oben gedeckelt, während Ihre Einnahmen in dieser Zeit anwachsen werden - jedenfalls bei gut ausgewählten Immobilien.

Es gibt zwei Sorten von Kapitalanlagen: Die einen kann man beleihen, die anderen nicht. Oder jedenfalls nicht wirtschaftlich sinnvoll. Die Immobilie ist der unangefochtene Star unter den Kapitalanlagen, wenn es um die Möglichkeit der Beleihung geht.

Nur mit jenen Anlagen, die man in nennenswertem Umfang und zu günstigen Bedingungen beleihen kann, ist es möglich, einen positiven *Hebeleffekt* zu erzielen.

Dies ist das zweite Zauberwort, der entscheidende Kick, der anständigen Immobilien zu phänomenaler Ertragsstärke verhilft:

HEBELEFFEKT

Wir werden noch auf etliche weitere Vorzüge der Immobilie zu sprechen kommen, aber der Hebeleffekt stellt den überragenden Höhepunkt aller Investorenträume dar. Warum? Der Hebeleffekt wirkt wie eine Art Rendite-Turbo. Er katapultiert die Eigenkapital-Rendite in phänomenale Höhen.

DER CASHFLOW IST DIE QUELLE DES ERFOLGS. #3
DER HEBELEFFEKT MACHT DARAUS EIN PHÄNOMEN.

Man kann diese beiden Begriffe nicht groß genug schreiben. Wenn Sie in Zukunft über Immobilien als Kapitalanlage nachdenken, sollten Sie immer zuerst diese beiden Bezeichnungen wie eine blinkende Neonwerbung vor Ihrem inneren Auge aufleuchten sehen:

CASH FLOW	HEBELEFFEKT	CASH FLOW
HEBELEFFEKT	CASH FLOW	HEBELEFFEKT
CASH FLOW	HEBELEFFEKT	CASH FLOW
HEBELEFFEKT	CASH FLOW	HEBELEFFEKT

Bei *beliehenen* Immobilien entfalten Cashflow und Hebeleffekt ihre phänomenale Wirkung übrigens gleich vom ersten Monat an. Sie müssen also nicht erst, wie bei Aktien, bis zu einem Jahr auf den ersehnten Dividendenbeschluss einer Aktionärsversammlung oder auf eventuelle Kursgewinne warten.

Die *richtigen* Anlageimmobilien liefern Ihnen ein liquides Zusatzeinkommen ab dem Zeitpunkt des Kaufs.

Das *richtige* Eigenheim sorgt dafür, dass Ihre laufenden finanziellen Belastungen geringer sind als die Mietkosten für vergleichbaren Wohnraum. Auch ersparte Miete ist Rendite!

Allein aufgrund der vergleichsweise stabilen laufenden Einnahmen (Cashflow) lieben Banken Immobilienkredite in besonderem Maße. Und nur deshalb können Sie mit 200.000€ Eigenkapital eine Immobilie für 500.000€, 800.000€ oder sogar für 1 Million erwerben und dadurch von der Wirkung des Hebeleffektes profitieren.

CASH FLOW

= GELDFLUSS

= LAUFENDE EINNAHMEN

HEBELEFFEKT

#4 BANKEN MEIDEN AKTIENKREDITE

Bevor wir uns gleich der genauen Wirkungsweise des Hebeleffektes zuwenden, möchte ich noch kurz auf die andere, zu Beginn gestellte Frage zurückkommen: *Wenn ich mir für Immobilien Geld leihen kann, dann kann ich das ja wohl auch für Aktien!?*

Stimmt! *Theoretisch* könnten Sie auch Aktien beleihen. Ein Darlehen auf Aktien bekämen Sie aber nur in vergleichsweise geringem Umfang und nur unter der Voraussetzung, dass Sie einen sehr guten Vermögenshintergrund haben. Der Zinssatz für die Beleihung der Aktien wäre dabei unattraktiv höher als bei einem Immobiliendarlehen. Außerdem wäre der Zinssatz nicht langfristig fixiert, sondern variabel. Damit hätten Sie keinerlei Planungssicherheit bezüglich der Höhe der Zinsbelastung. Im Übrigen müssten Sie die Zinsen monatlich berappen, obwohl Sie Ihre Aktiendividende in der Regel nur einmal im Jahr gutgeschrieben bekämen.

Die Dividendenausschüttungen von Aktien fallen an sich schon niedriger aus und fließen unzuverlässiger als die Mieteinnahmen ordentlicher Immobilien. Kreditgeber legen jedoch äußersten Wert auf sichere, regelmäßige Einnahmen. Darüber hinaus scheuen sie das Risiko starker und überraschender Wertverluste. Aktienkurse können binnen weniger Tage oder gar Stunden dramatisch einbrechen. Alles in allem sind Aktien auch für die Kreditgeber deutlich riskanter als Immobilien. Falls Sie trotzdem ein Darlehen auf Aktien von Ihrer Bank bekämen, müssten Sie bei einem Ausfall der geplanten Dividenden, bzw. bei Kursrückgängen unmittelbar Eigenkapital nachschießen oder notfalls Ihre Aktien mit Verlust verkaufen.

Übrigens könnten Sie als Privatanleger die wesentlich höheren Zinsen auf Aktiendarlehen seit 2009 nicht mehr von der Steuer absetzen. Darlehen auf Anlageimmobilien können hingegen zu 100% abgesetzt, das heißt als *Werbungskosten* geltend gemacht werden.

Als privater Aktienanleger werden Sie mit einem Eigenkapital von 200.000€ auch nur Aktien im Wert von 200.000€ erwerben können. Darlehen auf Aktien bekämen Sie allenfalls zu wirtschaftlich unattraktiven Bedingungen.

WIE FUNKTIONIERT DER HEBELEFFEKT? #5

Die Erzielung eines positiven Hebeleffektes wird einzig deshalb angestrebt, um die Rendite zu steigern. Bei Kapitalanlagen geht es zunächst immer um die Rendite, genauer gesagt, um die Rendite auf das vom Anleger eingesetzte Eigenkapital. DIE perfekte Möglichkeit zur Steigerung der *Eigenkapital-Rendite* (→#6) ist die Erzielung eines positiven Hebeleffektes (engl.: *leverage effect*).

Voraussetzungen für die Erzielung eines Hebeleffektes:

- die betreffende Kapitalanlage MUSS beliehen sein,
- der Gewinn der Anlage MUSS die Zinskosten übersteigen.

Anlagebeispiel ohne Beleihung / ohne Hebeleffekt:
Nehmen wir einmal an, Sie stecken 200.000€ reines Eigenkapital in irgendeine *unbeliehene* Anlage: eine Immobilie, eine Aktie oder was auch immer. Nehmen wir weiterhin an, der Gewinn aus dieser Anlage (Miete, Dividende o. Ä.) summiert sich auf 8.000€ pro Jahr.

Dann errechnet sich die Rendite wie folgt: 1% von 200.000€ Eigenkapital (Gesamtinvestition) entspricht 2.000€. Teilt man nun den Jahresgewinn von 8.000€ durch die 2.000€, kommt man auf eine Eigenkapital-Rendite von 4%.

Den nachvollziehbaren Rechenweg dazu finden Sie einige Seiten weiter hinten in den *Beispielrechnungen B und C* →#9 / #10.

Anlagebeispiel mit Beleihung / mit Hebeleffekt:
Auch in diesem Fall stehen Ihnen 200.000€ Eigenkapital zur Verfügung *Beispielrechnung C* →#11. Mit diesen 200.000€ Eigenkapital und mit 600.000€ von Ihrer Bank erwerben Sie eine Immobilie zum Kaufpreis von 800.000€. Eigenkapitalanteil 25%, Darlehensanteil 75%.

Für einen viermal höheren Gesamtkaufpreis bekommen Sie dann natürlich eine viermal größere Immobilie als im vorigen, unbeliehenen Beispiel. Somit vervierfacht sich auch Ihre Mieteinnahme bzw. der jährliche Gewinn vor Zinsen, den man im Falle von Immobilien als *Netto-Reinertrag* (→#G15) bezeichnet. Ihr Netto-Reinertrag beträgt im aktuellen Beispiel immerhin 32.000€ anstatt 8.000€. Dieses Geld gehört

Ihnen aber nicht mehr allein. Knapp die Hälfte davon, nämlich 15.000€ müssen Sie Ihrer Bank als Zinszahlung abgeben. Dennoch bleiben satte 17.000€ Gewinn nach Zinsen für Sie übrig. Das sind 9.000€ mehr als im Beispiel der *nicht beliehenen* Kapitalanlage.

Bei gleichem Eigenkapitaleinsatz werden aus 8.000€ Gewinn nun 17.000€. Aus 4% Eigenkapital-Rendite werden 8,5%. WOW! Allein durch die Möglichkeit der Beleihung wird die Eigenkapital-Rendite auf mehr als das Doppelte nach oben gehebelt.

Natürlich könnten Sie anstatt der viermal größeren Immobilie für 800.000€ auch ein Objekt in der ursprünglichen Größe für 200.000€ erwerben. Dann würden Ihnen schon 50.000€ Eigenkapital bei einer Darlehenssumme von 150.000€ genügen. Auch hier läge dann der Eigenkapitalanteil bei 25% des Kaufpreises. Die Hebelwirkung wäre somit gleich groß, die Eigenkapital-Rendite läge ebenfalls bei 8,5%.

Vielleicht wollen Sie die Beispielrechnung C (➔#11) einmal mit veränderten Zahlen durchspielen, um etwas Routine zu entwickeln.

DIE MAGIE DES HEBELEFFEKTES

Zusätzlich zu Ihrem Eigenkapital leihen Sie sich Geld von der Bank. Damit können Sie eine deutlich größere Anlageimmobilie mit deutlich höheren Einnahmen erwerben. Doch nur einen Teil der höheren Einnahmen müssen Sie für Zinsen ausgeben. Der Rest ist zusätzlicher Gewinn. Mithilfe der Beleihung erzielen Sie einen höheren Gesamtgewinn und hebeln dadurch die Rendite auf Ihr Eigenkapital nach oben.

Hebeleffekt und Eigenheim: In den aktuellen Zahlenbeispielen geht es zunächst nur um Anlageimmobilien. Aber natürlich wirkt sich der Hebeleffekt auch beim Kauf eines vernünftigen Eigenheims renditesteigernd aus. Darauf kommen wir im Teil 3 des Buches ausführlich zurück ➔#158. Hier nur ein erster Einblick: Angenommen Sie kaufen mit 50.000€ Eigenkapital eine Wohnung, die Ihrer bisherigen Mietwohnung in etwa entspricht. Dank günstiger Zinsen sinkt Ihre finanzielle Belastung im Vergleich zur Miete um 250€ pro Monat, bzw. um 3.000€ pro Jahr. Bezogen auf Ihre 50.000€ Eigenkapital ergibt sich hieraus dann eine Eigenkapital-Rendite von 6,0%. Auf dem Sparkonto bekämen Sie kaum mehr als 0,2% Zinsen.

ENTSCHEIDEND ALLEIN IST DIE

EIGEN KAPITAL RENDITE

Der Hebeleffekt dient der Steigerung der Eigenkapital-Rendite. Die Renditesteigerung fällt umso höher aus, je höher eine Immobilie beliehen wird, bzw. je niedriger die Zinskosten sind.

#6 DIE EIGENKAPITAL-RENDITE IST DIE MESSLATTE FÜR DEN ANLAGEERFOLG

Allein die Eigenkapital-Rendite sagt Ihnen, ob und wie gut sich eine Kapitalanlage rechnet, in die Sie Ihr Kapital gesteckt haben.

Solange eine Anlage nicht beliehen wird, kommen für die *Eigenkapital-Rendite* und die *Gesamtkapital-Rendite* (➔#9) ein identisches Ergebnis heraus. Logisch: Wenn die gesamte Investition mit eigenem Kapital bezahlt wird, entspricht das Gesamtkapital exakt dem Eigenkapital. Demnach müssen auch die Gesamtkapital-Rendite und die Eigenkapital-Rendite gleich groß sein. Dies lässt sich in den Beispielrechnungen A (unbeliehene Aktie) und B (unbeliehene Immobilie) anschaulich nachvollziehen ➔#9 / #10 .

Nur bei *beliehenen* Kapitalanlagen weichen die beiden Renditearten voneinander ab und bedürfen somit einer getrennten Ermittlung, wie in Beispielrechnung C dargestellt ➔#11. **Am Renditesprung zwischen Gesamtkapital-Rendite und Eigenkapital-Rendite lässt sich der Umfang der Hebelwirkung gut ablesen.** Siehe auch ➔#G30

#7 ZWEI QUELLEN DER RENDITE

Die Rendite von Kapitalanlagen kann sich aus zwei Quellen speisen: aus Cashflow (laufende Einnahmen) sowie aus Wertsteigerung. Rendite aus Cashflow bringt uns die Brötchen auf den Tisch. Deshalb gehört dem Cashflow unser vorrangiges Interesse. Laufende Einnahmen sind die absolute *Pflicht* jeder langfristigen Kapitalanlage. Was man hat, hat man. Erst danach interessieren wir uns für die zweite mögliche Einkommensquelle, für Wertsteigerung - die Kür, wenn man so will. Schön zu haben, wann auch immer sie in der Zukunft eintreten wird. Aber Immobilienleute sind, im Gegensatz zu den meisten Aktionären, nicht überlebenswichtig auf Wertsteigerung angewiesen. Das Gute an ordentlichen Immobilien ist, dass sie beides zu bieten haben:

Erste Quelle der Rendite: CASHFLOW - die Pflicht
Zweite Quelle der Rendite: WERTSTEIGERUNG - die Kür

RENDITE AUS CASHFLOW

Nachfolgend betrachten wir drei Beispielrechnungen, in denen es allein um die *Rendite* aus *Cashflow* (laufenden Einnahmen) geht:

A) Aktien-Anlage **ohne** Beleihung,
B) Immobilien-Anlage **ohne** Beleihung,
C) Immobilien-Anlage **mit** Beleihung (und Hebeleffekt).

Wie bereits in der Einleitung meines Buches versprochen, kommt man im Immobiliengeschäft zurecht, wenn man die vier Grundrechenarten und eine daraus ableitbare einfache Form der Prozentrechnung beherrscht. THAT´S IT! *Komplizierter* als in den nachfolgenden Beispielrechnungen dieses Abschnittes wird es im ganzen Buch nicht mehr. Und auch später nicht, im wirklichen Immobilienleben.

Um die Auswirkung der im Beispiel C hinzukommenden Beleihung im Vergleich mit den Beispielen A und B objektiv beurteilen zu können, wurde in allen drei Fällen die Höhe des Netto-Gewinns so gewählt, dass eine einheitliche Gesamtkapital-Rendite von 4% herauskommt. Das heißt, bezogen auf das *gesamte investierte Kapital*, erzielen alle drei Beispiele einen einheitlichen Gewinn von 4% pro Jahr. Eine Ertragskraft dieser Höhe löst bei ambitionierten Investoren nicht unbedingt Entzücken aus. Aber immerhin sind 4% Rendite schon wesentlich spannender als die 0,1% bis 0,5% Zinsen, die Sie heutzutage auf dem Sparkonto bekommen.

In Bezug auf das Aktien-Beispiel A bleibt anzumerken, dass es eigentlich kaum solide Aktienunternehmen gibt, die Dividenden von 4% oder mehr ausschütten. Die durchschnittliche Dividende der Unternehmen im wichtigsten deutschen Aktienindex DAX, lag im Jahr 2014 deutlich unter 3%. Viele Weltkonzerne schütten überhaupt keine Dividenden auf ihre Aktien aus. Beim Kauf solcher Aktien geht es allein um Spekulation auf Wertsteigerung. In jedem Fall ist eine Gesamtkapital-Rendite von 4% aus Dividenden (Cashflow) im Hinblick auf Aktien schon ziemlich hoch gegriffen.

Im Gegensatz dazu stellen 4% Gesamtkapital-Rendite im Hinblick auf Anlageimmobilien kein besonders hohes Niveau dar. Vor allem dann nicht, wenn ich sie an meinen persönlichen Ansprüchen messe. Von meinen eigenen Immobilien erwarte ich eine deutlich höhere Ertragskraft, um schon von Beginn an einen ordentlichen Risikopuffer zur Verfügung zu haben. Im Ankauf liegt die Reserve! Unsere wirklichen (höheren) Immobilienziele betrachten wir später ausführlich im Teil 3 des Buches.

Dessen ungeachtet wurde für die Immobilien der Beispielrechnungen B und C ganz bewusst eine eher schwächere Ertragskraft (Renditekategorie 3 →#121) gewählt. Hierdurch lässt sich anschaulich aufzeigen, wie selbst eine mäßige Gesamtkapital-Rendite von 4% allein durch Beleihung auf 8,5% Eigenkapital-Rendite nach oben gehebelt wird.

#9

RENDITE AUS CASHFLOW

BEISPIELRECHNUNG A: AKTIENANLAGE OHNE BELEIHUNG

Wenn Sie mit 200.000€ Eigenkapital Aktien für 200.000€ erwerben, die Ihnen eine Dividenden-Ausschüttung von 8.000€ pro Jahr liefern, dann entspricht das einer Rendite aus Cashflow von 4%.

Kaufpreis Aktie einschl. NK / Gesamtinvestition:	**200.000€**
Dividenden-Ausschüttung / Gewinn vor Steuern, p.a.:	**8.000€**

Gesamtkapital-Rendite (→#G29) vor Steuern, p.a.

$$\frac{\text{DIVIDENDE / GEWINN}}{\text{1\% DES KAUFPREISES}} = \frac{8.000€}{2.000€} = \mathbf{4{,}00\%}$$

Da keine Beleihung erfolgt, wird die gesamte Investition aus Eigenkapital bezahlt. Somit gilt: **Gesamtkapital = Eigenkapital** / **Gesamtkapital-Rendite = Eigenkapital-Rendite**.

p.a. = per annum = pro Jahr

In den Beispielrechnungen A, B und C betrachten wir die Gewinne der jeweiligen Kapitalanlagen übrigens allesamt *vor* Steuern. Wieviel Steuern im Einzelfall fällig werden, hängt u. a. vom persönlichen Steuersatz eines jeweiligen Anlegers, sowie auch von Abschreibungsmöglichkeiten usw. ab. Im Abschnitt *Die Joker* →#69 geht es ausschließlich um Immobilien und Steuern.

<u>RENDITE AUS CASHFLOW</u>

BEISPIELRECHNUNG B: ANLAGEIMMOBILIE <u>OHNE</u> BELEIHUNG

Wenn Sie mit 200.000€ Eigenkapital eine Immobilie für 200.000€ erwerben, die Ihnen einen Netto-Reinertrag von 8.000€ pro Jahr liefert, dann entspricht das einer Rendite aus Cashflow von 4% p.a.

Kaufpreis Immobilie, netto, 17-fache Jahresmiete, *Renditekategorie 3 „noch okay"* → #121:	178.500€
Kaufnebenkosten 12%:	21.500€
Kaufpreis brutto, einschl. NK / Gesamtinvestition:	**200.000€**
anfängliche Ist-Mieteinnahme netto-kalt, p.a.:	10.500€
Abzug der nicht umlegbaren Kosten → #G14, ca. 25%:	2.500€
Netto-Reinertrag / Gewinn vor Steuern, p.a.:	**8.000€**

<u>Gesamtkapital-Rendite (→ #G29) vor Steuern, p.a.</u>

$$\frac{\text{NETTO-REINERTRAG / GEWINN}}{\text{1\% DES KAUFPREISES BRUTTO}} = \frac{8.000€}{2.000€} = \mathbf{4{,}00\%}$$

Da keine Beleihung erfolgt, wird die gesamte Investition mit eigenem Geld bezahlt. Somit gilt: **Gesamtkapital = Eigenkapital** / **Gesamtkapital-Rendite = Eigenkapital-Rendite**.

Rendite aus Cashflow (ersparte Miete) beim Eigenheim → #160 / #161

Die meisten Anlageberater würden Ihnen unter Berücksichtigung der Ergebnisse aus A und B wohl zum Aktienkauf raten. Schließlich macht eine Immobilie durchaus mehr Mühe als Aktien. Wozu diesen Mehraufwand in Kauf nehmen, wenn die Gesamtkapital-Rendite in beiden Fällen mit 4% genau gleich hoch ist?

Nachdem Sie dieses Buch zu Ende gelesen haben, werden Sie eine Menge Argumente kennen, die dennoch für die Immobilie sprechen. Das wichtigste davon finden Sie in nachfolgender Beispielrechnung C, in der es um eine *beliehene* Immobilie geht. Mithilfe der Beleihung und des sich daraus ergebenden Hebeleffektes steigert sich die Eigenkapital-Rendite ganz erheblich, was Sie hier anhand einer vollständigen Berechnung nachvollziehen können.

#11

RENDITE AUS CASHFLOW

BEISPIELRECHNUNG C: ANLAGEIMMOBILIE MIT BELEIHUNG

Wenn Sie mit 200.000€ Eigenkapital und mit 600.000€ von Ihrer Bank eine vernünftige Immobilie für 800.000€ erwerben, die Ihnen einen Netto-Reinertrag von 32.000€ pro Jahr liefert, dann ergibt sich daraus, nach Zinsen, eine Eigenkapital-Rendite von 8,5% p.a. Gegenüber der unbeliehenen Immobilie wird die EK-Rendite mehr als verdoppelt.

Kaufpreis Immobilie, netto, 17-fache Jahresmiete, Renditekategorie 3 „*noch okay*" →#121:	714.000€
Kaufnebenkosten ca. 12%:	86.000€
Kaufpreis brutto, einschl. NK / Gesamtinvestition:	**800.000€**

anfängliche Ist-Mieteinnahme netto-kalt, p.a.:	42.000€
Abzug der nicht umlegbaren Kosten →#G14, ca. 25%:	10.000€
Netto-Reinertrag vor Steuern, p.a.:	**32.000€**

Gesamtkapital-Rendite (→#G29) vor Steuern, p.a.

$$\frac{\text{NETTO-REINERTRAG}}{\text{1\% DES KAUFPREISES BRUTTO}} = \frac{32.000€}{8.000€} = \mathbf{4{,}00\%}$$

Die Ertragskraft der unbeliehenen Immobilie ist somit genauso groß wie im Beispiel B. Nun kommt aber die Beleihung ins Spiel:

75% Darlehen 600.000€, 25% Eigenkapital 200.000€.

Netto-Reinertrag vor Steuern, p.a.:	32.000€
Abzug Zinsen, 2,5% p.a. auf 600.000€ (Zinsbindung 15 Jahre):	15.000€
Jahresüberschuss / Gewinn nach Zinsen vor Steuern, p.a.:	**17.000€**

Eigenkapital-Rendite (→#G30) nach Zinsen vor Steuern, p.a.

$$\frac{\text{JAHRESÜBERSCHUSS / GEWINN}}{\text{1\% DES EIGENKAPITALS}} = \frac{17.000€}{2.000€} = \mathbf{8{,}50\%}$$

Rendite aus Cashflow (ersparte Miete) beim Eigenheim →#160 / #161

Im Beispiel C steht Ihnen ein 15-Jahres-Darlehen für 2,5% Zinsen zur Verfügung. Die Gesamtkapital-Rendite aus Cashflow liegt bei Ihrer Immobilie mit 4% immerhin schon deutlich höher als die aktuellen Sparzinsen. Sie haben also mithilfe Ihrer Bank eine Einnahmequelle erworben, deren jährlicher Gewinn aus laufenden Einnahmen erheblich größer ist als die

Zinskosten. In Euro gesprochen: Pro Jahr haben Sie einen Netto-Reinertrag aus Mieten in Höhe von 32.000€, müssen davon aber nur 15.000€ für Zinsen ausgeben. Übrig bleibt ein Jahresüberschuss von 17.000€ zu Ihren Gunsten.

Ihr Eigenkapitaleinsatz beträgt in Beispielrechnung C nach wie vor 200.000€, genau wie bei den nicht beliehenen Beispielen A und B. Trotzdem steigt Ihr Gewinn mithilfe von Beleihung und Hebeleffekt um 9.000€ pro Jahr auf nunmehr 17.000€. Die Eigenkapital-Rendite wird von 4% auf 8,5% nach oben gehebelt.

Hier einige fällige Anmerkungen zum Thema Tilgung: **#12**

Mancher Leser mag sich schon gedacht haben, ich wolle im Beispiel C, in dem es um eine *beliehene* Immobilie geht, die Tilgung des Kredits unterschlagen. Schließlich ist die Tilgung doch, genau wie die Zinsen, aus den Einnahmen zu bezahlen. Das ist absolut richtig, aber dennoch wird die Eigenkapital-Rendite durch die Tilgung *nicht* beeinträchtigt.

Tilgung schmälert nämlich nicht den Gewinn, sondern lediglich die sofort verfügbare Liquidität. In jedem Fall aber ist und bleibt der zu tilgende Betrag vollumfänglich IHR Geld! Die Tilgungsrate beträgt üblicherweise etwa 2% und stellt eine Art Sparplan dar, den Ihnen die Bank auferlegt, um Ihre Schulden und damit auch die Zinsbelastung im Laufe der Zeit abzubauen. Im Gegenzug lässt jeder getilgte Euro Ihr Netto-Vermögen anwachsen →#G21 *Tilgung*.

Im aktuellen Beispiel C werden durch die Tilgung pro Jahr 12.000€ aus dem Gewinn an die Bank weitergereicht (2 % von 600.000€). Danach bleiben 5.000€ frei verfügbares Bargeld für Sie übrig. Das sind zwar *nur* 2,5% p.a. bezogen auf die eingesetzten 200.000€ Eigenkapital, aber immerhin schon sehr viel mehr, als Sie heutzutage auf dem Sparkonto an Zinsen bekommen. Außerdem besitzen Sie zum Jahresende eine Immobilie, auf der 12.000€ weniger Schulden lasten. Um diesen Betrag hat sich Ihr Netto-Vermögen erhöht, das heißt, Ihr Gewinn liegt nach wie vor bei 17.000€, bzw. 8,5% pro Jahr.

Im Beispiel C ging es darum aufzuzeigen, wie kräftig sich Gewinn und EK-Rendite mittels Beleihung nach oben hebeln lassen - sogar im Falle einer nicht so ertragsstarken Immobilie. **Die Tilgung wurde dabei nicht weiter berücksichtigt, da sie den Gewinn unangetastet lässt.**

RENDITE

KEIN
HEBELEFFEKT

UNBELIEHENE ANLAGEN

HEBELEFFEKT
BELIEHENE IMMOBILIEN
RENDITE

#13 WERTSTEIGERUNG LÄSST DIE RENDITE BELIEHENER IMMOBILIEN EXPLODIEREN

Im vorigen Abschnitt ging es allein um die Rendite aus Cashflow. Diese stellt gewissermaßen die Geschäftsgrundlage jeder langfristig ausgerichteten Investition dar.

Im Falle beliehener Immobilien sind stabile laufende Mieteinnahmen nicht allein für die Renditeerzielung unverzichtbar. Vorrangig werden sie zur Begleichung von Zins und Tilgung benötigt. Die Banken verstehen keinerlei Spaß, wenn Verpflichtungen aus einer Finanzierung nicht bedient werden. Schon allein deshalb ist zuverlässiger Cashflow die oberste Pflicht.

Das soll nicht heißen, dass uns die Rendite aus Wertsteigerung nicht interessiert. Aber: Während es bei der Mehrzahl der Aktienanlagen ausschließlich darum geht, leben wir Immobilienleute allein schon von den Mieteinnahmen ziemlich gut. Die Besitzer spekulativer Aktien gucken hingegen ins Leere, wenn der Börsenkurs nicht steigt oder womöglich sogar fällt.

Das Statistische Bundesamt führt seit 1962 einen Index, der die Preisentwicklung von Wohnimmobilien abbildet. Die durchschnittliche Preissteigerung lag seither im schlechtesten Jahrzehnt bei rund 16% und im besten bei über 90%. Die gesamte Preissteigerung von Wohngebäuden betrug zwischen 1962 und 2013 rund 580%.

Gewiss steigen die *richtigen* Aktien schneller im Wert. Aber welche sind das? Und wovon lebt man als Aktionär, während man auf Wertsteigerung wartet? Den vermeintlichen Sachwert *Aktie* kann man, im Gegensatz zur Immobilie, weder bewohnen noch vermieten. Im Übrigen gilt natürlich auch für die *richtigen* Immobilien, dass sie im Wert schneller steigen werden, als es aus dem Durchschnittsergebnis des Statistischen Bundesamtes hervorgeht. Dort sind ja nicht nur die guten, sondern auch die schlechten Immobilien einberechnet.

Dass die Immobilienpreise steigen, kann zwei Ursachen haben:

- *nominaler* Preisanstieg aufgrund allgemeiner Inflation: Mit den Löhnen und den Preisen für Waren und Dienstleistungen steigen auch die Baukosten, Mieten, Kaufpreise von Immobilien usw. Allerdings erhöht sich durch Inflation lediglich der nominale, nicht aber der reale Wert einer Sache;
- *realer* Preisanstieg aufgrund zunehmender Knappheit: Bei anziehender Nachfrage bzw. knapper werdendem Angebot an Wohnimmobilien ergeben sich real steigende Mietpreise sowie ein Anstieg der Kaufpreis-Faktoren. Beides führt zu realen Wertzuwächsen.

Nehmen wir einmal an, Sie haben ein Haus für 100.000€ gekauft und für 150.000€ wieder verkauft. Sofern zwischen Kauf und Verkauf insgesamt 50% Inflation lagen, ist lediglich der *nominale Preis* Ihres Hauses, nicht aber sein *realer Wert* gestiegen. Dieser blieb im Grunde auf dem ursprünglichen Stand, das heißt, die Kaufkraft Ihrer heutigen 150.000€ ist identisch mit der früheren Kaufkraft von 100.000€. Aber immerhin! Als Immobilienbesitzer haben Sie zumindest erreicht, dass Ihnen durch die Inflation kein Vermögen verloren ging.

Lag die Inflation seit dem Kauf Ihrer Immobilie hingegen hypothetisch bei 0,00%, dann ergibt sich aus dem neuen Objektwert von 150.000€ eine *reale* Wertsteigerung um 50.000€ bzw. 50%. Die Nachfrage nach Immobilien in dieser Lage und / oder dieser Art muss im Verhältnis zum Angebot entsprechend angezogen haben. Jeder einzelne Euro, den Sie für Ihr Haus beim Verkauf erzielen, hat noch exakt dieselbe Kaufkraft, die er seinerzeit hatte, als Sie das Haus gekauft haben.

Eine Inflation von exakt 0,00% wird in Wirklichkeit nicht vorkommen. Deshalb ist es üblich, gestiegene Preise um die Inflation zu *bereinigen*. Interessant ist nicht der *nominale* Preis von 150.000€, den Sie heute für Ihre Immobilie bekommen, sondern welche Kaufkraft diese 150.000€ heute noch haben, im Vergleich zu den 100.000€, die Sie ursprünglich für Ihr Objekt bezahlt haben. Wenn 150.000€ von heute beispielsweise dieselbe Kaufkraft haben wie 120.000€ damals, dann haben Sie eine inflationsbereinigte, *reale* Wertsteigerung von 20% erzielt.

Auf die Preissteigerung in Folge von Inflation kommen wir gleich noch gesondert zu sprechen →#17 / #18. Zunächst befassen wir uns mit der *realen Wertsteigerung*.

Welche Wirkung haben *real* steigende Werte auf die Rendite unbeliehener Kapitalanlagen? Und was passiert, wenn mit der Beleihung von Immobilien zusätzlich der Hebeleffekt ins Spiel kommt?

#15

RENDITE AUS WERTSTEIGERUNG
AKTIEN / IMMOBILIEN OHNE BELEIHUNG;
REALER WERTZUWACHS 50% INFOLGE VON GESTIEGENER NACHFRAGE

Wenn Sie mit 200.000€ Eigenkapital Aktien oder eine Immobilie für 200.000€ erwerben ohne diese zu beleihen, dann erhöht eine reale Wertsteigerung von 50% deren Wert um 100.000€.

Kaufpreis Aktien / Immobilie, inkl. Kauf-NK.:	200.000€	=	Eigenkapital
realer Wertzuwachs in 20 Jahren bei 50% Inflation:	**100.000€**	**=**	**50% des EK**
neuer Aktienwert, real:	300.000€		
Eigenkapital-Rendite:	$\frac{\textbf{50\% Wertsteigerung}}{\textbf{20 Jahre}}$	**=**	**2,5% p.a., real** bei Aktie zu versteuern!

Der Wert der Kapitalanlage steigt um 50% von 200.000€ auf 300.000€. Da die gesamte Investition aus Eigenkapital bezahlt wurde, ergibt sich bezogen auf das Eigenkapital eine Wertsteigerung von 50%. Wenn diese Wertsteigerung beispielsweise nach 20 Jahren eintritt, dann ergibt sich daraus eine zusätzliche Eigenkapital-Rendite von durchschnittlich 2,5% pro Jahr.

Zusammen mit 4% jährlicher Rendite aus Cashflow, gemäß den vorigen Beispielrechnungen A und B, macht das 6,5% Eigenkapital-Rendite pro Jahr. Eigentlich gar nicht so schlecht, in Zeiten, in denen man auf dem Sparkonto weniger als 0,5% Zinsen bekommt. Aber warten wir erst mal den Vergleich mit der beliehenen Immobilie ab.

RENDITE AUS WERTSTEIGERUNG
IMMOBILIE MIT BELEIHUNG;
REALER WERTZUWACHS 50% INFOLGE VON GESTIEGENER NACHFRAGE

Wenn Sie mit 200.000€ Eigenkapital und 600.000€ von Ihrer Bank eine Immobilie für 800.000€ erwerben, dann erhöht eine reale Wertsteigerung von 50% deren Wert um 400.000€.

Kaufpreis Immobilie, inkl. 12% Kauf-NK.:	**800.000€**	**Gesamt-Investition**
davon Eigenkapital:	200.000€	
davon Darlehen:	600.000€	
realer Wertzuwachs in 20 Jahren bei 50% Inflation:	**400.000€**	**= 200% des EK**
neuer Immobilienwert, real:	1.200.000€	
Eigenkapital-Rendite:	**200% Wertsteigerung / 20 Jahre**	**= 10% p.a., real steuerfrei!**

Der Wert steigt auch hier um 50% von 800.000€ auf 1,2 Mio.€. Davon verbleibt, nach Abzug des Darlehensbetrages von 600.000€, ein Kapital von weiteren 600.000€ auf Ihrer Seite. Hiervon müssen Sie Ihre 200.000€ Eigenkapital abziehen. Übrig bleibt ein Gewinn aus Wertsteigerung von 400.000€. Das sind 200% Zuwachs bezogen auf Ihr ursprüngliches Eigenkapital. Eine reale Wertsteigerung von 50% lässt Ihr Eigenkapital um 200% wachsen. Da ist es wieder, das Phänomen des Hebeleffektes! So etwas klappt nur bei Immobilien, weil nur diese sich sinnvoll beleihen lassen.

Wenn auch in diesem Fall die Wertsteigerung nach 20 Jahren eintritt, dann ergibt sich daraus eine zusätzliche Eigenkapital-Rendite aus Wertsteigerung in Höhe von 10% im Jahresdurchschnitt. Viermal so viel wie bei der Aktie. Zuzüglich der 8,5% Rendite aus Cashflow, gemäß voriger Beispielrechnung C, sind Sie dann bei 18,5% durchschnittlicher Eigenkapital-Rendite.

50% Wertsteigerung bei einem Eigenkapitaleinsatz von 200.000€ bewirken im Falle der nicht beliehenen Aktie einen zu versteuernden Gewinn von 100.000€. Bei der beliehenen Immobilie ist der Gewinn mit 400.000€ viermal so hoch und noch dazu steuerfrei.

Man könnte die Sache auch anders herum betrachten: **Es würde genügen, wenn der Immobilienwert lediglich um 12,5% zulegt, nämlich von 800.000€ auf 900.000€. Damit hätten Sie exakt dieselben 100.000€ Wertgewinn erzielt, für die Ihr Aktienpaket einen Kursanstieg von 50% benötigt.** Ihr Aktienpaket muss also viermal mehr im Wert steigen, um *vor Steuern* den gleichen Gewinn wie die beliehene Immobilie zu erzielen.

Auf 100.000€ Verkaufsgewinn fallen bei Aktien rund 25.000€ Steuern an. Der Verkauf einer privat gehaltenen Immobilie ist nach 10 Jahren steuerfrei ➔#77. Wenn man nun den Steuernachteil der Aktie noch einbezieht, würde es sogar genügen, wenn die Immobilie nur um knapp 10% von 800.000€ auf 875.000€ steigt, um dasselbe Ergebnis zu erzielen, für das Ihr Aktienpaket einen Kursanstieg von 50% benötigt.

Bei Aktien bleibt Ihnen nichts anderes übrig, als diese zu verkaufen, um eine Kurssteigerung in Bargeld zu verwandeln. Falls die Aktien nachhaltig gut wären, ließen Sie sich durch den Verkauf alle zukünftigen Gewinnchancen entgehen.

Im Gegensatz dazu müssen Sie in der Immobilienbranche Ihr bestes Pferd nicht verkaufen, um neue Liquidität zu gewinnen. Hier können Sie Wertsteigerungen von Zeit zu Zeit durch Nachbeleihung in Bargeld verwandeln. Davon handelt die *Vierte Trumpfkarte* ➔#56.

Die Höhe des Kaufpreises in den vorigen Tabellen (➔#15 / #16) lässt eher auf eine Anlageimmobilie schließen. Tatsächlich aber funktioniert das Prinzip des Hebeleffektes in Verbindung mit Wertsteigerung immer gleich, egal, ob es um eine Anlageimmobilie oder ein Eigenheim (➔#158) geht.

DIE GEHEBELTE IMMOBILIE IST DER HAUPTGEWINNER DER INFLATION

#17

Egal wie hoch eine kommende Inflation ausfallen wird: Wenn Sie eine ordentliche Immobilie besitzen, wird sich deren Wert dem neuen Preisniveau nach und nach in etwa anpassen. Ihr langfristig fixiertes Darlehen wird hingegen nicht mitwachsen.

Im Rahmen der Inflation steigt der nominale Wert Ihrer Immobilie, das heißt der Preis, den Sie beim Verkauf dafür erzielen können. Der nominale Betrag Ihrer Schulden ändert sich jedoch nicht. Je höher die Inflation ausfällt, umso mehr schrumpfen Ihre Schulden im Verhältnis zum neuen Objektwert zusammen.

Als Besitzer einer beliehenen Immobilie gewinnen Sie nicht trotz, sondern gerade wegen der Inflation sogar an *realem* Vermögen, das heißt an Kaufkraft hinzu. Wie das geht, wollen wir nun einmal anhand eines konkreten Zahlenbeispiels betrachten.

Angenommen, Sie hätten eine Immobilie auf 15 Jahre finanziert und während dieses Zeitraumes können und wollen die hoch verschuldeten Staaten eine Inflation von insgesamt 100% nicht verhindern.

In diesem Fall würden sich die Preise in 15 Jahren *nominal* verdoppeln. Die *reale* Kaufkraft würde sich halbieren. Für ein Pfund Butter müssten Sie dann 4€ anstatt der damaligen 2€ aufwenden. In Deutschland haben wir schon Zeiten gesehen, in denen die Inflation 100% *pro Tag* betrug. Die hier angenommenen 100% Inflation in 15 Jahren sind insofern vom Schreckgespenst einer *Hyperinflation* noch weit entfernt.

Lassen Sie uns nun noch einmal auf unsere Immobilie aus der *Beispielrechnung C* (→#11) zurückkommen. Es ist interessant zu beobachten, welche reale Rendite aus Wertsteigerung sich hier in Verbindung mit 100% Inflation innerhalb von 15 Jahren ergibt.

#18

<u>RENDITE AUS WERTSTEIGERUNG</u>
IMMOBILIE <u>MIT</u> BELEIHUNG:
INFLATIONSBEDINGTER WERTZUWACHS VON 100%

Wenn Sie mit 200.000€ Eigenkapital und 600.000€ von Ihrer Bank eine Immobilie für 800.000€ erwerben, dann bringen 100% Inflation eine nominale Wertsteigerung von 800.000€ mit sich. Nach Inflationsbereinigung verbleibt Ihnen ein realer Wertzuwachs von 300.000€. Nicht trotz, sondern gerade wegen der Inflation gewinnen Sie an Kapital und somit Kaufkraft hinzu.

Kaufpreis Immobilie, inkl. 12% Kauf-NK:	**800.000€**	**Gesamt-Investition**
davon Eigenkapital:	200.000€	
davon Darlehen:	600.000€	
nominaler Wertzuwachs in 15 Jahren bei 100% Inflation:	**800.000€**	**= 400% des EK**
neuer Immobilienwert, <u>nominal</u>:	**1.600.000€**	
Abzug Darlehensschuld*:	600.000€	
freies Kapital nach Verkauf, <u>nominal</u>:	**1.000.000€**	
(alternativ zum Verkauf: Nachbeleihung)		
Kaufkraft des Kapitals, *inflationsbereinigt***:	500.000€	
Abzug des eingesetzten Eigenkapitals:	200.000€	
realer Kapitalzuwachs / Gewinn:	**300.000€**	**= 150% des EK**
Eigenkapital-Rendite:	**150% Wertsteigerung / 15 Jahre**	**= 10% p.a., <u>real</u> steuerfrei!**

* zur Vereinfachung wird die in 15 Jahren aus den Mieteinnahmen geleistete Tilgung hier nicht berücksichtigt. In Wirklichkeit wäre die Restschuld im Jahr 15 schon wesentlich geringer als 600.000€

** in Folge von 100% Inflation haben sich die Preise seit dem Kauf der Immobilie verdoppelt. Das bedeutet, die Kaufkraft hat sich halbiert. Die neue Liquidität von 1 Mio.€ entspricht also nur einer Kaufkraft von 500.000€ bezogen auf das Jahr des Immobilienkaufs.

Im Jahr 1 sind Sie mit 200.000€ Eigenkapital gestartet. 15 Jahre später und nach 100% Inflation ist daraus nun 1 Million geworden – nominal. Inflationsbereinigt entspricht das allerdings *nur* 500.000€, denn die Million von heute hat nur eine Kaufkraft von 500.000€ bezogen auf das Jahr des

Immobilienkaufs. Inflationsbereinigter Eigenkapitalzuwachs: 300.000€, bzw. 150%. Daraus ergibt sich eine reale *Eigenkapital-Rendite aus Wertsteigerung* von durchschnittlich 10% pro Jahr.

Im Übrigen erhöhen sich im Zuge allgemeiner Inflation natürlich nicht nur die Werte bzw. Kaufpreise von Immobilien. Schon im Vorfeld dazu steigen zunächst die laufenden Mieteinnahmen. Sie passen sich den allgemeinen inflationären Preissteigerungen Schritt für Schritt an.

Noch einmal zurück zur Immobilie aus Beispielrechnung C →#11: Nach 100% Inflation ergibt sich hier für die Ist-Mieteinnahme netto-kalt eine Verdopplung von 42.000€ auf 84.000€. Für die *Eigenkapital-Rendite aus Cashflow* kommt aber sogar eine Verdreifachung dabei heraus. Dank Beleihung und Hebeleffekt steigt sie von 8,5% auf rund 25%. Vielleicht wollen Sie die Beispielrechnung C mit entsprechend veränderten Mieteinnahmen einmal selbst durchrechnen.

Im Zuge von Inflation tragen also beide Quellen der Rendite, Cashflow sowie Wertsteigerung zu enormen, realen Gewinn- und Renditesteigerungen bei. Was hingegen nicht im Geringsten steigt, sind Ihre langfristig vereinbarten Kreditzinsen. Im Gegenteil: Ihre Zinsbelastung fällt im Verhältnis zu den steigenden Einnahmen immer weniger ins Gewicht. Und parallel dazu gehen Ihre Bankschulden im Verhältnis zum steigenden Immobilienwert zurück. Im Extremfall der Hyperinflation (→#19) schrumpfen sie auf die Bedeutungslosigkeit zusammen.

Vielleicht erscheinen Ihnen die angenommenen 100% Teuerung in 15 Jahren als sehr extremes Beispiel. Historisch betrachtet, wäre eine Inflation dieser Höhe jedoch gar nicht so ungewöhnlich. Das aktuelle Beispiel soll anhand glatter Zahlen anschaulich darstellen, dass selbst extreme Inflationseffekte bei beliehenen Immobilien zu vorteilhaften Ergebnissen führen:

- zwar steigen die Objektwerte und Mieteinnahmen (bzw. beim Eigenheimbesitzer die Mieteinsparungen) im Zuge von Inflation zunächst nur *nominal*, jedoch machen beliehene Immobilien daraus ganz *reale* Zugewinne – dank Beleihung und Hebeleffekt!
- Je stärker die Inflation ausfällt, umso größer sind auch die Zugewinne bei den Renditen aus Cashflow und Wertsteigerung.

Insofern können die Besitzer ordentlicher Immobilien mit langfristiger Finanzierung jeglicher Inflation gelassen entgegensehen.

Dies gilt übrigens auch für alle anderen langfristigen Schuldner. Sie alle gehören zu den Gewinnern der Inflation. **Genau aus diesem Grund werden sich die allesamt hoch verschuldeten Staaten, entgegen aller Beteuerungen, in den kommenden Jahren einer höheren Inflation *nicht* widersetzen: Je höher die Inflation ausfällt, umso mehr schrumpfen die Staatsschulden zusammen.**

#19 Sogar, bzw. gerade in der Hyperinflation haben beliehene Immobilien in der Vergangenheit profitiert. Im Jahr 1923 kostete das Pfund Butter in Deutschland zeitweise mehrere Milliarden Mark. Geldscheine wurden in Schubkarren durch die Straßen gefahren. Hätten Sie damals ein Mietshaus besessen, das mit 1 Million Mark beliehen war, wären Ihre Schulden durch die Inflation quasi verpufft. Ihre Immobilie selbst hätte als echter Sachwert jedoch nicht unter der Inflation gelitten.

Deshalb war es im Grunde durchaus akzeptabel, dass der Staat beim Währungs-Neustart im Oktober 1923 einen Teil der Inflationsgewinne bei den Immobilienbesitzern wieder abgeschöpft hat. Alle Immobilien wurden mit einer Zwangshypothek belegt. Diese beschränkte sich allerdings auf moderate 6% des Immobilienwertes. Der Staat nutzte die Zwangshypotheken zur Besicherung der neu geschaffenen Rentenmark. Wer vor der Inflation eine Immobilie zu 40%, 60% oder 80% ihres Wertes beliehen hatte, machte durch den vollständigen Entschuldungseffekt der Inflation und trotz der Zwangshypotheken einen erheblichen Gewinn.

Verlierer der Inflation in Verbindung mit den historisch niedrigen Zinsen sind die Sparer, die Zeichner von Anleihen, die Inhaber von Lebensversicherungen usw. Ihr Vermögen wird schlicht entwertet.

Mit Gold gleichen Sie die Inflationseffekte immerhin aus und bleiben vor allem jederzeit liquide. Dieses Argument spricht dafür, eine gewisse Goldreserve zu halten. Auch mit den richtigen Aktien könnten Sie die Inflation ausgleichen. Nur - welche Aktien sind die richtigen?

Aber weder mit Gold noch mit Aktien gewinnen Sie im Falle von Inflation an Kaufkraft hinzu, da beide nicht sinnvoll beliehen werden können und somit kein Hebeleffekt erzielbar ist.

MITHILFE DES HEBELEFFEKTES ERZIELEN BELIEHENE IMMOBILIEN

NICHT TROTZ, SONDERN GERADE WEGEN DER INFLATION

EINE PHÄNOMENALE EIGENKAPITAL-RENDITE

Allein mit langfristig beleihbaren Kapitalanlagen, wie Immobilien, gewinnen Sie im Verlauf der Inflation sogar an realem Vermögen, das heißt an Kaufkraft, hinzu. Die reale Rendite steigt immer höher, je stärker die Inflation ausfällt.

#20 WO IST DER HAKEN AN DER GESCHICHTE?

Man muss fairerweise sagen, dass der Hebeleffekt auch in die andere Richtung wirken kann. Der Schuss kann auch nach hinten losgehen und schlechte Immobilien samt ihren Eigentümern vollends ins Unterirdische befördern. Wie das?

Schauen wir einmal mehr auf das Beispiel C →#11. Sie haben mit 200.000€ Eigenkapital und 600.000€ von der Bank eine Immobilie für 800.000€ erworben. Aus welchen Gründen auch immer bricht der Netto-Reinertrag aus den Mieteinnahmen Ihrer Immobilie um 50% ein, von 32.000€ auf 16.000€. Das reicht in etwa noch, um die Zinsen in Höhe von circa 15.000€ bezahlen zu können. Aber für die 2% Tilgung reicht Ihr Geld schon nicht mehr.

Sofern die Bank bis dahin einen guten Eindruck von Ihnen gewonnen hat, stellt sie Ihr Darlehen eventuell für einige Zeit tilgungsfrei. Andernfalls müssen Sie jeden Monat eigenes Geld zuschießen. Falls Sie das nicht schaffen, droht ein Notverkauf der Immobilie zum denkbar ungünstigsten Zeitpunkt. Denn in Folge der Mietausfälle wird auch der Immobilienwert gefallen sein. Schlimmstenfalls auch um 50%, das heißt von 800.000€ auf 400.000€. Von den 600.000€ Bankendarlehen bleibt nach dem Verkauf der Immobilie ein Restbetrag von 200.000€ als Schulden bei Ihnen hängen, ohne dass Sie noch eine Immobilie besitzen. Was für ein Desaster!

Man darf durchaus davon ausgehen, dass auch in der Immobilienbranche, wie in jeder anderen Branche, zehn bis zwanzig Prozent aller Geschäfte richtig mies verlaufen, bis hin zur Insolvenz. Weitere zehn bis zwanzig Prozent laufen perfekt, geradezu brillant. Dazwischen liegt eine gewisse Spannweite an Mittelmaß.

Wer miese Immobilien kauft und mies mit ihnen umgeht, wird miese Geschäfte machen. Wer mit miesen Immobilien brillant umgeht, erreicht zumindest ein brauchbares Ergebnis. Wer ganz gute Immobilien erwirbt und vernünftig mit ihnen umgeht, wird auch ganz gute Gewinne erwirtschaften, die über dem Durchschnitt liegen. Selbst in schwierigen Zeiten. Sie dorthin zu bringen, mindestens ins obere Mittelfeld, ist das Minimalziel dieses Buches. Nach oben ist immer Luft. Wenn es Ihnen am Ende sogar zu Brillanz reicht, umso schöner...

Ungünstige Geschäfte lassen sich in erster Linie dadurch vermeiden, dass man sich im Vorfeld das nötige Fachwissen aneignet. Lesen Sie alles über Immobilien und über allgemeine Wirtschaftsthemen, was Sie in die Finger kriegen können. Löchern Sie Makler, Hausverwalter, Notare usw. mit Ihren Fragen. Besuchen Sie hin und wieder Seminare. Das klingt aufwendig, macht aber auch Spaß. Damit werden Sie zu jener Gruppe unter den Immobilien-Anlegern gehören, die etwas von dem versteht, was sie tut und deshalb einen besseren Job macht als die breite Masse.

Beliehene Immobilien sind noch viel lukrativer als schuldenfreie. Unter anderem der Umstand, dass Banken so gerne ihr Geld für Immobilien herleihen, macht diese als Kapitalanlage so interessant. Ohne Beleihung gäbe es keinen renditesteigernden Hebeleffekt.

Grundsätzlich bergen Schulden natürlich auch Risiken.
Es gibt keine Rendite ohne Risiko. Die Engländer sagen dazu: *There is no free lunch!* Doch gibt es einfach anwendbare Strategien, mit denen Sie als Immobilienanleger das Desaster eines negativen Hebeleffektes vermeiden können. Darauf kommen wir gleich zurück →#22 *Finanzierung in Not*.

Für den vernünftig handelnden Investor sind die Risiken in Verbindung mit dem Hebeleffekt jedenfalls beherrschbar. Deshalb bleibe ich beim früher Gesagten: Schulden für Früchte tragende Investitionen sind gute Schulden. Sie machen uns wohlhabender. Konsumschulden, wie auch Schulden für miese Immobilien, sind hingegen schlechte Schulden. Sie ziehen uns Monat für Monat Geld aus der Tasche.

Im Teil 2 des Buches betrachten wir die wesentlichen Immobilienrisiken →#81 *Jede Rose hat ihre Dornen*.

KEINE ANGST VOR SCHULDEN!

GUTE SCHULDEN

MACHEN UNS WOHLHABENDER

Wenn uns eine beliehene Kapitalanlage Monat für Monat mehr einbringt als sie kostet, und wenn wir über einen angemessenen Risikopuffer verfügen, dann handelt es sich um gute Schulden.

SCHLECHTE SCHULDEN

MACHEN UNS ÄRMER

Wenn wir uns für Dinge verschulden, die uns mehr Geld aus der Tasche ziehen als sie uns einbringen, dann handelt es sich um schlechte Schulden. Das sind zum Beispiel Konsumschulden oder Schulden für miese Kapitalanlagen.

WURDE NICHT AUCH DIE US-FINANZKRISE DURCH ÜBERSCHULDETE IMMOBILIEN AUSGELÖST?

#21

Oh Yeah! Right! In der Tat haben notleidend gewordene US-Immobilienkredite die Finanzkrise in erheblichem Maße mit verschuldet. Wie komme ich dann dazu, Ihnen nach wie vor die Beleihung von Immobilien zu empfehlen? Nun, der Hebeleffekt ist es wert! Außerdem umgeht die Investitionsstrategie, die ich Ihnen vorschlage alle drei wesentlichen Ursachen der US-Problemkredite.

Erste Problemursache: Die Hauspreise in Amerika waren in den Jahren vor der Krise zu stark gestiegen. Sie lagen weit über den reinen *Herstellungskosten* →#G41 vergleichbarer Immobilien. Das bedeutet, in den Hauspreisen war bereits jede Menge spekulative Luft enthalten. Viele Hauskäufer hatten völlig überteuert eingekauft, in der Annahme, die Preise würden ständig weiter steigen.

Zweite Problemursache: Bei den Problemdarlehen handelte es sich hauptsächlich um sogenannte Subprime-Kredite, um Kredite für Schuldner von sehr schwacher Bonität. Millionen von Menschen der untersten Einkommensgruppe hatten in den USA hohe Darlehen für den Eigenheimkauf erhalten. Häufig waren die Käufer schon zum Zeitpunkt des Kaufs allein von den Zinszahlungen überfordert. Tilgungsleistungen wurden von den schwachen Kreditnehmern gar nicht erst verlangt. Da die Hauspreise jährlich stiegen, fühlten die Banken sich trotzdem sicher. Im Verhältnis zu den gestiegenen Objektwerten, fielen die Hauskredite ja jedes Jahr kleiner aus. Das funktionierte alles gerade noch irgendwie, solange die Zinsen sehr niedrig waren.

Dritte Problemursache: Die Zinsen auf Hausdarlehen waren anfangs zwar sehr günstig, aber meist nicht langfristig fixiert. In der Regel handelte es sich um Darlehen mit variablem Zinssatz. Als die Preisblase am Immobilienmarkt nicht mehr wegzuleugnen war und die Zinsen deshalb deutlich anstiegen, konnten mehr und mehr US-Bürger ihre Kredite nicht mehr bedienen. Die Zahl der Zwangsversteigerungen und Notverkäufe explodierte. Das immense Überangebot an Häusern, die plötzlich auf dem Markt waren, ließ die Immobilienpreise immer weiter abstürzen. In der Folge brachten schrumpfende Verkaufserlöse aus Zwangsversteigerungen im Zusammenspiel mit ausfallenden Zinseinkünften auch die Banken in Not. Ein Teufelskreis war in Gang gekommen, der nicht mehr aufzuhalten war.

#22 FINANZIERUNG IN NOT: WARUM IHNEN DAS NICHT PASSIEREN WIRD

Wenn Sie sich an folgende Empfehlungen halten, gehen Sie allen Problemen aus dem Weg, die in den USA zur Krise geführt haben.

ANLAGEIMMOBILIEN

Erstens: Sie werden keinesfalls eine überteuerte Anlageimmobilie an einem *heißen* Boom-Standort kaufen, wo sich gerade die gesamte Anlegerherde tummelt. Stattdessen erwerben Sie eine *unterbewertete Immobilie* (→#25 / #32 - #36) in einer Lage, die gerade *out* ist →#94 / →#G5. Das heißt, die Lage dieser Immobilie steckt in einem zyklischen Tief (→#40), kann aber mit soliden demografischen Zukunftsprognosen aufwarten und hat eine gute Infrastruktur vorzuweisen. Dort, wo Sie kaufen, sollten die Quadratmeter-Kaufpreise der Immobilien deutlich unter die *Herstellungskosten* (→#G41) gefallen sein, weil im Vorfeld bereits die Mieten entsprechend zurückgegangen sind.

Zweitens: Sie werden nur Anlageimmobilien erwerben, bei denen die Rendite aus Cashflow (laufende Einnahmen) von Anfang an hoch genug ist, um einen ausreichenden Risikopuffer zu bieten, sodass Sie auch bei Einnahmeausfällen Zins und Tilgung zuverlässig erbringen können. Im Einkauf liegen der Gewinn und die Reserve!

Drittens: Sie werden keine kurzfristigen Finanzierungen mit variablem Zinssatz abschließen, sondern nur langfristige mit einem fixen und niedrigen Zinssatz. Dann werden Sie nicht über Nacht von Zinserhöhungen überrumpelt.

Unterm Strich ist das Aufwärtspotenzial unterbewerteter Anlageimmobilien weit größer als das Abwärtspotenzial. Die *unterbewertete* Immobilie ist der Traum aller vernünftigen Immobilienanleger. Sie bildet den Dreh- und Angelpunkt dieses Buches. Immer wieder werden wir auf die unterbewertete Immobilie zurückkommen und sie aus möglichst vielen Blickwinkeln neu betrachten.

EIGENHEIM

Beim Eigenheimkauf gelten etwas andere Gesetze als beim Kauf einer Anlageimmobilie. Man sucht ein Eigenheim und dessen Lage normalerweise nicht nach rein wirtschaftlichen Gesichtspunkten aus. Man möchte schön wohnen und zwar genau da, wo es einem gefällt.

Dagegen ist nichts zu sagen. Trotzdem schadet es gewiss nicht, sich vorab einmal die wirtschaftlichen Anforderungen an ein Eigenheim klar zu machen. Erst wenn man sich ihrer überhaupt bewusst ist, hat man eine Chance, die wirtschaftlichen und persönlichen Anforderungen ausgewogen unter einen Hut zu bringen, was der Idealfall wäre.

Die Fragestellung dieses Abschnittes lautet im Übrigen nicht: *Wie finde ich das schönste, das coolste Eigenheim? Sie lautet vielmehr: Wie gehe ich den Problemen aus dem Weg, die in den USA zur Schuldenkrise geführt haben?* Wenn Sie sich Ihre private Traumimmobilie ohnehin ganz locker leisten können, dann haben die nachfolgenden Punkte keine existenzielle Wichtigkeit für Sie.

Erstens: Kaufen Sie kein Eigenheim in aktuell überteuerten Trendlagen. Manchmal genügt es, mit der Lage einen Kilometer abzuweichen und man trifft auf ein viel günstigeres Preis-Leistungsverhältnis →#146.

Zweitens: Kaufen Sie kein Eigenheim, das an sich für Ihre finanzielle Ausgangslage zu kostspielig ausfällt. Kaufen Sie überhaupt nur ein Eigenheim, wenn Kaufen in wirtschaftlicher Hinsicht günstiger als Mieten ist. Zumindest mittel- bis langfristig. Das heißt, die Finanzierungszinsen für Ihr Eigenheim sollten auf mittlere bis längere Sicht ein gutes Stück unter der (steigenden) Miete liegen, die Sie für ein vergleichbar beschaffenes Mietobjekt berappen müssten.

Drittens: Finanzieren Sie langfristig, um Ihre Finanzierungskosten auf lange Zeit im Voraus zu kennen und auf niedrigem Niveau zu deckeln.

Im Übrigen sollten Sie als Eigenheimkäufer von vornherein gewisse Reserven zurücklegen, mit denen Sie zumindest einige Monate Einkommensausfall wegen Arbeitslosigkeit, Krankheit usw. überbrücken können. Gegebenenfalls lassen sich solche Risiken auch über eine Versicherung abdecken. Doch dann geben Sie Geld für eine Versicherungsprämie aus, obwohl der Ernstfall vielleicht nie eintritt. Insofern würde ich einer Cashreserve den Vorrang einräumen.

Im dritten Teil des Buches werden die Anlageimmobilie →#113 sowie das Eigenheim →#144 ausführlich behandelt.

Bezogen auf das Eigenheim geht es dort nicht um jene Kategorie, die rein als privates Luxusobjekt genutzt wird. Vielmehr geht es darum, wie man beim Kauf eines Eigenheims das Ziel des angenehmen Wohnens mit dem des kostengünstigen Wohnens verbinden kann und dabei gleichzeitig Vermögen aufbaut. Auf einen Punkt möchte ich Sie gleich hier noch hinweisen: Auch in Verbindung mit dem Eigenheim macht eine Beleihung großen wirtschaftlichen Sinn. In vernünftigem Umfang beliehene Eigenheime sind viel lukrativer als schuldenfreie, denn sie profitieren genauso von den Segnungen der niedrigen Zinsen und des Hebeleffektes wie Anlageimmobilien dies tun. Beispielsweise werden Mieter in 15 Jahren mehrere Mieterhöhungsrunden erleben. Beim langfristig beliehenen Eigenheim bleibt der Betrag für Zins und Tilgung hingegen über die gesamte Kreditlaufzeit unverändert.

PUH...!

Das wichtigste und wohl kniffligste Themengebiet rund um den Hebeleffekt liegt nun hinter Ihnen. Wer sich neu damit beschäftigt, ist mit den durchaus verblüffenden Wirkungsweisen des Hebeleffektes ganz schön gefordert. Aber wie bereits erwähnt: Alle Dinge, die zunächst schwierig erscheinen, werden einfach, sobald man sich mit ihnen vertraut macht.

ZUSAMMENFASSUNG ERSTE TRUMPFKARTE

DIE MAGIE DES HEBELEFFEKTES BEVORZUGT DIE IMMOBILIE UND KATAPULTIERT DEREN EIGENKAPITAL-RENDITE NACH OBEN

Ordentliche Immobilien, insbesondere Wohnimmobilien, liefern die zuverlässigsten laufenden Einnahmen unter allen Kapitalanlagen. Die Banken lieben diesen stabilen Cashflow aus Mietzahlungen. Deshalb ist die Immobilie der unangefochtene Star unter den Kapitalanlagen, wenn es um die Möglichkeit der Beleihung geht. Einzig Immobilien können Sie als Privatanleger wirtschaftlich sinnvoll beleihen. Mit 200.000€ Eigenkapital können Sie eine Immobilie für 500.000€, 800.000€ oder sogar für 1 Million erwerben.

Nur mit Anlagen, die sich zu günstigen Bedingungen beleihen lassen, ist es möglich, einen positiven Hebeleffekt zu erzielen. Dieser wirkt wie eine Art Rendite-Turbo. Er befördert die Rendite beliehener Immobilien in phänomenale Höhen. Das gilt für die Rendite aus Cashflow genauso wie für die Rendite aus Wertsteigerung. Sogar im Rahmen inflationärer, das heißt rein *nominaler* Preissteigerung, gewinnen Sie mit langfristig beliehenen Immobilien auch an *realem* Vermögen (Kaufkraft) hinzu.

Wenn Sie eine Anlageimmobilie besitzen, steigen in Verbindung mit der Inflation Ihre laufenden Mieteinnahmen und damit auch der Wert Ihres Objektes. Ihre fixen Finanzierungskosten hingegen erhöhen sich über lange Zeit nicht und Ihre Darlehensschuld schrumpft sogar Jahr für Jahr durch Tilgung. Dasselbe gilt, im übertragenen Sinne, wenn Sie ein Eigenheim besitzen. Auch hier bleibt Ihr Kapitaldienst 15, 20 Jahre lang unverändert, während die Mieter von Wohnraum mit regelmäßigen Mieterhöhungen leben müssen. Die zunehmenden Einsparungen gegenüber der Miete verschaffen Ihnen als Eigenheimbesitzer einen ständig wachsenden Cash-Vorteil. Auch *ersparte* Miete ist Rendite!

Der Cashflow ist die Quelle des Immobilien-Erfolgs.
Aber erst der Hebeleffekt macht daraus ein Phänomen.
Wenn dann noch reale Wertsteigerung und / oder Inflation dazukommen, explodiert die Eigenkapital-Rendite.

DIE ZWEITE TRUMPFKARTE

#24

NUR BEI IMMOBILIEN KÖNNEN SIE MIT ÜBERSCHAUBAREM AUFWAND SELBST HERAUSFINDEN, WIEVIEL DIESE NACH IHREN EIGENEN VORGABEN IN ETWA WERT SIND UND DADURCH *IHREN* PERSÖNLICHEN KAUFPREIS FESTLEGEN. AKTIENKURSE MÜSSEN SIE EINFACH HINNEHMEN. IMMOBILIEN KÖNNEN SIE *GEZIELT* GÜNSTIG EINKAUFEN UND SO ÜBER DIE JAHRE ENTSPANNT EINSCHLAFEN.

Wenn sie mit 200.000€ Eigenkapital zu einem Preis von 200.000€ Aktien kaufen, dann sind diese zum Zeitpunkt des Kaufs rund um den Globus exakt auch 200.000€ wert. Den Börsenpreis müssen Sie einfach akzeptieren.

Ob dieser Preis tatsächlich angemessen, zu teuer oder besonders günstig ist, kann niemand zuverlässig herausfinden. Niemand kann vorhersagen, wohin sich der Aktienkurs von der Minute des Kaufs an entwickeln wird. Sie haben keinerlei persönlichen Einfluss auf die Wertentwicklung Ihrer Aktien.

Wenn Sie mit 200.000€ Eigenkapital und mit 600.000€ von Ihrer Bank eine Immobilie für 800.000€ kaufen, dann legen Sie den Kaufpreis im Vorfeld selbst fest.

Für Immobilien gibt es keine offiziellen Börsenkurse. Aber Sie können mit überschaubarem Aufwand zuverlässig selbst herausfinden, was eine Immobilie wert ist, besser gesagt, was sie Ihnen persönlich wert ist. Grundlage dafür sind Ihre eigenen wirtschaftlichen Vorgaben. Es steht Ihnen frei, nur Objekte zu kaufen, die so preiswert sind, dass diese noch einen Risikopuffer beinhalten, für den Fall ungünstiger Entwicklungen der Mieteinnahmen oder der Allgemeinwirtschaft. Nach dem Kauf haben Sie selbst großen Einfluss auf die Weiterentwicklung Ihrer Immobilie.

#25

PREIS UND WERT HABEN NICHTS MITEINANDER ZU TUN

Der Preis ist das, was man für eine Sache bezahlt. Er wird durch Angebot und Nachfrage bestimmt. Auf einem ganz anderen Blatt steht, was eine Sache tatsächlich wert ist.

Insbesondere bei Kapitalanlagen können der geforderte Preis und der sogenannte *innere Wert* deutlich voneinander abweichen. Nach oben wie nach unten.

Der innere Wert berücksichtigt alle in einer Anlage schlummernden Chancen und Risiken. Diese sind zum Zeitpunkt des Kaufs einer Anlage oft schwer zu beurteilen.

Als **überbewertet** gelten Kapitalanlagen, deren Potenzial von der Mehrheit der Anleger deutlich zu optimistisch eingeschätzt wird. Die Nachfrage nach solchen Anlagen ist unangemessen hoch.

Die Chancen werden überbewertet, die Risiken unterschätzt. Der momentane Marktpreis der Anlagen ist zu teuer, gemessen an ihrer geringen Ertragskraft. Insofern ist die Rendite von Anfang an vergleichsweise niedrig. Der Kaufpreis liegt deutlich über dem inneren Wert dieser Kapitalanlagen.

Als **unterbewertet** gelten Kapitalanlagen, deren Potenzial von der Mehrheit der Anleger deutlich zu pessimistisch eingeschätzt wird. Die Abneigung gegenüber solchen Anlagen ist unangemessen hoch, die Nachfrage unangemessen gering.

Die Chancen werden unterbewertet, die Risiken überschätzt. Der momentane Marktpreis der Anlagen ist verblüffend günstig, gemessen an ihrer hohen Ertragskraft. Insofern sind die Rendite und die Reserven von Anfang an hoch. Der Kaufpreis liegt deutlich unter dem inneren Wert dieser Kapitalanlagen. Dies sind die Anlagen, die wir suchen.

ÜBERBEWERTETE KAPITALANLAGEN

Die Käuferherde ist verrückt nach ihnen: Trendaktien, Trendimmobilien in Trendlagen. Euphorisch werden die Preise in Höhen gesteigert, die längst unvernünftig sind. Die laufenden Einnahmen sind mickrig. Es geht nur noch um Wertsteigerung. Der Kaufpreis liegt deutlich über ihrem inneren Wert.

DIE FRAGE IST:

WIE FINDET MAN DEN INNEREN WERT VON KAPITALANLAGEN HERAUS?

UNTERBEWERTETE KAPITALANLAGEN

Eine ehemalige Käuferherde wird zur Verkäuferherde und will nichts wie raus. Panisch werden die Preise auf ein Niveau gesenkt, das für vernünftige Anleger sehr attraktiv ist. Die laufenden Einnahmen sind hoch. Die Reserven sind hoch. Die Wertsteigerungspotentiale sind hoch. Der Kaufpreis liegt deutlich unter dem inneren Wert dieser Anlagen.

#26 AKTIENKURSE SIND OFFIZIELL GÜLTIGE MARKTPREISE

Die Aktien börsennotierter Unternehmen werden täglich hunderttausendfach oder millionenfach gehandelt. Im Sekundentakt aktualisieren sich am Aktienmarkt Gleichgewichtspreise aus Angebot und Nachfrage, die offiziell gültigen Börsenpreise.

Nur wenige Mausklicks genügen und wir erfahren zu jeder Aktie aus der hintersten Region unserer Erde, wie viel sie gerade kostet. Als Verkäufer wissen wir genau, welchen Preis wir bekommen. Und als Käufer wissen wir genau, wie viel wir bezahlen müssen.

Jeder kennt also den offiziellen Marktpreis einer Aktie. Aber niemand kennt ihren inneren Wert!

#27 IMMOBILIENMÄRKTE SIND UNÜBERSICHTLICH, DESHALB GIBT ES KEINE OFFIZIELL GÜLTIGEN MARKTPREISE

Wenn ein Verkäufer eine Immobilie an den Markt bringt, dann legt er den Kaufpreis rein willkürlich nach eigenem Ermessen fest. Meistens schlägt er auf seinen Wunschpreis noch etwas drauf. Kann ja sein, dass sich jemand findet, der so viel zu bezahlen bereit ist. Andernfalls gönnt er dem Käufer eben das Erfolgserlebnis des Herunterhandelns. Selbst ein Verkäufer mit edelsten Absichten, hätte keinerlei Chance festzustellen, wie hoch der objektiv *richtige* Preis wäre, den er für seine Immobilie verlangen könnte. Vielleicht denken Sie jetzt, dass es für diesen Fall doch Gutachter gibt. Vergessen Sie es. Gutachterlich ermittelte sogenannte Verkehrswerte, weichen in aller Regel deutlich von den aktuell tatsächlich am Markt zu erzielenden Preisen ab.

Für Immobilien gibt es keine offiziell gültigen Börsenkurse. Hier sind drei wesentliche Gründe dafür:

Immobilien sind Unikate und deshalb schlecht vergleichbar:

Es gibt keine zwei wirklich gleichen Immobilien. Einzelne Eigenschaften mögen übereinstimmen, aber niemals alle. Die möglichen Unterscheidungsmerkmale bei Immobilien sind enorm vielfältig: Lage, Nachbarschaft, Größe, Bauart, Grundrisse, Gebäudealter, Bauzustand, Ausstattung, Ausblick, Lichtverhältnisse, Erschließung, Mieterklientel, Mietpreisniveau usw. Ein Handel mit wirklich vergleichbaren Immobilien kommt nicht zustande, schon gar nicht in aussagekräftiger Stückzahl. Deshalb können sich für Immobilien keine allgemein gültigen *Vergleichspreise* in der Art der Börsenkurse herausbilden.

Die Angebotslage bei Immobilien ist undurchsichtig:

Zwar stehen auch für den Immobilienverkauf mittlerweile ganz nützliche Angebotsplattformen im Internet zur Verfügung, doch davon gibt es fast schon zu viele. Darüber hinaus bieten eine Unmenge an Tageszeitungen, Magazinen und natürlich Maklern Immobilien an. Die eine Immobilie findet man hier, die andere ganz woanders und manche überhaupt nur *unter der Hand*, selbst wenn es sich zufällig um Nachbarhäuser handeln sollte.

Für Kaufinteressenten ist es unmöglich, einen vollständigen Überblick zu erhalten und *alle* ins persönliche Suchraster passenden Angebote ausfindig zu machen. Für Verkäufer ist es unmöglich, alle potenziellen Interessenten zu erreichen.

Zudem werden die Daten und Informationen in jedem Angebotsmedium unterschiedlich aufbereitet, häufig unübersichtlich und unvollständig. Obwohl es einfach zu bewerkstelligen wäre, kann man selbst bei den Internetportalen die dort angebotenen Anlageobjekte nicht nach den für Anleger wichtigsten Ausgangskriterien filtern. Diese wären zum Beispiel die *Ist-Miete netto-kalt* →#G10, die *Roh-Rendite* →#G27, bzw. der *Kaufpreis-Faktor* (=Kaufpreis geteilt durch Jahres-Ist-Mieten) →#G28, sowie der Kaufpreis je Quadratmeter vermietbarer Fläche.

Außerdem gilt nach wie vor: Die allerbesten Gelegenheiten findet man nur selten über die für jedermann zugänglichen Angebotskanäle. Bei den lukrativsten Immobilien, die ich bisher erwerben konnte, handelte es sich mehrheitlich um sogenannte *Off Market Angebote*. Die Eigentümer solcher Immobilien beauftragen häufig nur einen einzigen Makler, der nur ganz gezielt einige vertrauenswürdige Kunden hinter vorgehaltener Hand ansprechen darf. Manche Verkäufer wünschen nämlich nicht, dass *alle Welt* vom Verkauf ihrer Immobilie erfährt. Diese Art von Verkäufern, ich nenne sie *Geheimniskrämer*, bleibt mir ein Rätsel. Mit Ihrer diskreten Methode erreichen sie nur einen geringen Teil der für ihre Immobilie in

Frage kommenden Interessenten. Aber genau dafür liebe ich sie! Wenn kaum jemand von einem Immobilienangebot erfährt, hat man als Bieter auch kaum Konkurrenz.

Verglichen mit den Aktienmärkten ist die Angebotslage bei Immobilien sehr unübersichtlich, nicht selten sogar *top-secret*.

Die wahren Kaufpreise von Immobilien bleiben stets geheim: Zwischen den Immobilienpreisen, die in Inseraten und Makler-Exposés angegeben werden und den offiziellen Aktienkursen, besteht ein ganz entscheidender Unterschied: Bei Immobilienpreisen handelt sich um reine Angebotspreise und nicht um tatsächlich bezahlte Kaufpreise. Welche Kaufpreise wirklich in den notariellen Immobilienkaufverträgen beurkundet werden, bleibt in Deutschland geheim. In den meisten Fällen weichen die tatsächlichen Kaufpreise von den ursprünglichen Angebotspreisen ab – meist sogar ziemlich deutlich.

Okay - wenn es also keine zwei wirklich vergleichbaren Immobilien gibt, wenn überhaupt nur ein Teil des Immobilienangebotes bekannt ist und wenn darüber hinaus die tatsächlich beurkundeten Kaufpreise geheim bleiben, dann gibt es also keinerlei Grundlage, aus der ein Verkäufer oder Käufer einen objektiv richtigen Marktpreis ableiten kann?!

#28 SCHLUCK...! ZU TEUER GEKAUFT...?

Wäre es dann möglich, dass die Immobilie, die Sie gerade für 800.000€ gekauft haben, eigentlich nur 600.000€ oder sogar weniger wert ist? Hat Ihnen ein besonders gewiefter oder nur unbedarfter Verkäufer vielleicht einen zu hohen Preis aufgeschwatzt?

Natürlich wäre das möglich! Es passiert am laufenden Band, dass Leute überbewertete Immobilien kaufen. Genauso, wie sie für andere Waren und Güter unangemessen viel Geld ausgeben, tun sie das auch beim Immobilienkauf.

WÄRE ES DANN EBENSO MÖGLICH, DASS DIE IMMOBILIE, FÜR DIE SIE GERADE 800.000€ BEZAHLT HABEN, 1 MILLION ODER MEHR WERT IST? #29

Natürlich wäre dies möglich! Auch dieser Fall passiert am laufenden Band. Eine Immobilie dieser Art bezeichnet man als *unterbewertet*. UND GENAU DA WOLLEN WIR HIN!

AUS DER UNÜBERSICHTLICHKEIT DER IMMOBILIENMÄRKTE ERGEBEN SICH DIE BESTEN CHANCEN!!! #30

Für geschickte Immobilienkäufer ist die beschriebene Unübersichtlichkeit der Angebotslage ein gigantischer Vorteil. Wer mit Leidenschaft die verschiedenen Wühltische mit Immobilienangeboten durchstöbert und sich gegenüber Maklern vertrauenswürdig darstellt, wird tolle Gelegenheiten auf den Tisch bekommen und bessere Ergebnisse erzielen als der Durchschnittsanleger.

Dem typischen Privatanleger ist eine gründliche Marktrecherche häufig zu mühselig. Er ist beruflich und in seiner Freizeit vielbeschäftigt und neigt nicht selten dazu, seine Fähigkeiten als Investor zu überschätzen. Er ist überzeugt davon, im Hoppla-Hopp-Verfahren einen guten Immobilienkauf tätigen zu können und begnügt sich damit, vielleicht drei oder fünf Angebote zu vergleichen. Am liebsten nur von Objekten, die bequem in seiner Nähe liegen oder ansonsten in einer Lage, von der er gehört hat, dass sie gerade angesagt ist – ein *offizieller* Geheimtipp also.

Hören Sie lieber nicht auf diese Art von Geheimtipps, über die eigentlich ALLE, einschließlich der Medien, schon reden.

WERDEN SIE SELBST ZUM

IMMOBILIEN DETEKTIV

Und erlauben Sie es sich, Ihre eigene Meinung zu haben. Bei genauem Hinschauen werden Sie feststellen, dass es immer irgendwo Lagen, ganze Stadtteile, Städte oder Regionen gibt, deren Preisniveau in Gänze spektakulär günstig ist.

Die Preisentwicklung an den Immobilienmärkten hat, wie an den Aktienmärkten, viel mit Emotionen und Herdentrieb zu tun, aber leider gar nichts mit Schwarmintelligenz. Die Käuferherde kauft euphorisch da, wo alle kaufen. Die Verkäuferherde verkauft panisch da, wo alle verkaufen. Auf diese Weise entstehen preisliche Übertreibungen nach oben wie nach unten.

Für uns gilt: Jene Lagen, welche die Käuferherde gerade mit übertriebenem Nachdruck meidet, schauen wir uns gerne genauer an! Wenn Sie sich neu mit Immobilien befassen, müssen Sie herausfinden, wo diese Lagen aktuell sind.

BEISPIEL BERLIN 2005: Nach der Jahrtausendwende gab es in Berlin etliche Jahre, in denen nahezu die ganze Stadt extrem unterbewertet war. **#31** Die Renditen waren spektakulär hoch, die Kaufpreise je Quadratmeter enorm günstig. Die Herde, die nach dem Fall der Mauer, unterstützt durch die damaligen Steuersubventionen, die Preise zunächst hochgetrieben hatte, war entsetzt davon gerannt. Der Berliner Immobilienmarkt war totgesagt – AUF EWIG! Das Preistief lag dann um das Jahr 2005.

Doch selbst in dieser Phase des größten Pessimismus gab es eine unbeirrbare Gruppe von Immobiliensuchenden, die mit einem breiten Grinsen durch die Straßen lief. Für sie war die Stadt zur Insel der Glückseligen geworden. Die Auswahl an spottbilligen Immobilien war größer, als sie es sich jemals hätten erträumen lassen. Diese Leute haben die Zeichen richtig gedeutet. Zeichen, die im Übrigen jeder hätte erkennen können. Der Einstiegszeitpunkt war ideal.

Schon ein, zwei Jahre später begannen die Preise wieder anzuziehen. Und mittlerweile haben sich die Berliner Immobilienpreise im Durchschnitt nahezu wieder verdoppelt, teilweise verdreifacht. Die nächste Käufer-Schafherde (die Engländer sagen *sheople*) hat den Charme Berlins *neu* entdeckt und überbietet sich gegenseitig beim Kauf teurer Wohnungen und Mietshäuser. Wer sich viel Mühe gibt, kann gelegentlich noch eine einzelne Perle ausfindig machen, die etwas günstiger ist. Doch sind diese sehr selten geworden.

Die Zeit der flächendeckenden Unterbewertung ist für Berlin vorbei - jedenfalls bis auf Weiteres. Aber früher oder später kommen die günstigen Zeiten immer wieder.

Die Preisentwicklung im Immobiliengeschäft verläuft IMMER in Zyklen →#39, wie Ebbe und Flut. Dabei handelt es sich um lokale Zyklen. Vielleicht haben Sie Glück und Immobilien sind gerade dort, wo Sie derzeit wohnen besonders lukrativ. Falls nicht, dann eben anderswo. Manchmal genügt es schon, seinen Aktionsradius auf den nächsten Bezirk auszudehnen.

Insbesondere wegen des fortwährenden zyklischen Wandels, dem die Immobilienpreise unterliegen, vermeide ich es, wie schon in der Einleitung erwähnt, in diesem Buch konkrete Lage- und Kaufempfehlungen auszusprechen. Diese wären in nicht allzu ferner Zeit schon wieder überholt.

#32 GESUCHT IN UNDURCHSICHTIGEN MÄRKTEN: DIE DOPPELT UNTERBEWERTETE IMMOBILIE:

Da die Preise der lokalen Immobilienmärkte das beschriebene, ständige Auf und Ab durchlaufen, ist das richtige Timing bzw. die Wahl des richtigen Ortes sehr entscheidend für den klugen Immobilienkauf. Jede Lage ist irgendwann teuer und irgendwann wieder preiswerter. Nutzen Sie lokale Preiszyklen →#39. Investieren Sie zur richtigen Zeit am richtigen Ort. Dies setzt eine sorgfältige Recherche voraus. Wie das geht, darüber sprechen wir noch ausführlich.

Aber geben Sie sich nicht gleich damit zufrieden, wenn Sie tatsächlich eine unterbewertete Lage entdeckt haben. In jedem lokalen Teilmarkt, der in Gänze ungewöhnlich günstig bewertet ist, gibt es wiederum teurere und preiswertere Einzelobjekte. Die Gründe dafür liegen immer auf der Verkäuferseite →#48.

Im Idealfall finden Sie in einer allgemein unterbewerteten Lage ein darüber hinaus *individuell* unterbewertetes Einzelobjekt.

Darüber, dass uns die günstigsten Lagen und Ausnahmeobjekte nicht übersichtlich und bequem auf dem Silbertablett feilgeboten werden, sollten wir uns freuen. Wenn jeder mühelos davon erfahren könnte, bliebe kaum eine besondere Gelegenheit für Sie und mich übrig.

Der strebsame Immobiliendetektiv bedankt sich jeden Tag aufs Neue über den schwer zu durchdringenden Angebotsdschungel auf dem Terrain der Immobilie.

Doch selbst dann, wenn Sie früher oder später ein Exposé zu dem gesuchten Juwel in Händen halten, treffen Sie nicht selten auf eine weitere Hürde: den unprofessionellen, unorganisierten oder gar geheimniskrämerischen Immobilienverkäufer. Er überlässt es jedem Interessenten selbst, sich durch die unvollständig aufbereiteten Unterlagen seiner schlecht betreuten Immobilie zu wursteln.

Solchen Verkäufern muss man jedes Detail umständlich aus der Nase ziehen. Viele Interessenten werfen an diesem Punkt beleidigt oder entnervt die Flinte ins Korn. Auch hier sind wieder jene im Vorteil, die bereit sind, die Ärmel hochzukrempeln und das Dickicht zu lichten.

Diamanten erwarten Hingabe von dem, der sie entdecken darf.

#33

UNTERBEWERTUNG: AM LIEBSTEN MÖCHTEN WIR 1 EURO FÜR 70, 60 ODER 40 CENT KAUFEN

Das zielgerichtete Investieren in *unterbewertete* Kapitalanlagen bezeichnet man als *Value Investing* (engl.: *Value* = dt.: *Wert*). Der Begriff stammt aus der Aktienbranche. Die Spanne zwischen günstigem, unterbewerteten Kaufpreis und höherem inneren Wert stellt ein Sicherheitspolster dar. Das Risiko, zukünftig Verluste erleiden zu müssen, fällt dadurch wesentlich geringer aus. Das Sicherheitspolster ist die zentrale Leitidee beim Value Investing.

Vorrangig geht es also darum, die Verlustrisiken möglichst klein zu halten: Im Einkauf liegt die Reserve! Einen Risikopuffer zu haben, fördert den entspannten Schlaf des Kapitalanlegers. Erst in zweiter Linie geht es darum, dass eine günstiger eingekaufte Kapitalanlage auch höhere Renditechancen bietet: Natürlich liegt auch der Gewinn im Einkauf!

Beim Kauf einer unterbewerteten Immobilie schlagen Sie also zwei Fliegen mit einer Klappe: Sie verringern Ihre Verlustrisiken und vergrößern Ihre Gewinnchancen.

#34

IST ES MÖGLICH, GEZIELT UNTERBEWERTETE KAPITALANLAGEN ZU ERWERBEN?

Das ist eine ganz entscheidende Frage. Einen Zufallstreffer kann jeder mal landen. Aber besteht die Möglichkeit, *gezielt* 1 Euro für 70, 60 oder gar 40 Cent zu kaufen?

In Bezug auf Immobilien lautet meine Antwort: JA!
In Bezug auf Aktien lautet meine Antwort: NEIN!

EINE SCHLICHTE GRUNDVORAUS-SETZUNG MUSS IMMER GEGEBEN SEIN, BEVOR SIE EINE UNTERBEWERTETE KAPITALANLAGE ZU EINEM BESONDERS GÜNSTIGEN PREIS ERWERBEN KÖNNEN:

SIE MÜSSEN IRGENDWIE NACHVOLLZIEHEN KÖNNEN, OB DER PREIS ÜBERHAUPT GÜNSTIG IST.

Dies wiederum setzt voraus, dass Sie im Vorfeld die Möglichkeit haben, den Wert der Kapitalanlage einigermaßen zuverlässig herauszufinden. Bei Immobilien klappt das mit überschaubarem Aufwand und ausreichender Genauigkeit. Bei Aktien hingegen funktioniert es rein gar nicht (wenngleich die meisten Anlageberater das Gegenteil behaupten und mich für diese Äußerung verwünschen werden).

#35 DEN INNEREN WERT EINER AKTIE HERAUSZUFINDEN, IST UNMÖGLICH. DESHALB IST ES AUCH NICHT MÖGLICH, GEZIELT UNTERBEWERTETE AKTIEN ZU KAUFEN.

Es gibt eine Menge toller, unterbewerteter Aktien, die gigantisch im Wert steigen werden. Aber welche sind das? Die Welt der globalen Aktienunternehmen ist für niemanden mehr zu durchschauen. Nahezu jede der zigtausend verfügbaren Aktien ist entweder über- oder unterbewertet. Ihr Preis ist bekannt, aber ihr wahrer innerer Wert kann nicht zuverlässig ermittelt werden.

Selbst ausgebuffte *Analysten* finden in dem komplexen Dickicht aus Zahlen und Fakten keine verbindliche Orientierung mehr. Es geht um Bilanzen, Umsätze, Liquiditätsreserven, weltweite Tochtergesellschaften, Konten in Steueroasen, Konsumtrends, Produktneuheiten, Patente, Rechtsstreitigkeiten, Pensionsverpflichtungen, Währungs- und Konjunkturrisiken, politische Entwicklungen, Terrorgefahren, Qualität des Managements, Einfluss der Gewerkschaften usw. Dennoch bleibt Privatanlegern gar nichts anderes übrig, als sich bei der Aktienauswahl auf die Empfehlungen von Finanzberatern oder Analysten zu verlassen. Der eine Analyst stuft eine Aktie auf „Kaufen", der andere auf „Verkaufen", der Dritte auf „Halten". Na großartig! Welchem soll man nun trauen? Nicht einmal die am häufigsten analysierten Giganten unter den Aktienunternehmen werden von den Aktienprofis wirklich noch verstanden.

Fragen Sie Ihren Anlagenberater doch einmal, warum er Sie und die Welt nicht vor dem Niedergang ehemaliger Börsenstars gewarnt hat, wie zum Beispiel: Deutsche Telekom (aktuell mehr als 80% unter ihrem Allzeithoch), Nokia (ca. 90% Minus), Arcandor-Karstadt (insolvent), Commerzbank (ca. 95% Minus), Lehmann Brothers (insolvent) usw.

Und warum hat Ihr Berater Sie nicht mit Waffengewalt genötigt, die Aktien von Google zu kaufen (Kursgewinn rund 600% in 10 Jahren). Oder die Aktien von Apple (über 1.000% Plus in 10 Jahren). Bestimmt hat Ihr Berater über die Jahre immer wieder richtig getippt, aber oft genug eben auch falsch. Das läuft rein nach dem Zufallsprinzip. Wenn Sie zehn verschiedene Aktien auswählen, werden Sie mal gewinnen und mal verlieren. Ob unterm Strich ein Plus, ein Minus oder eine schwarze Null herauskommt, ist reine Glückssache.

Forscher der Londoner *Cass Business School* ließen in einem Experiment eine virtuelle Affenhorde nach dem Zufallsprinzip Aktien auswählen. Dabei erzielten die Affen unterm Strich rund doppelt so gute Ergebnisse wie echte Aktienprofis. Ja, ich weiß, auch für diese Botschaft werden die Anlagenberater mich verwünschen.

Bei Aktien kennt zwar jeder den Preis, das heißt den offiziellen Börsenkurs, bis auf zwei Stellen hinter dem Komma, aber der wahre innere Wert steht in den Sternen. Es ist nicht möglich, zuverlässig herauszufinden, ob eine Aktie aktuell günstig oder teuer ist. Deshalb ist es auch nicht möglich, *gezielt* unterbewertete Aktien zu kaufen.

DEN INNEREN WERT EINER IMMOBILIE HERAUSZUFINDEN, IST VERGLEICHSWEISE EINFACH. DESHALB KANN MAN GEZIELT UNTERBEWERTETE IMMOBILIEN KAUFEN. #36

Hmm - haben wir nicht vorhin erst behauptet, dass auch die Immobilienmärkte ziemlich unübersichtlich sind? Ja, richtig. Aber immerhin geht es bei Immobilien nur um lokale Märkte und lokale Objekte. Sie müssen also nicht, wie bei Aktien, auf der anderen Seite des Globus innerhalb verschachtelter Konzernstrukturen recherchieren.

Bei Immobilien verhält es sich genau anders herum als bei Aktien. Es gibt keine verbindlichen Immobilienpreise in der Art von Börsenkursen, aber mit vergleichsweise geringem Aufwand können Sie den Wert einer Immobilie hinreichend zuverlässig selbst beurteilen.

Alle wichtigen Informationen zu einer Immobilie erhalten Sie in deren unmittelbarem Umfeld, das heißt vom Eigentümer, Makler, Hausverwalter, Bauamt, Notar usw. Allgemeine Daten zur demografischen Situation, Mieten- und Kaufpreisentwicklung usw. finden Sie im Internet. Egal, ob Sie sich für eine Wohnung, ein Mietshaus oder einen ganzen Wohnblock interessieren, mit etwas Übung wird es Ihnen nicht schwerfallen, zu ermitteln, wie viel *Ihnen* die Immobilie wert ist, wie viel Sie für die wahren Potenziale der Immobilie zu bezahlen bereit sind.

Für die erste überschlägige Bewertung eines typischen Berliner Mietshauses benötige ich selten mehr als eine Hausbesichtigung und eine Mieterliste inklusive Flächenangaben. Außerdem noch einen Bierdeckel oder einen alten Briefumschlag, auf dem ich eine erste Berechnung zur Wirtschaftlichkeit des Objektes mache. Das Ergebnis stellt eine ausreichend genaue Grundlage dar, um sehr rasch ein Kaufangebot für ein Haus abgeben zu können, das mir attraktiv erscheint. Für meine flotte *Bierdeckel-Kalkulation* benötige ich nur wenige Ausgangsgrößen: Den geforderten Kaufpreis, die Mietfläche, die Ist-Mieteinnahme netto-kalt und meine eigene Vorgabe für die Eigenkapital-Rendite. Auf dieser Basis kann ich hochrechnen, ob ich den geforderten Kaufpreis für angemessen halte oder alternativ *meinen eigenen* Preis festlegen.

Wenn man die Frage stellt: *WIEVIEL IST EINE IMMOBILIE WERT?*
muss man immer die Frage nachschieben: *WEM?*
Jeder Verkäufer verlangt willkürlich, was er will. Und jeder Kaufinteressent legt seine eigenen Renditeziele und Risikoabschläge bei der Findung *seines* Angebotspreises fest. Mal kommen Verkäufer und Kaufinteressent zusammen, mal nicht.

Nachdem es keine offiziellen Börsenkurse für Immobilien gibt und niemand den objektiv richtigen Wert einer Immobilie ermitteln kann, kommt es einzig und allein darauf an, wie viel IHNEN eine bestimmte Immobilie wert ist. Welche Eigenkapital-Rendite erwarten Sie mindestens? Und welche Reserven? Wie weit soll der Kaufpreis pro Quadratmeter UNTER den üblichen Herstellungskosten liegen?

Zu meinen eigenen wirtschaftlichen Vorgaben beim Kauf einer Immobilie kann ich sagen, dass diese ziemlich ambitioniert sind. Das hat unter anderem mit dem komfortablen Sicherheitspolster für Mietausfälle und sonstige Risiken zu tun, das ich voraussetze. Sie erinnern sich: *Value Investing* →#33. Insofern passen die von mir angebotenen Kaufpreise häufig nicht zu den ebenso ambitionierten Forderungen der Verkäufer. Kein Problem! **Das beste Geschäft ist das schlechte, das man nicht macht.**

Da ich aber laufend viele Angebote untersuche, finde ich doch erstaunlich häufig supergünstige Gelegenheiten. Immer wieder kommt es vor, dass der Wunschpreis eines Verkäufers sogar unter dem Wert liegt, den ich selbst einer Immobilie beimesse. BINGO! Das ist das ideale Geschäft - beide Vertragspartner sind glücklich.

Sobald mir ein Exposé auf den ersten Blick ausreichend interessant erscheint, überprüfe ich die Wirtschaftlichkeit der Immobilie anhand einer flotten *Bierdeckel-Kalkulation*. Hier ein Beispiel:

MEHRFAMILIENHAUS, 8 WHG., 697m² #37

Faktor: 14-fach →#G28 / Rohrendite: 7,14% →#G27

Exposé-Preis	714.000€	1.024€/m²
Kaufnebenkosten ca. 12%	86.000€	
Kaufpreis brutto	**800.000€**	
Ist-Miete netto-kalt, 6,10€ je m²		**51.000€**
Abzug nicht umlegbare Kosten 25%		12.750€
Netto-Reinertrag vor Zinsen p.a.		**38.250€**
EK 25% = 200.000€ / **Darlehen 75% = 600.000€**		
Abzug Zinsen (15 Jahre) 2,50% p.a.		15.000€
Jahresüberschuss nach Zinsen		**23.250€**
Eigenkapital-Rendite p.a.		11,63%
Abzug anfängl. Tilgung 2%		12.000€
liquider Jahresüberschuss p.a.		**11.250€**
liquide Eigenkapital-Rendite		5,63%

Das Beispiel entspricht *Renditekategorie 3, gut* →#121

Wenn ich solche Kalkulationen auf die Schnelle nur für mich intern anfertige, sehen sie natürlich deutlich schnoddriger aus als das vorige Beispiel. Diese Art von Berechnungen mache ich am laufenden Band. Zwar stellen sie nur einen ersten Schritt dar, aber durchaus einen entscheidenden. Hieraus erfahre ich, ob ein betreffendes Objektangebot für mich im Großen und Ganzen wirtschaftlich sinnvoll sein könnte. Falls nicht, vermitteln mir meine knappen, anfänglichen Bierdeckel-Kalkulationen ein Gefühl dafür, welchen Preis ich maximal bieten sollte, damit die Sache interessant wird.

Wenn Sie im Rahmen der ersten raschen Kalkulation feststellen, dass die Ertragskraft einer Immobilie *Ihren* Mindestanforderungen grundsätzlich entspricht, können Sie den vom Verkäufer geforderten Kaufpreis bieten, müssen Sie aber nicht.

Sofern die Rendite der Immobilie noch nicht ganz zu Ihren persönlichen Zielen passt, dann bieten Sie einfach einen Kaufpreis, bei dem *Ihre* Wunschrendite herauskommt. Dabei müssen Sie natürlich realistisch bleiben. So wäre es zum Beispiel nicht sinnvoll, für ein Objekt am Kurfürstendamm in Berlin, wo dieser Tage Kaufpreisfaktoren vom 30-fachen der Jahresmiete aufwärts bezahlt werden, das 12-fache zu bieten. Sobald Sie sich für eine Mindest-Renditekategorie (→#125) entschieden haben, müssen Sie gezielt nach Lagen suchen, wo derzeit die dazu passenden Objekte zu bekommen sind →#39.

Erst nachdem ein Hauseigentümer auf ein Kaufangebot hin seine prinzipielle Verkaufsbereitschaft erklärt hat, lohnen sich gründlichere Ankaufsuntersuchungen und weiterreichende Kalkulationen zur Wirtschaftlichkeit. In diese Vorgänge werden dann möglichst viele Daten, Fakten und Unterlagen mit einbezogen.

Wichtig dabei ist es, abzuklären, ob mindestens die aktuelle Ist-Mieteinnahme einer Immobilie auch zukünftig erzielbar sein wird und ob ein größerer Instandhaltungsstau am Objekt besteht. Es geht darum, das wirtschaftliche Ergebnis der ursprünglichen Bierdeckel-Kalkulation zu überprüfen bzw. nachhaltig zu untermauern, wobei sich jedoch bei seriösen Immobilienangeboten selten nennenswerte Abweichungen ergeben.

IM EINKAUF LIEGEN

DER GEWINN UND DIE RESERVE!

Für Immobilien gibt es keine offiziellen Börsenkurse. Niemand kann ihren objektiv richtigen Kaufpreis ermitteln. Jeder Verkäufer verlangt, was er will. Jeder Käufer bietet, was er will. Es steht Ihnen frei, eine Immobilie nur dann zu erwerben, wenn Sie diese zu einem Kaufpreis bekommen, der Ihre wirtschaftlichen Vorgaben erfüllt und für den Fall von Einnahmerückgängen noch Reserven bietet.

#38 ZWISCHENFAZIT

Der Preis und der Wert einer Sache haben nichts miteinander zu tun. Insbesondere bei Kapitalanlagen weichen der geforderte Preis und der sogenannte *innere* Wert meist sehr deutlich voneinander ab.

Am liebsten möchten wir unterbewertete Kapitalanlagen erwerben, deren Kaufpreis weit unter dem inneren Wert liegt. Wir möchten 1 Euro für 70, 60 oder 40 Cent kaufen.

Auf dem Gebiet der Immobilie lassen sich sogar *doppelt* unterbewerte Objekte finden, also Objekte innerhalb allgemein unterbewerteter Lagen, die zusätzlich noch individuell unterbewertet sind.

Beim Kauf stark unterbewerteter Immobilien mit hoher Anfangsrendite und niedrigem Quadratmeterpreis schlagen Sie zwei Fliegen mit einer Klappe: Sie verringern die Verlustrisiken und vergrößern den aktuellen sowie den künftigen Gewinn. Im Einkauf liegen die Reserve und der Gewinn!

Eine Grundvoraussetzung muss erfüllt sein, bevor Sie eine unterbewertete Kapitalanlage zu einem besonders günstigen Preis erwerben können: Sie müssen irgendwie nachvollziehen können, ob der Preis überhaupt *günstig* ist. Bei Immobilien klappt das mit überschaubarem Aufwand und ausreichender Genauigkeit. Bei Aktien hingegen funktioniert es rein gar nicht.

Die Welt der globalen Aktienunternehmen ist für niemanden mehr zu durchschauen. Es gibt eine Menge toller, unterbewerteter Aktien, die kräftig im Wert steigen werden. Aber welche sind das? Zwar kennt jeder den weltweit gültigen Börsenkurs einer Aktie, aber der wahre innere Wert kann nicht zuverlässig nachvollzogen werden. Deshalb ist es nicht möglich, gezielt unterbewerte Aktien zu kaufen.

Für Immobilien gibt es keine offiziellen Börsenkurse wie bei Aktien. Die Angebotslage bei Immobilien ist sogar ziemlich undurchsichtig. Jeder Verkäufer verlangt, was er will. Jeder Käufer bietet, was er will. Aber Immobilien sind im Gegensatz zu Aktien nicht global, sondern lokal. Deshalb sind die Aspekte, die den Wert einer Immobilie beeinflussen, viel einfacher zu erfassen.

Mithilfe einer vergleichsweise einfachen Systematik können Sie ermitteln, ob der Kaufpreis einer Immobilie momentan günstig ist, bzw. welchen Kaufpreis Sie nach Ihren eigenen Vorgaben maximal für die Immobilie bieten sollten. Deshalb ist es möglich, gezielt unterbewerte Immobilien zu erwerben.

Bei der Suche nach unterbewerteten Immobilien mit hohen Anfangsrenditen und niedrigen Quadratmeterpreisen kommt Ihnen ein günstiger Umstand zu Hilfe, den wir bereits angesprochen haben: **Die Preisentwicklung im Immobiliengeschäft verläuft IMMER in Zyklen. Wie Ebbe und Flut.** Dabei geht es stets um *lokale Zyklen*. Jeder Ort, jede Region kann einer bestimmten Position im Verlauf des Preiszyklus zugeordnet werden, woraus sich ablesen lässt, ob Immobilien dort gerade teuer oder günstig sind. Wenn Sie momentan an *Ihrem* Ort keine lukrativen Immobilien finden können, dann eben anderswo.

Für alle, die eine Anlageimmobilie erwerben wollen, gilt der Leitsatz: Leben Sie, wo Sie leben wollen, aber investieren Sie da, wo die Zahlen Sinn machen.

Im Hinblick auf das selbst genutzte Eigenheim gelten etwas andere Gesetze. Schließlich möchte man dort wohnen, wo es einem gefällt. Die Bereitschaft, seinen Wohnsitz nach rein wirtschaftlichen Gesichtspunkten auszusuchen, ist begrenzt. Trotzdem würde ich auch dem Selbstnutzer davon abraten, ein Eigenheim in einer aktuell überteuerten Trendlage zu erwerben. **Bleiben Sie solange Mieter, wie der Mietpreis für vergleichbaren Wohnraum in Ihrer Wunschlage günstiger ist als die üblichen Belastungen des Eigenheimbesitzers.** Da die Mieten politischer Regulierung unterliegen, schießen sie nicht im selben unvernünftigen Maße in die Höhe wie die Kaufpreise von Immobilien in Boom-Zeiten →#41 *Wellenreiter-Schema*. Sobald sich die Kaufpreise wieder einem zyklischen Tief nähern, ist der richtige Zeitpunkt für den Eigenheimkauf gekommen.

Dessen ungeachtet lassen Ihnen die aktuellen Niedrigstzinsen einen deutlich höheren Spielraum für den Kaufpreis Ihres Eigenheims, als dies noch vor zehn Jahren der Fall war. Darauf werden wir im Teil 3 zurückkommen.

DAS VERSTÄNDNIS DES IMMOBILIEN-ZYKLUS IST DIE WICHTIGSTE GRUNDLAGE FÜR DIE SUCHE NACH UNTERBEWERTETEN IMMOBILIEN

DIE IMMOBILIENUHR TICKT LANGSAM UND LOKAL.

Jede Region, jede Stadt, jeder Stadtteil liegt in einer anderen Zeitzone.

DER IMMOBILIENZYKLUS

#39

Die Kunst, unterbewertete Immobilien zu erwerben, basiert auf der Kunst des richtigen Timings. Die Preise von Immobilien schwanken immer. Es geht darum, sich die Magie des Immobilienzyklus zunutze zu machen und zur richtigen Zeit am richtigen Ort zu sein.

Wer in seinem persönlichen Umfeld mit der fixen Idee loszieht, unbedingt genau dort eine supergünstige Immobilie kaufen zu wollen, ist auf den Zufall angewiesen, dass gerade dort ein starkes Preistief erreicht ist. Dieser Fall ist eher die Ausnahme. Aber zumindest beim Kauf einer Anlageimmobilie sind Sie ja nicht zwingend an eine bestimmte Lage gebunden. **Jedenfalls haben Sie vor jedem Immobilienkauf zunächst eine grundsätzliche Entscheidung zu treffen: Muss es unbedingt eine bestimmte Lage sein oder legen Sie Wert auf eine bestimmte Rendite?**

Wenn Sie eine besonders lukrative Immobilie suchen, sollten Sie nicht auf einen bestimmten Ort fixiert sein. Sie müssen Lagen finden, wo die Verkäufer zum Zeitpunkt Ihres Kaufs gerade willens sind, ordentliche Immobilien zu ungewöhnlich attraktiven Preisen abzugeben. Solche Verkäufer findet man in größerer Anzahl dort, wo momentan Krisenstimmung herrscht und wo die Allgemeinheit sich zu einem übertriebenen Pessimismus hinreißen lässt. Übertrieben ist er dann, wenn keine dauerhaften, strukturellen Probleme vorliegen, sondern eine übliche zyklische Schwankung. Da die Immobilienuhr langsam tickt und sich Schwächephasen meist über Jahre hinziehen, denken viele Immobilieneigentümer einer betroffenen Region, die Krise würde nie mehr enden und geraten kollektiv in Panik. Irgendwann erreichen sie den Punkt, an dem sie ihr Objekt lieber unter Wert verkaufen anstatt länger zu warten. *Allgemein* unterbewertete Lagen, wo solche Verkäufer reichlich anzutreffen sind, befinden sich auf der Immobilienuhr im Bereich der *Kaufzone* zwischen 5 und 7 Uhr.

Wer unbedingt an einem bestimmten Ort, der sich grade nicht im Zyklustief befindet, eine günstige Immobilie kaufen möchte, muss solange warten, bis er - vielleicht - eines Tages einen Verkäufer findet, der aus persönlichen Gründen (→#48) unter dem Preis verkauft, der für seine Immobilie angemessen wäre.

#40 **DIE IMMOBILIENUHR** (Abbildung eines Preis-Zyklus)

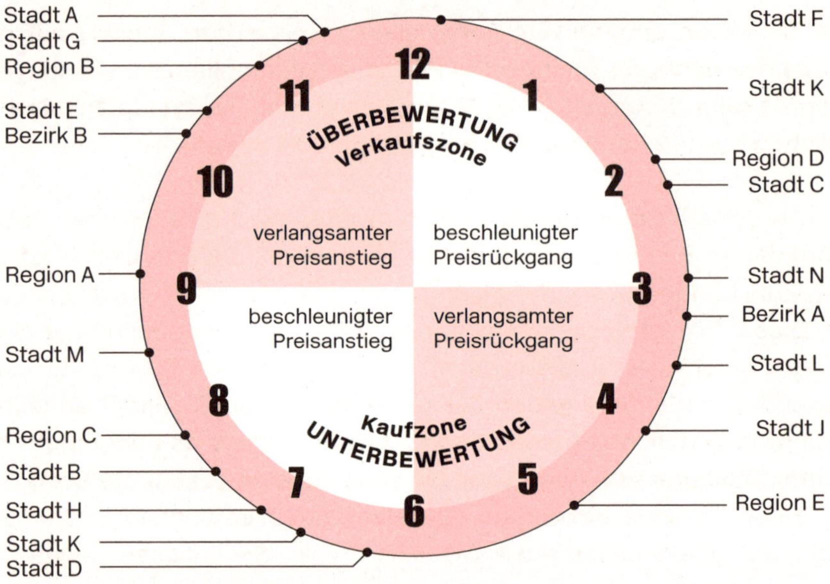

6 Uhr – STARKE UNTERBEWERTUNG

- Tiefpunkt bei Mieten, Faktoren, Kaufpreisen (weit unter Herstellungskosten);
- schwache Nachfrage im Verhältnis zum Angebot (Überangebot);
- Neubau bzw. Altbausanierung sind weitgehend zum Erliegen gekommen, weil in Folge zu niedriger Mieten / Kaufpreise nichts mehr daran zu verdienen ist;

6 Uhr / 7 Uhr – STARKE UNTERBEWERTUNG

- Mieten und in der Folge Faktoren und Kaufpreise ziehen erstmalig sachte wieder an; Ursache dafür: Allmählicher Rückgang des Überangebotes, weil seit Jahren kaum noch gebaut wird (der Markt hat sich gesund geschrumpft);
- die ersten Wohnungsbauunternehmen legen vorsichtig wieder los;

8 Uhr / 9 Uhr – UNTERBEWERTUNG BIS NEUTRALE BEWERTUNG

- Preisanstieg beschleunigt sich immer stärker (die Kurve wird steil);
- Überangebot an Wohnraum ist weit abgebaut, Nachfrage zieht kräftig an; stark steigende Mieten / Kaufpreise machen die Wohnbaubranche hellwach;
- aber Wohnungen baut man nicht von einem Tag auf den anderen; der Herstellungsprozess dauert Jahre: Grundstück suchen und kaufen, Bauantrag stellen, Baugenehmigung abwarten, Baufirmen beauftragen, Wohnungen errichten bzw. sanieren und vermarkten;
- deshalb kann die größere Nachfrage nicht sofort in dem Moment bedient werden, in dem sie auftritt und die Preise steigen somit weiter;

10 Uhr / 11 Uhr – ZUNEHMENDE ÜBERBEWERTUNG

- hohe Mieten, Faktoren, Kaufpreise (wieder über Herstellungskosten);
- Preisanstieg verlangsamt sich aber, weil immer mehr neuer Wohnraum auf den Markt kommt und die ersten Mieter / Käufer die Preise nicht mehr billigen;
- trotzdem übertrifft die Nachfrage das Angebot nach wie vor, denn eine Menge Wohnungen stecken noch in der Produktionsphase und erhöhen das Angebot auf dem Markt somit *noch* nicht;
- da die Preise immerhin noch steigen, wenngleich langsamer, bringen euphorische Unternehmer immer weiter neue Bauprojekte an den Start;

12 Uhr / 1 Uhr – STARKE ÜBERBEWERTUNG

- Preishoch ist erreicht; fast unmerklich beginnen die Mieten und in der Folge die Faktoren und Kaufpreise wieder zu sinken, nicht überall, aber hier und da;
- doch die Lok fährt nach wie vor unter Volldampf: die Zahl der Baugenehmigungen erklimmt einen Höchststand nach dem anderen, denn schließlich sind die Baugrundstücke bereits gekauft und umfangreiche Bauaufträge erteilt - es gibt kein Zurück!

2 Uhr / 3 Uhr – ÜBERBEWERTUNG BIS NEUTRALE BEWERTUNG

- so rasch lässt sich der Bauprozess einfach nicht stoppen, insofern kommt noch für einige Jahre zu viel neuer Wohnraum auf den Markt;
- das Angebot übertrifft die Nachfrage immer mehr; der Preisverfall nimmt drastische Ausmaße an; viele Anbieter geraten in Not; der Markt beginnt, sich gesund zu schrumpfen;

4 Uhr / 5 Uhr – ZUNEHMENDE UNTERBEWERTUNG

- Preisrückgang verlangsamt sich, weil Bauproduktion und Angebotsnachschub endlich abebben; mittlerweile liegen die Verkaufspreise von Wohnungen (wieder einmal) weit unter den Herstellungskosten;
- insofern ist der Pessimismus aller Beteiligten gigantisch; niemand will mehr etwas mit Wohnungsbau zu tun haben, obwohl eigentlich klar ist, dass Aufgrund der zum Erliegen gekommenen Bauaktivitäten sowohl die Nachfrage als auch die Preise früher oder später wieder anziehen werden;

6 Uhr – STARKE UNTERBEWERTUNG

- nach 10, 15, 20 Jahren Zyklusdauer beginnt das Spiel von Neuem.

IM IDEALFALL ERWERBEN SIE IMMOBILIEN ZWISCHEN 5:00 UND 7:00 UHR

Die Immobilienuhr tickt lokal. Unterschiedliche Regionen, Städte, Bezirke befinden sich jeweils in unterschiedlichen Zeitzonen. Dies ist der Grund, weshalb es immer irgendwo unterbewertete Immobilien zu kaufen gibt.

#41 WELLENREITER-SCHEMA

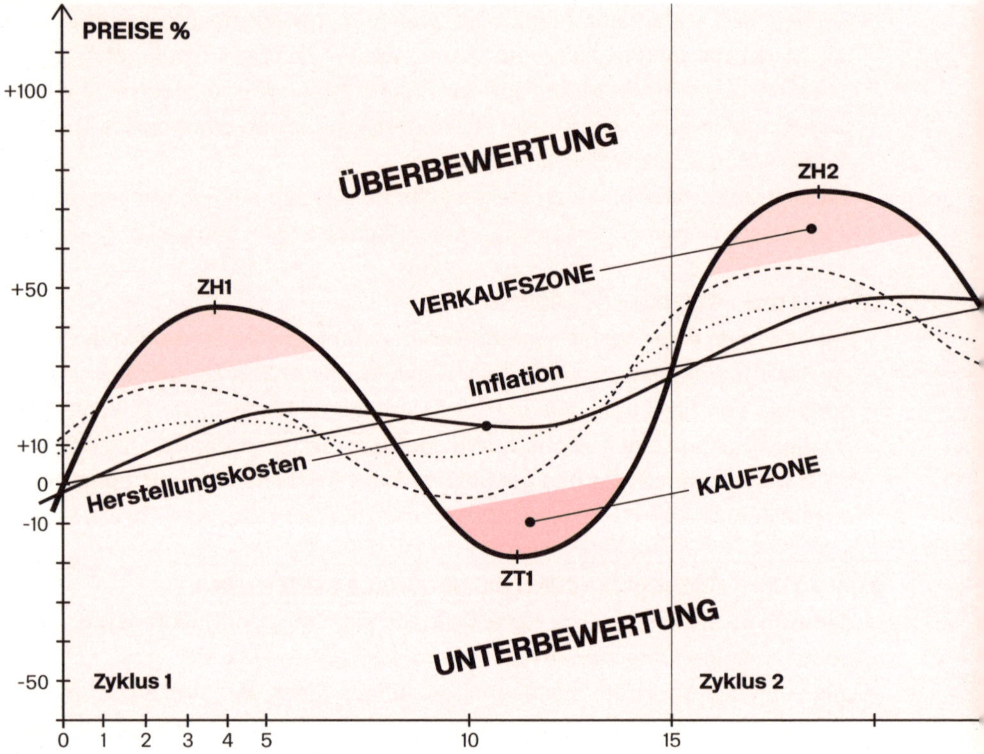

Wer es versteht die Welle zu reiten, wird Erfolg mit Immobilien haben.

IMMOBILIENZYKLEN: Die Dauer eines Preiszyklus kann 10, 15 oder auch 20 Jahre betragen. In der Beispielgrafik wurden 15 Jahre Zyklusdauer gewählt.

ZH: ZYKLUSHOCH / ZT: ZYKLUSTIEF:
Die Kaufpreise von Immobilien durchlaufen während des Zyklus oft erhebliche Übertreibungen. Im aktuellen Beispiel schwanken sie etwa 40% über / unter den Neubauherstellungskosten des betreffenden Jahres. Eine eher maßvolle Annahme. In der Realität sind Preiseinbrüche von bis zu 70% unter die Herstellungskosten keine Seltenheit. Je größer die Schwankungsbreite zwischen ZH und ZT ausfällt, umso mehr lohnt sich ein gutes Timing beim Immobilienkauf.

KAUFZONE: Um das Zyklustief (ZT) herum ist die Unterbewertung am größten. Dies sind die idealen Jahre für den Immobilienkauf.
Nachfolgende Zyklustiefs liegen in Folge der Inflation meist höher als das vorhergehende. Deshalb ist das Risiko gering, mit in der Kaufzone erworbenen Immobilien nennenswerte Wertverluste erdulden zu müssen.

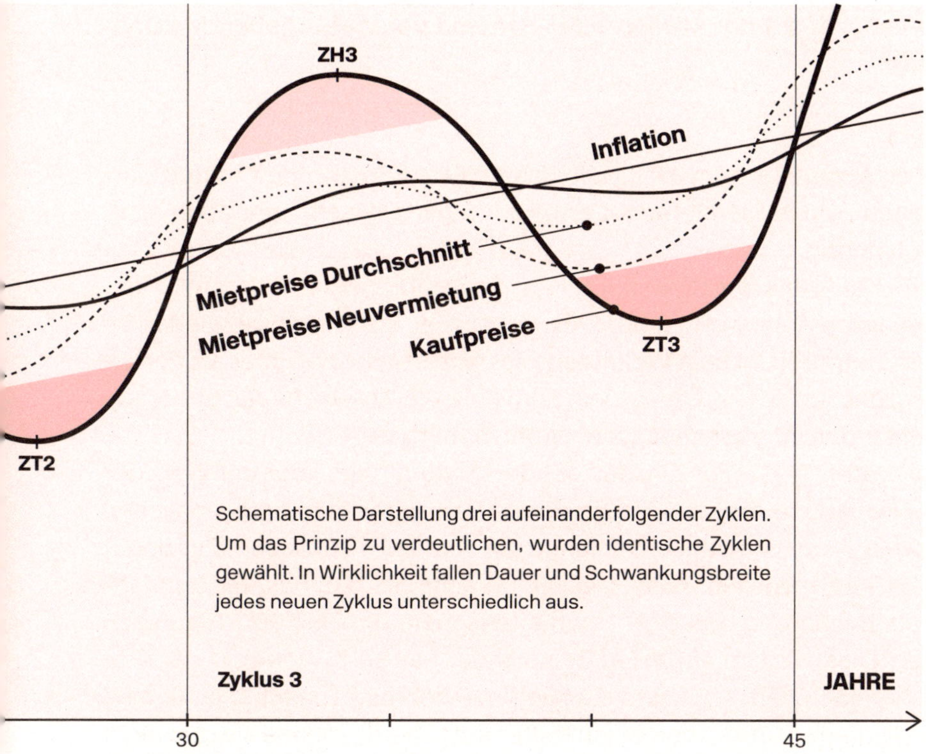

Schematische Darstellung drei aufeinanderfolgender Zyklen. Um das Prinzip zu verdeutlichen, wurden identische Zyklen gewählt. In Wirklichkeit fallen Dauer und Schwankungsbreite jedes neuen Zyklus unterschiedlich aus.

VERKAUFSZONE: Um das Zyklushoch herum ist die Überbewertung am größten. Die idealen Jahre für den Immobilienverkauf.

INFLATION: Die Teuerungsrate wurde im Beispiel mit 90% in 45 Jahren eher niedrig angesetzt. Je höher die Inflation, umso größer wird der *reale* Wertzuwachs guter, langfristig finanzierter Immobilien ausfallen →#17.

HERSTELLUNGSKOSTEN: Die Neubau-Herstellungskosten schwanken in relativ geringem Maße um die Inflationslinie herum, da sich die tariflich regulierten Löhne als Hauptkostentreiber nie besonders weit von der Inflation abkoppeln.

KAUFPREISE: Im Vergleich zu den Herstellungskosten schwanken die Kaufpreise sehr stark bis extrem, da sie keiner Regulierung unterliegen. Gerade die starken Kaufpreisschwankungen eröffnen klugen Anlegern die besten Chancen.

MIETPREISE: Die Mieten wiederum erfahren eine straffe gesetzliche Regulierung. Deshalb unterliegen die Mietpreise deutlich geringeren Schwankungen als die Kaufpreise. Intern schwanken die Mieten bei Neuvermietung stärker als der Mieten-Durchschnitt (Mietspiegel).

#42 Drei Beispiele, die aufzeigen, welch entscheidenden Einfluss das richtige Timing auf den Erfolg einer Immobilien-Investition hat. Die Beispiele beziehen sich auf das *Wellenreiter-Schema* der vorhergehenden Doppelseite:

Käufer 1
kauft eine Immobilie im Jahr Null, das heißt zu Beginn des ersten dargestellten Zyklus. Damit macht er es nicht ganz falsch, aber auch nicht wirklich richtig.

Der Kaufpreis der Immobilie liegt ungefähr bei den Herstellungskosten. Nach Ablauf des Jahres 45 verkauft er die Immobilie wieder. Zu diesem Zeitpunkt ist sein Verkaufspreis dann etwa 90% höher als der ursprüngliche Kaufpreis. Dieser rein nominale Wertzuwachs reicht gerade einmal für den Inflationsausgleich. Aber immerhin!

Im ersten Zyklustief ZT1, das auf den Ankauf folgt, liegt der Wert der Immobilie jedoch erst einmal um minus 20% unter dem ursprünglichen Kaufpreis. Nicht dramatisch, solange die Immobilie zu diesem Zeitpunkt nicht verkauft werden muss. Die Hauptsache ist, dass die Mieteinnahmen auch während des Tiefs noch ausreichen, um Zins und Tilgung zu decken. Dies wird im aktuellen Beispiel der Fall sein. Während der ersten Jahre nach dem Kauf sind die Mieteneinnahmen zunächst ja für eine Weile gestiegen und haben einen Puffer aufgebaut, sodass sie nun nicht wesentlich unter ihr Ausgangsniveau zurückfallen werden, wenn überhaupt. Trotzdem ist es nicht gerade eine Rendite-Perle, die Käufer 1 erworben hat.

Käufer 2
kauft eine unterbewertete Immobilie im Bereich des Zyklustiefs ZT1. Damit macht er alles richtig.

Gleich beim nächsten Zyklushoch ZH2, das heißt nach nur 7 bis 8 Jahren, blickt er in etwa auf dieselben 90% Wertsteigerung, auf die Käufer 1 satte 45 Jahre warten muss. Der Wertzuwachs übertrifft die Inflation innerhalb des betreffenden Zeitraums ungefähr um das Sechsfache.

Sogar am ersten zyklischen Tiefpunkt ZT2, der 15 Jahre nach dem Ankauf eintritt, liegt der Wert der Immobilie noch rund 30% im Plus über dem ursprünglichen Kaufpreis. Das heißt, selbst bei einem, warum auch immer eventuell erforderlichen Notverkauf zum ungünstigsten Zeitpunkt während des Zyklustiefs, macht Käufer 2 keinen Verlust, sondern erzielt den vollen Inflationsausgleich.

Aufgrund der allgemeinen Inflation liegen nämlich die Kaufpreise bei nachfolgenden Zyklustiefs in der Regel immer höher als bei den vorhergehenden Tiefs. Dasselbe gilt auch für die Mietpreise. Normalerweise liegen auch die Mieten beim nächsten Zyklustief ZT2, das auf den Ankauf folgt schon um einiges höher als zum Zeitpunkt des Kaufs. Auch bei jedem danach folgenden zyklischen Tief werden die Mieten wiederum höher liegen und somit auch die Rendite der Immobilie.

Käufer 2 kauft im Bereich eines Tiefs in einen steigenden Markt hinein. Diese Strategie wird als *antizyklisches Investieren* bezeichnet. Das gute Timing von Käufer 2 wird sich über die gesamte Besitzdauer bis hin zum Verkauf der Immobilie positiv auszahlen.

Käufer 3
kauft eine überteuerte Immobilie in einer angesagten Trendlage im Zyklushoch ZH1. Damit macht er alles falsch.

Über weite Zeiträume der nachfolgenden Zyklen liegt der Wert seiner Immobilie auf einem Niveau unterhalb des ursprünglichen Kaufpreises. Selbst 30 Jahre später befindet sich der Immobilienwert zum Zeitpunkt des Zyklustiefs ZT3 immer noch mit knapp 10% im Minus.

Nur am jeweils obersten Gipfelpunkt der nachfolgenden Zyklushochs gleicht der nominal gestiegene Immobilienwert wenigstens die Inflationsverluste aus. An *jeder* Stelle unterhalb späterer Zyklushochs befindet sich der Immobilienwert, inflationsbereinigt, in der Verlustzone. Dasselbe gilt für die Mieteinnahmen. Über weite Zeiträume werden sie unter dem Ausgangsniveau liegen. Der Käufer muss eigenes Geld zuschießen, um Zins und Tilgung bezahlen zu können. Die Eigenkapital-Rendite wird negativ. Kein gutes Geschäft!

#43 SIE KÖNNEN GEZIELT HERAUSFINDEN, AN WELCHEM ORT DIE ZEIT FÜR DEN IMMOBILIENKAUF GERADE GÜNSTIG IST

An vielen Orten sind Immobilien dieser Tage teuer, aber anderswo sind sie sehr günstig. Wenn Sie ganz am Anfang der Immobiliensuche stehen, beginnen Sie damit natürlich in Ihrem nächstgelegenen Umfeld. **Vielleicht haben Sie ja Glück und wohnen zufällig zur richtigen Zeit am richtigen Ort. Falls nicht, müssen Sie Ihren Suchradius ausweiten.** Manchmal genügt der Gang in den nächsten Bezirk, die nächste Stadt, die nächste Region, sofern die Infrastruktur und die sonstigen Rahmenbedingungen dort in Ordnung sind. Irgendwo lassen sich immer gute, unterbewertete Immobilien finden. Informieren Sie sich in den Medien oder fragen Sie Makler und Immobilienkollegen, wo es sich lohnen könnte, mit der Suche zu beginnen.

Suchen Sie zunächst nach einer Lage, wo Immobilien angeboten werden, deren Kaufpreis-Faktoren bzw. Rohrenditen in etwa *Ihre* Ansprüche an die Ertragskraft erfüllen. Im Vorfeld müssen Sie somit für sich selbst abklären, welche Mindest-Rendite Sie überhaupt erwarten →#125. Aber allein die momentan üblichen Renditen eines bestimmten Immobilienmarktes zu kennen, genügt nicht. Sie sollten außerdem herausfinden, wo der Ort, um den es geht, derzeit auf der *Immobilienuhr* (→#40) angesiedelt ist. Befindet er sich in der Nähe der Kaufzone? Und falls ja, befindet er sich dort schon auf dem aufsteigenden Ast oder noch auf dem absteigenden? Könnte es sich lohnen, noch etwas zu warten? Oder sind Sie womöglich schon recht spät dran? Die Antworten auf diese Fragen werden Sie finden, wenn Sie die Kaufpreise je Quadratmeter, die Mietpreise bei Neuvermietung und die Entwicklung der Baugenehmigungen recherchieren.

Informieren Sie sich über die aktuellen Kaufpreise je Quadratmeter am Ort Ihrer Suche und auch darüber, in welche Richtung die Quadratmeterpreise sich in den letzten Jahren entwickelt haben.

Beim Immobilienkauf den idealen Zeitpunkt, das Zyklustief, optimal zu erwischen, gelingt selbst Profis nur selten. Das macht aber nichts, weil die Zeitspanne um die *Kaufzone* herum in jedem Fall lange genug ist, um ausreichend Gelegenheit für einen sehr günstigen Immobilienkauf zu bieten. Auf der Immobilienuhr wäre das der Zeitraum zwischen 5 Uhr und 7 Uhr, der sich über zwei bis drei Jahre erstreckt.

In abwärts gewandten Immobilienmärkten kommt immer irgendwann der Moment, in dem die Kaufpreise erst nicht mehr weiter fallen und dann, kaum merklich, nach und nach wieder anziehen → *6 Uhr auf der Immobilienuhr.* Dieser Trend verstärkt sich immer weiter, bis zu guter Letzt die Preise auf breiter Front im gesamten Umfeld wieder kräftig steigen → *8 bis 9 Uhr auf der Immobilienuhr.* Selbst wenn Sie sich dann erst zum Kauf entscheiden, wird der Kaufpreis je m^2 immer noch deutlich unter den Herstellungskosten liegen.

Schauen Sie auf die Mietpreise, die aktuell bei Neuvermietungen am betreffenden Ort erzielt werden. Die Mietenentwicklung eilt den Kaufpreisen meist zeitlich voraus →#41 *Wellenreiter-Schema*.

Eine gute Möglichkeit, Kaufpreisentwicklungen schon im Voraus zu *erahnen,* ist es, die Mietpreise zu beobachten. In der Regel laufen die Mieten, die bei Neuvermietungen erzielt werden den Kaufpreisen nämlich voraus. Das funktioniert in beide Richtungen, nach oben, wie nach unten. Sobald die Mieten, zum Beispiel wegen eines aufkommenden Überangebots an Wohnraum, zu fallen beginnen, dauert es ein, zwei Quartale oder vielleicht auch mal ein Jahr bis die Kaufpreise ebenfalls fallen. Umgekehrt verhält es sich genauso: Sobald die Mieten bei Neuvermietung wegen anziehender Nachfrage wieder steigen, steigen mit gewisser Verzögerung auch die Kaufpreise.

Das aktuelle Niveau der Mietpreise können Sie, wie auch das der Kaufpreise je Quadratmeter, ohne viel Aufwand im Internet herausfinden, zum Beispiel über die großen Immobilienanbieter-Portale. In den meisten Städten und Gemeinden gibt es zudem offizielle Mietspiegel. Und darüber hinaus werden Ihnen auch Makler und Hausverwalter auf Nachfrage gerne Auskünfte dazu erteilen.

Recherchieren Sie die Entwicklung der Baugenehmigungen.
Wenn deren Anzahl seit Längerem rückläufig ist und wenn nur noch eine sehr geringe Neubautätigkeit stattfindet, heißt das, dass sich das Bauen

zur Zeit an diesem Ort nicht lohnt, weil die eingebrochenen Mieten bzw. Kaufpreise nicht ausreichen, um die Kosten zu decken.

Geringe Neubauaktivitäten führen zu dem Ergebnis, dass Überangebote an Wohnraum abgebaut werden. Und zwar so lange, bis Wohnraum erneut so knapp wird, dass die Mieten wieder eine Höhe erreichen, bei der der Neubau sich wieder angemessen rechnet. Wenn die Miethöhe aber eines Tages sogar wieder ausreicht, um die vergleichsweise hohen Neubauherstellungskosten zu tragen, dann wird sich jede Immobilie noch viel besser rechnen, die Sie im unterbewerteten Preistief für 60%, 50% oder sogar für nur 40% der üblichen Neubaukosten erworben haben.

#44 **DER IDEALE ORT / ZEITPUNKT FÜR DEN IMMOBILIENKAUF:**

- die Kaufpreis-Faktoren sind niedrig, das bedeutet die Rohrenditen von Anlageobjekten sind hoch (Renditekategorie 1 bis 3 →#121);
- die Kaufpreise je Quadratmeter sind am entsprechenden Ort in den letzten Jahren auf 60%, 50% oder gar 30% der Neubau-Herstellungskosten (→#G41) eingebrochen;
- die Mietpreise bei Neuvermietung sind dort ebenfalls über viele Jahre gefallen, beginnen aber allmählich wieder zu steigen;
- die Anzahl der Baugenehmigungen liegt noch auf einem ziemlich unterirdischen Niveau, verglichen mit den guten Jahren.

Sofern es sich um eine normale zyklische Schwankung handelt, die betreffende Lage aber keine lang anhaltenden, strukturellen Probleme hat und deren Infrastruktur und Zukunftsfähigkeit in Ordnung sind, dürfen Sie hier in kommenden Jahren mit deutlich anziehenden Mieten rechnen und somit auch mit steigenden Renditen und Immobilienwerten.

Dort, wo die obigen vier Kriterien erfüllt sind, werden im Übrigen auch die Kaufpreise für Eigenheime sehr günstig sein.

Den beschriebenen *idealen* Zeitpunkt zum Immobilienkauf, das heißt 6 Uhr auf der Immobilienuhr →#40, trifft man, wie schon besprochen, eigentlich nie auf den Punkt genau. Jede Zeit zwischen 4 und 8 Uhr ist für langfristig ausgerichtete Anleger schon okay.

DIE KUNST, UNTERBEWERTETE IMMOBILIEN ZU ERWERBEN, ENTSPRICHT

DER KUNST DES RICHTIGEN

TIMINGS

BEVOR SIE EINE IMMOBILIE ERWERBEN, MÜSSEN SIE HERAUSFINDEN,

WO DEREN UMFELD AUF DER

IMMOBILIENUHR

ANGESIEDELT IST.

#45 GRÜNDE FÜR UNTERBEWERTUNG 1: ALLGEMEINE, ZYKLISCHE UNTERBEWERTUNG GANZER LAGEN UND REGIONEN

Sie kennen nun den Ablauf von Immobilien-Preiszyklen und wie man sich diese durch das richtige Timing zunutze machen kann, um außergewöhnlich günstige Immobilien zu erwerben. Freilich fallen die Preisschwankungen in unterschiedlichen Lagen und in unterschiedlichen Zyklen jeweils verschieden stark aus.

Im Verlauf *natürlicher* Preiszyklen ohne nennenswerte Beeinflussung von außen sind die Preisschwankungen weniger stark. Allerdings kommen in der Immobilienbranche fast immer äußere Einflüsse hinzu, die dazu beitragen, dass die Zyklusverläufe der regionalen oder lokalen Märkte verstärkt, abgeschwächt, beschleunigt oder verlangsamt werden.

Für Immobilienanleger sind besonders jene Einflüsse auf den Markt von Bedeutung, die die preislichen Übertreibungen verstärken oder gar ins Extreme anwachsen lassen. Die lukrativsten Chancen sind dort zu finden, wo die größten zyklischen Schwankungen auftreten.

#46 NORMALE PREISSCHWANKUNGEN IM VERLAUF NATÜRLICHER IMMOBILIEN-PREISZYKLEN

In freien, unbeeinflussten Märkten laufen bei allen Waren und Gütern natürliche Preiszyklen ab, die sich aus stetigen Anpassungen zwischen Angebot und Nachfrage ergeben.

Wenn die Unternehmen bei gut auskömmlichen Preisen die Produktion erhöhen, um Umsatz und Gewinn zu steigern, entsteht früher oder später ein Angebot, das größer ist als die Nachfrage. In Folge des Überangebotes müssen die Unternehmen die Preise senken, um weiterhin verkaufen zu können. Die Preise sinken immer weiter, bis einzelne Produzenten nicht mehr mithalten können und aussteigen, bzw. bis einzelne oder alle ihre Produktion entsprechend drosseln. Die Produktion wird so lange verringert und Lagerbestände werden abgebaut, bis die betreffende Ware wieder knapper wird.

Ab einem bestimmten Punkt der Knappheit können die Unternehmen wieder steigende Preise am Markt durchsetzen. In der Folge fahren sie dann auch die Produktion wieder hoch, um möglichst viele Waren zu den höheren Preisen zu verkaufen. Diese periodischen Preisschwankungen wurden erstmals 1927 am Beispiel der Schweinepreise vorgestellt. Deshalb werden auch sie in der Immobilienwirtschaft häufig als *Schweinezyklus* bezeichnet.

Schon im Rahmen natürlicher, unbeeinflusster Preiszyklen können kräftige Preisschwankungen auftreten, die uns attraktive Kaufgelegenheiten finden lassen. In der Realität kommen gänzlich unbeeinflusste, freie Immobilienmärkte jedoch ziemlich selten vor.

EXTREME PREISSCHWANKUNGEN IN FOLGE ÄUSSERER EINFLÜSSE AUF DIE IMMOBILIENMÄRKTE #47

Eine große Vielfalt möglicher äußerer Einflüsse wirkt sich regelmäßig stark bis extrem auf den Verlauf von Immobilien-Preiszyklen aus. Meist besteht ein politischer Hintergrund: Die Einführung oder der Abbau von Subventionen, Änderungen im Mietgesetz, Energieeinspargesetze, Ausweisung von Sanierungsgebieten, politisch gewollter Strukturwandel in ganzen Regionen usw.

Konkrete Beispiele dafür wären u. a. die Einführung und die spätere Wiederabschaffung der Sonder-AfA-Ost nach dem Fall der Mauer, der drastische Abbau der Kohleindustrie im Ruhrgebiet oder ganz aktuell die Mietpreisbremse.

Aus derlei politischen Vorgaben entwickelt sich regelmäßig eine Eigendynamik, die zu irrationalen, oft maßlosen Übertreibungen führt. Wenn immer wieder ganze Bezirke, Städte oder gar Regionen in eine extreme Unterbewertung abstürzen, gibt es dafür meist rationale Auslöser, die aber oft ein emotionales, unkontrollierbares Herdenverhalten nach sich ziehen, das zwischen Euphorie und Panik pendelt.

Vom drastischen Preisverfall am Berliner Immobilienmarkt in den Jahren nach der Jahrtausendwende haben Sie bereits gehört. In dieser Zeit gab es hohe Leerstände bei Mietwohnungen, das heißt, das Angebot überstieg die Nachfrage gewaltig. Grund dafür war die steuerliche Subvention nach der Wiedervereinigung, die sogenannte Sonder-AfA-Ost, wodurch zu viele Wohnungen saniert bzw. neu gebaut worden waren. Außerdem war die Einwohnerzahl Berlins, entgegen den ambitionierten Annahmen nach dem Fall der Mauer, für einige Jahre gesunken.

Aufgrund der hohen Leerstände und Mietausfälle bei Wohnungen konnten viele Eigentümer ihre Darlehenszinsen nicht mehr bezahlen. Sie mussten ihre, im Boom zu teuer gekauften Immobilien, wieder verkaufen. Dadurch begannen die Preise zu sinken. Weitere Eigentümer gerieten in Panik und verkauften ebenfalls. Auch solche, die das Potenzial gehabt hätten, die Krise auszusitzen, was wohl die Mehrzahl gewesen wäre. Eine schnell wachsende Verkäuferherde wollte nichts wie raus aus Berlin und hinterließ einen übertrieben abgewerteten Immobilienmarkt. Die Spirale des Preisverfalls drehte sich immer schneller. In den Jahren um 2005 gab es im totgesagten Kreuzberg Mietshäuser für unter 500€ pro Quadratmeter zu erwerben. Auch die Wohnungsmieten waren teils auf um die 4€ je m^2 zusammengebrochen und ebenfalls die Faktoren auf ein Niveau zwischen 9- und 12-fach. Insofern waren die Anfangsrenditen phantastisch hoch.

Heute, rund 10 Jahre später, hat sich die Situation wieder ins krasse Gegenteil verkehrt. Die Mieten sind nun schon über etliche Jahre im zweistelligen Prozentbereich gestiegen. Die Kaufpreise haben sich je nach Berliner Lage verdoppelt bis verdreifacht. Die Leerstände sind vollständig abgebaut. Dies hat damit zu tun, dass seit Beginn der Preisrückgänge kaum neue Wohnungen gebaut wurden und dass die Einwohnerzahl Berlins in den vergangenen Jahren wieder kräftig gewachsen ist. Plötzlich ist Berlin wieder enorm angesagt, besonders auch bei internationalem Publikum. Die Zuwanderungsraten sind größer denn je und trotzdem wird nach wie vor viel zu wenig gebaut. Dahinter steckt einmal mehr ein politischer Ursachenmix, der dem weiter wachsenden Wohnungsengpass den Nährboden bereitet.

Das Berliner Beispiel zeigt, wie zyklische Preisschwankungen durch Einflüsse von außen extrem verstärkt werden können. Vor der Jahrtausendwende hat die Sonder-AfA-Ost zuerst einen enormen Preisboom und danach einen jähen Absturz ausgelöst. Antizyklisch handelnde Immobilienanleger suchen nach genau solchen Gelegenheiten und nutzen sie für ihre Zwecke.

GRÜNDE FÜR UNTERBEWERTUNG 2: INDIVIDUELLE UNTERBEWERTUNG EINZELNER IMMOBILIEN

#48

Innerhalb jedes Immobilienmarktes, egal ob unter- oder überbewertet, gibt es regelmäßig Einzelobjekte, die gegenüber vergleichbaren Objekten des Umfelds deutlich günstiger angeboten werden. Die Ursache dafür sind meist persönliche Umstände auf der Verkäuferseite.

Wir haben bereits darüber gesprochen, dass wir idealerweise eine doppelt unterbewertete Immobilie erwerben wollen. Nachdem wir also ein allgemein unterbewertetes Umfeld ausfindig gemacht haben, suchen wir dort noch ein individuell unterbewertetes Einzelobjekt. In einer Lage, in der übliche Kaufpreisfaktoren (→#G28) beispielsweise beim 14- oder 15-fachen der Jahresmiete liegen, suchen wir ein ordentliches Objekt zum 12- oder 13-fachen.

Derlei individuell unterbewertete Immobilien werden Sie immer wieder finden, wenn Sie Augen und Ohren offen halten. Hier eine Auswahl an realen Beispielen, besser gesagt an *Verkäufertypen*, die mir alle in meiner beruflichen Praxis genau so schon begegnet sind:

DER KNAUSER:
Dieser Verkäufertyp kennt sich mit Immobilien an sich nicht aus oder schätzt die aktuelle Marktsituation falsch ein, was an sich nicht schlimm wäre. Gleichzeitig aber überschätzt er seine eigenen Fähigkeiten und ist zu knauserig, um einen Profi zurate zu ziehen. Sein innerer Frieden bleibt auch nach dem Verkauf gewahrt, weil er es noch nicht einmal mitbekommt, dass er hätte teurer verkaufen können.

DER GEHEIMNISKRÄMER:
Er möchte sein Haus verkaufen. Gleichzeitig sollen aber möglichst wenige Leute etwas von dem Verkauf erfahren: *Was sollen nur die Nachbarn, Bekannten usw. dazu sagen...?!* Immerhin schaltet er einen Makler ein, aber mit der Vorgabe: *Bitte keine Inserate, keine weitläufigen Exposé-*

Mailings, keine Schilder am Haus. Der öffentliche Immobilienmarkt, dessen Aufgabe es wäre, dem Verkäufer das bestmögliche Kaufpreisangebot zu bescheren, wird ausgeschaltet.

Derlei *Off-Market-Angebote* werden mir gelegentlich von Maklern vertraulich auf den Tisch gelegt, noch bevor deren andere Kunden davon erfahren. Die Makler haben Vertrauen in mich, weil sie aus früherer Zusammenarbeit wissen, dass ich schnell und unkompliziert agieren kann, wenn mir ein echtes Ausnahmeobjekt angeboten wird.

Außerdem schätzen die Makler, dass ich so gut wie nie um die Maklerprovision feilsche. Wenn ich eine sehr, sehr günstige Immobilie erwerben kann, dann freue ich mich, wenn auch der Makler gut verdient. Was meinen Sie, wem er sein nächstes Superangebot wieder zuerst vorstellen wird? Dem Kunden, der immer gnadenlos die Provision herunterhandelt, oder dem, der akzeptiert, dass auch der Makler seinen Anteil an einer außergewöhnlichen Gelegenheit haben sollte?

Übrigens ist es gar nicht wichtig, dass Sie IHREN Lieblingsmakler finden. Im Gegenteil: Sie sollten mit möglichst vielen Maklern arbeiten, denn keiner hat ständig alle guten Objekte im Angebot. Viel wichtiger ist es, dass die Makler SIE als einen ihrer Lieblingskunden betrachten. Wenn Sie dadurch auch nur gelegentlich ein stark unterbewertetes Off-Market-Angebot als Erster auf den Tisch bekommen, dann ist dies ein unschätzbarer Vorteil.

DER EILIGE:

Auch den *eiligen* Verkäufertypen trifft man ständig. Er will woanders hinziehen, irgendetwas Anderes kaufen o. ä. Sein Blick ist bereits auf neue Ziele ausgerichtet und es ist ihm lieber, zeitnah einen Haken hinter die Aufgabe des Verkaufs zu machen, anstatt den Maximalpreis zu erzielen.

DER BEQUEME:

Einmal hat mir ein vermögender Herr im fortgeschrittenen Rentenalter ein sehr günstiges Mehrfamilienhaus verkauft. Er wohnte selbst nicht in der Stadt, hatte eine junge Frau und wollte seine Dinge ordnen. Besonders jene, die fernab seiner Heimat lagen. Er war dankbar dafür, dass ich ihm den Ausstieg aus seiner Immobilie sehr bequem gemacht habe.

Wenn man ein Haus so enorm günstig angeboten bekommt, dass man glaubt, es läge ein Druckfehler vor, dann prüft man nur flott das Große und Ganze. Man belästigt den Verkäufer nicht mit unzähligen kleinlichen Detailfragen, die jede für sich bestenfalls ein paar hundert Euro wert sind.

Machen Sie Verkäuferpersönlichkeiten wie diesen das Leben so angenehm wie möglich. Suchen Sie anstatt eines Hakens besser den nächsten Notar auf und erfreuen Sie sich an der hohen Rendite und dem hohen Risikopuffer, den der Kaufpreis Ihnen bietet.

DER GLÄUBIGER:
In unterbewerteten Städten und Regionen sind es häufig Gläubigerbanken, die Immobilien auf den Markt bringen, deren Kredite in turbulentes Fahrwasser geraten sind. Solche Objekte landen nicht grundsätzlich in der Zwangsversteigerung. Manchmal ist im Vorfeld ein freihändiger Verkauf seitens der Bank möglich.

Einmal hatte ich es beim Ankauf eines extrem preiswerten Berliner Mietshauses mit dem gestressten Sachbearbeiter einer Gläubigerbank zu tun, die ihren Geschäftssitz noch dazu weit entfernt von Berlin hatte. Der Schuldner, ein Bauträger, war im Ausland untergetaucht und hatte ein zu 50% leer stehendes Gebäude samt notleidendem Darlehen zurückgelassen.

Der Sachbearbeiter der Bank hatte in diesen Tagen den Tisch voll komplizierter Problemfälle und handelte nach dem Motto: *Alles muss raus!* Eine gute Grundlage für einen günstigen Immobilienkauf. Während andere Kaufinteressenten damals darauf warteten, dass der Banker erst einmal nach Berlin kommt, um sie vor Ort zu treffen, habe ich ihn viele hundert Kilometer entfernt in seinem Büro besucht und den Handel besiegelt. Seien Sie flexibel, wenn Ihnen jemand eine Perle zu Füßen legt.

DIE ERBENGEMEINSCHAFT:
Auch Erbengemeinschaften entwickeln sich in der Generation der Erben mehr und mehr zum Lieferanten unterbewerteter Immobilien. Oft übernimmt einer der Erben das Ruder, weil auch diese sich lieber den Profi sparen. In vielen Fällen sind Erben zerstritten und reden nur noch das Nötigste oder gar nicht mehr miteinander. Erbe Nummer Eins möchte das

Haus behalten, aber seine Miterben nicht angemessen auszahlen. Nummer Zwei ist ohnehin wohlhabend und nervös, weil das geerbte Haus in einer Nachbarschaft liegt, in der die Preise seit längerer Zeit fallen. Nummer Drei will einfach nur Bargeld auf die Hand bekommen.

Manchmal beharken sich Erben zunächst über lange Zeiträume. Aber irgendwann kommt dann oft der Punkt, an dem es nur noch schnell gehen soll. Wohl dem Kaufinteressenten, der sich in Geduld üben kann, aber hin und wieder bei den Erben nachhakt und eines Tages am Telefon zu hören bekommt: *Ach, gut dass Sie gerade anrufen! Wir haben am Wochenende beschlossen, unser Haus jetzt doch zu verkaufen. Ihr Angebot erscheint uns eigentlich zu niedrig, aber wenn es schnell gehen könnte und wenn Sie gleich zum Notartermin eine höhere Anzahlung leisten würden...*

Alles schon erlebt. Dabei stellen die obigen Beispiele nur einen kleinen Ausschnitt aus dem Spektrum an Möglichkeiten dar, die einem engagierten Immobilienanleger immer wieder die Chance zum Kauf einer *individuell* unterbewerteten Immobilie bescheren können.

ACHTUNG: NICHT JEDE BILLIGE IMMOBILIE IST *UNTERBEWERTET*!

#49

Bei unterbewerteten Immobilien liegt der Kaufpreis ein gutes Stück unter dem inneren Wert. Solche Immobilien sind billig im Sinne von *preiswert*. Doch es gibt auch Immobilien, die einfach nur *billig* sind, deren innerer Wert aber *nicht* höher ist als ihr Kaufpreis. Billige Immobilien dieser Art interessieren uns nicht. Sie sind aus berechtigten Gründen sehr niedrig bewertet. Also aus Gründen, die nichts mit rein zyklischen Schwankungen, übertriebenem Herdenverhalten oder mit persönlichen Ursachen auf der Verkäuferseite zu tun haben.

Dies gilt zum Beispiel für Immobilien in Regionen und Gemeinden mit schlechter Infrastruktur und schrumpfendem Arbeitsmarkt, wo auf lange Sicht mit starkem Bevölkerungsrückgang zu rechnen ist. Was Anlageimmobilien anbetrifft, wäre ich in Lagen dieser Art sehr vorsichtig. Wer aber seinen Lebensmittelpunkt hier hat oder ihn aus privaten Gründen auf Dauer dorthin verlegen möchte, der kann wunderbare Chancen für den Eigenheimkauf finden. Auch in die Eigenheimpreise ist der kollektive Pessimismus schon eingeflossen. Da Sie Ihr eigenes Heim aber selbst nutzen, treffen Sie hier ja nicht auf das Problem, einen Mieter suchen und finden zu müssen.

In jedem Fall müssen Sie, wenn eine Lage auf den ersten Blick günstig aussieht, zunächst immer herausfinden, woran das liegt. Handelt es sich um eine normale zyklische Schwankung, die aufgrund äußerer Einflüsse vielleicht besonders übertrieben ausfällt? Oder gibt es lang anhaltende strukturelle Probleme, sodass man an diesem Ort zumindest keine Anlageimmobilie erwerben sollte? Verlassen Sie sich in Ihrem Urteil nicht auf die sehr von Emotionen geleitete Anlegerherde. Sie liegt allzu oft daneben. Das vorige Berlin-Beispiel ist ein guter Beleg dafür. Es war ein spektakulärer Fehler der Massen davon auszugehen, dass Berlin nach der begründbaren Schwächephase zu Anfang des Jahrtausends kein starkes Comeback hinlegen werde. Als Bundeshauptstadt hat Berlin eine perfekte Infrastruktur und eine internationale Strahlkraft, die Ihresgleichen sucht. All jene, die ihre Immobilien hier in den wenigen schwachen Jahren zu Dumpingpreisen verramscht haben, beißen sich heute wohl in den Allerwertesten.

#50

ZUSAMMENFASSUNG ZWEITE TRUMPFKARTE

NUR BEI IMMOBILIEN KÖNNEN SIE MIT ÜBERSCHAUBAREM AUFWAND SELBST HERAUSFINDEN, WIEVIEL DIESE NACH IHREN EIGENEN VORGABEN IN ETWA WERT SIND UND DADURCH *IHREN* PERSÖNLICHEN KAUFPREIS FESTLEGEN. AKTIENKURSE MÜSSEN SIE EINFACH HINNEHMEN. IMMOBILIEN KÖNNEN SIE *GEZIELT* GÜNSTIG EINKAUFEN.

Wenn sie mit 200.000€ Eigenkapital zu einem Preis von 200.000€ Aktien kaufen, dann sind diese zum Zeitpunkt des Kaufs auf der ganzen Welt exakt 200.000€ wert. Den offiziellen Börsenkurs müssen Sie einfach hinnehmen. Ob dieser Preis angemessen, zu teuer oder besonders günstig ist, kann niemand zuverlässig herausfinden. Auch kann niemand vorhersagen, wohin sich der Aktienkurs in der nächsten Minute nach dem Kauf entwickeln wird.

Wenn Sie mit 200.000€ Eigenkapital und mit 600.000€ von Ihrer Bank eine Immobilie für 800.000€ kaufen, dann bestimmen Sie allein den Kaufpreis. Im Gegensatz zu Aktien gibt es für Immobilien keine offiziell gültigen Börsenkurse. Überhaupt gibt es kaum zwei wirklich vergleichbare Immobilien und nur ein geringer Teil des Immobilienangebotes ist transparent auffindbar. Die tatsächlich beurkundeten Kaufpreise bleiben ohnehin geheim. Insgesamt gleicht der Immobilienmarkt einem undurchsichtigen Dschungel, der sich zudem in zahllose unterschiedliche Teilregionen aufsplittert. Deshalb ist es niemandem möglich, einen objektiv *richtigen* Kaufpreis für eine Immobilie zu ermitteln. Jeder Verkäufer verlangt, was er will. Und jeder Käufer bietet, was er will. **Wenn man also die Frage stellt: „Wie viel ist eine Immobilie wert?", muss man immer auch fragen „WEM?".**

Beim Immobilienerwerb legen ganz allein Sie fest, wie viel *Ihnen* ein betreffendes Objekt wert ist. Welche Eigenkapital-Rendite erwarten Sie von einer Immobilie dieser Qualität und in dieser Lage mindestens? Und welche Reserven? Welchen Quadratmeterpreis halten Sie für angemessen? **Im Einkauf liegen der Gewinn *und* die Reserve!** Für geschickte Immobilienkäufer ist die Unübersichtlichkeit der Angebotslage ein gigantischer Vorteil. Wer mit Leidenschaft die regionalen Wühltische der Immobilienangebote durchstöbert, wird auf tolle Gelegenheiten stoßen.

Was Sie suchen, sind unterbewertete Immobilien, deren Kaufpreis weit unter dem inneren Wert liegt. Sie möchten 1 Euro für 70, 60 oder 40 Cent kaufen. Bei Immobilien ist sogar eine doppelte Unterbewertung möglich. Im Idealfall finden Sie in einer allgemein unterbewerteten Lage ein darüber hinaus *individuell* unterbewertetes Einzelobjekt. Das bedeutet, an einem Ort, an dem die üblichen Kaufpreis-Faktoren beispielsweise beim 15- oder 16-fachen der Jahresmiete liegen, suchen Sie nach Objekten zum 13- oder 14-fachen.

Bei der Suche nach unterbewerteten Objekten kommt uns zunutze, dass die Preisentwicklung im Immobiliengeschäft immer in Zyklen verläuft. In lokalen Zyklen. Jeder Ort, jede Region kann in etwa einer bestimmten Position auf der *Immobilienuhr* zugeordnet werden. Daraus lässt sich ablesen, ob Immobilien dort gerade allgemein teuer oder günstig sind. Siehe auch *Der Mythos von der guten Lage* →#94.

Die Kunst unterbewertete Immobilien zu erwerben, basiert auf der Kunst des richtigen Timings. Es geht darum, antizyklisch zu investieren und zur richtigen Zeit am richtigen Ort zu sein. Für jeden, der eine unterbewertete Anlageimmobilie erwerben möchte, gilt der Leitsatz: **Leben Sie, wo Sie leben wollen, aber investieren Sie da, wo die Zahlen Sinn machen! Vor dem Kauf einer Anlageimmobilie müssen Sie sich entscheiden: Wollen Sie eine bestimmte Lage oder eine bestimmte Rendite?**

Auch für Eigenheimerwerber lohnt es sich, den Immobilienzyklus für einen günstigen Kauf zu nutzen. Bleiben Sie solange Mieter, wie der Mietpreis für vergleichbaren Wohnraum in Ihrer Wunschlage günstiger ist als die üblichen finanziellen Belastungen des Eigenheimbesitzers.

Achtung: Nicht jede billige Immobilie ist unterbewertet! Die Immobilien, die wir suchen sind *billig* im Sinne von *preiswert*. Andere Immobilien sind zu Recht einfach *nur billig*, ohne versteckte Potenziale zu beinhalten.

DIE DRITTE TRUMPFKARTE #51

NUR BEI IMMOBILIEN KÖNNEN SIE SICH PERSÖNLICH AKTIV IN DIE BETREUUNG EINBRINGEN UND DADURCH DEN WIRTSCHAFTLICHEN ERFOLG ABSICHERN, BZW. SOGAR STEIGERN. ZUDEM TICKEN IMMOBILIEN LANGSAM UND LASSEN IHNEN BEI PROBLEMEN GENÜGEND ZEIT, UM GEGENZUSTEUERN.

Wenn Sie mit 200.000€ Eigenkapital für 200.000€ Aktien kaufen, können Sie persönlich rein gar nichts tun, um die jährliche Dividendenzahlung oder den Wert der Aktien zu steigern. Auch den völligen Absturz des Börsenkurses können Sie nicht aufhalten.

Wenn Sie mit 200.000€ Eigenkapital und mit 600.000€ von Ihrer Bank eine Immobilie für 800.000€ kaufen, können Sie persönlich sehr viel tun, um die Erträge und den Wert der Immobilie zu steigern, bzw. um ungünstige Entwicklungen der Gesamtwirtschaft abzufedern. Im Übrigen ticken Immobilien langsam. Existenzielle Probleme tauchen nicht über Nacht auf. Man hat lange Vorlaufzeiten um gegenzusteuern.

AKTIENBESITZER KÖNNEN NUR HOFFEN UND BETEN #52

Wenn Aktien gut laufen: Glückwunsch - alles richtig gemacht! Wenn Aktien schlecht laufen: Sorry - Pech gehabt! Was könnte Ihnen als Aktienbesitzer dann noch helfen, außer hoffen und beten?

Hmm, Sie könnten zum Beispiel mit tausenden weiterer Anteilseigner die jährliche Aktionärsversammlung besuchen und an Abstimmungen teilnehmen. Sie könnten E-Mails mit Verbesserungsvorschlägen an die Vorstände der AG schreiben. Sie könnten so viele Produkte wie möglich von *Ihrem* Aktienunternehmen kaufen. Aber wirklich helfen wird all dies wahrscheinlich nicht.

Unterm Strich sind Ihre Möglichkeiten, eine Aktie nach vorn zu bringen ziemlich beschränkt.

ES GIBT 1.000 MÖGLICHKEITEN, WIE SIE PERSÖNLICH

ZUR STEIGERUNG DER ERTRAGSKRAFT IHRER IMMOBILIE BEITRAGEN KÖNNEN

IMMOBILIENBESITZER HABEN VIELE MÖGLICHKEITEN ZUR EINNAHMEN- UND WERTSTEIGERUNG

#53

Im Hinblick auf Immobilien stehen Ihnen viele Möglichkeiten zur Verfügung, um deren wirtschaftlichen Erfolg zu beeinflussen.

Das beginnt logischerweise beim Ankauf. Wir kommen immer wieder darauf zurück, dass wir darauf abzielen, *unterbewertete* Immobilien zu erwerben. **Ein günstigerer Kaufpreis verschafft Ihnen von Anfang an ein Reservepolster und eine höhere Rendite.**

Dann geht es weiter bei der Finanzierungsbeschaffung. Wie niedrig sind die langfristig gedeckelten Zinsen? Wie lange ist die Darlehenslaufzeit? Wie hoch ist der Beleihungsanteil? **Nehmen Sie nicht gleich das erstbeste Finanzierungsangebot an. Suchen Sie nach den besten Konditionen, die Sie bekommen können.** Dann wird sich der Hebeleffekt gleich zu Anfang und auf Dauer noch positiver auswirken.

Nachdem Sie eine Immobilie schließlich gekauft und vom Verkäufer übernommen haben, beginnt das Geschäft der alltäglichen Hausverwaltung, die sorgsame Betreuung der Mieter sowie die Pflege des Objektes. Solange sich die geplanten Ergebnisse einstellen, *müssen* Sie darüber hinaus nichts weiter Besonderes tun. Aber Sie *können* etwas tun, wann immer Sie wollen, um Ihr Objekt immer weiter zu optimieren. Was genau, hängt vom Einzelfall ab. Die Möglichkeiten sind vielfältig.

Nehmen wir einmal an, Sie hätten in den bereits beschriebenen schwierigen Jahren nach der Jahrtausendwende eines der allesamt unterbewerteten Berliner Mietshäuser erworben. Die Lage Ihres speziellen Objektes wurde damals als *schwach* eingestuft - heute liegt das Haus in einem Trendkiez. Der Leerstand in der gesamten Nachbarschaft lag seinerzeit im Schnitt bei 15 bis 20 Prozent. Auch im Falle Ihres Mietshauses waren es 18 Prozent. Die Fassade war etwas verwittert, eine graue Maus, weil der Vorbesitzer schon länger nicht mehr investieren wollte oder konnte. Aufgrund seiner insgesamt pessimistischen Gemütslage hat der Verkäufer

Ihnen das Haus wirklich preiswert angeboten. Die Ist-Mieteinnahme und die Rendite waren von Beginn an äußerst respektabel, trotz des Leerstandes.

Aber wie viel höher könnte die Rendite eines solchen Hauses erst sein, wenn sich der Leerstand noch vermieten ließe?! Vielleicht fragen Sie sich jetzt: *Wie soll das gehen, in einer Umgebung, in der ÜBERALL Wohnungen leer stehen? Soll ich das Haus vergolden? Mit jeder Investition sinkt doch die Rendite!*

Nein, vergolden müssen Sie Ihr Objekt bestimmt nicht. Um weitere Mieter anzuziehen, ist es nicht nötig, das beste Haus der ganzen Stadt zu besitzen. Entscheidend ist allein die relative Wettbewerbsfähigkeit. Es genügt völlig, wenn Ihr Mietshaus zu den relativ besseren des näheren Umfeldes gehört. Sobald Ihre Mietwohnungen für die Mieter etwas attraktiver sind als die der Nachbarhäuser, werden Sie Ihre Wohnungen auch besser vermieten können als Ihre Nachbarn.

Manchmal genügt es schon, in einem Umfeld von lauter grauen Mäusen, das Haus mit der neu hergerichteten Fassade anbieten zu können. Oder die Wohnungen mit den frisch geschliffenen Holzdielen. Der gefühlte Qualitätsunterschied zwischen abgewohnten und neu geschliffenen Böden ist immens. Das Schleifen kostet ein paar Monatsmieten. Sofern Sie dadurch eine leere Wohnung wieder dauerhaft vermieten können, rechnet sich das immer.

Oft hilft es schon beim Leerstandabbau, wenn Vermieter einfach aussagekräftigere Inserate schalten als ihre weniger professionellen Nachbarn. Kleine Ursache, große Wirkung.

Aber das größte Optimierungspotenzial liegt fast immer im Umgang mit den Mietern - Ihren Kunden! Bauen Sie ein faires und zuvorkommendes Verhältnis zu Ihren Mietern auf und instruieren Sie Ihre Hausverwaltung in diesem Sinne. Es sind allein die Mieter, die für die monatlichen Einnahmen Ihres Hauses aufkommen, als Gegenleistung dafür, dass sie darin wohnen dürfen.

Ein Autovermieter, der unfreundlich ist und Schrott vermietet, wird bald bankrott sein. Warum sollte es einem ähnlich gestrickten Wohnungsvermieter besser ergehen? **Zufriedene Mieter werden gerne**

und länger bei Ihnen wohnen. Sie werden Sie als Vermieter weiterempfehlen, was zu Ihren Gunsten den Abbau von Leerstand fördert.

Eine gute Möglichkeit, wie Sie Ihren Mietern Nutzen stiften können, ist die Vereinbarung optimaler Konditionen bei den Ver- und Entsorgungsunternehmen. Die dadurch erwirkte Reduzierung der Heiz- und sonstiger Nebenkosten kostet Sie selbst gar nichts, spart Ihren Mietern aber jeden Monat bares Geld und macht Ihre Wohnungen attraktiver für Neumieter.

Als Erwerber einer günstigen, unterbewerteten Wohnimmobilie haben Sie übrigens ganz allgemein den Spielraum, preiswerter zu vermieten, als die Käufer überteuerter Objekte. Ein günstigerer Mietpreis nützt nicht nur Ihren Mietern, sondern auch Ihnen selbst, weil Sie auf lange Sicht weniger Fluktuation und seltener Leerstand in Ihrer Immobilie haben werden. Eine Win-Win-Situation.

Die Überlegung dahinter ist folgende: Ein Anleger, der in einer überhitzten Trendlage kauft, bzw. zu einem Zeitpunkt innerhalb des Immobilienzyklus, an dem die Objekte sehr teuer und die Renditen niedrig sind, wird anfangs gerade mal Zins und Tilgung aus den Mieteinnahmen bezahlen können, wenn überhaupt. Obwohl auch die Mieten in Trendlagen an sich schon hoch sind, wird der Anleger in Zukunft immer bestrebt sein, den legalen Rahmen für Mieterhöhungen maximal auszunutzen, um irgendwann vielleicht einmal ein liquides Zusatzeinkommen für sich selbst aus der Immobilie zu erzielen.

Als Käufer einer unterbewerteten Immobilie haben Sie ein solches Zusatzeinkommen hingegen schon von Beginn an. Betrachten wir noch einmal das eingangs angesprochene Berliner Beispiel-Objekt, das zum Zeitpunkt des Kaufs in einem noch nicht sehr angesagten Umfeld liegt. Deshalb ist auch das Mietpreis-Niveau dort noch vergleichsweise niedrig. Trotzdem ist die Rendite Ihres Objektes ja schon gut, wird aber noch besser, wenn Sie, wie bereits besprochen, die anfänglichen Leerstände eines Tages vermieten. Mit dem Anziehen des Immobilienzyklus werden Sie dann bei jedem zukünftigen Mieterwechsel den Mietpreis etwas anheben können, ohne dabei die Steigerung im selben Maße ausreizen zu müssen wie der Besitzer der teuren Trendimmobilie. Durch geschickten Leerstandsabbau sowie durch Mietpreisanpassungen bei

Anschlussvermietungen wird somit Ihre Eigenkapital-Rendite steigen, ohne dass Sie dafür einem einzigen Bestandsmieter die Miete erhöhen mussten.

Früher oder später werden im Rahmen allgemeiner Inflation natürlich alle Preise sowie auch die Einkommen Ihrer Mieter steigen. In der Folge werden Sie irgendwann auch die Bestandsmieten erhöhen. Aber auch hier sind Sie nicht darauf angewiesen, das Maximum herauszuholen. Schließlich haben Sie Ihre Immobilie langfristig finanziert, das heißt, Ihre Kosten sind bis auf Weiteres gedeckelt. Dank des Hebeleffektes werden selbst maßvolle Mietensteigerungen zu einer erheblichen Erhöhung Ihrer Eigenkapital-Rendite führen.

Gegenüber den Erwerbern überteuerter Trendimmobilien werden Sie als Käufer einer unterbewerteten Anlageimmobilie immer den Vorteil haben, dass Sie Ihre Wohnungen auf lange Sicht preiswerter vermieten können. Das macht Ihre Wohnungen für die Mieter attraktiver. Folglich wird die Mieterfluktuation bei Ihnen geringer sein und Leerstandszeiten werden kürzer andauern. Insgesamt werden Sie eine stabilere und höhere Eigenkapital-Rendite erzielen.

Tatsächlich gibt es bestimmt tausend große und kleine Möglichkeiten und Strategien, wie Sie als Immobilieneigentümer persönlich dazu beitragen können, das wirtschaftliche Ergebnis Ihrer Anlageimmobilie zu optimieren, bzw. Einnahmeeinbrüche in turbulenten Zeiten zu begrenzen.

IMMOBILIEN TICKEN LANGSAM – SIE GEBEN IHNEN ZEIT, UM BEI PROBLEMEN GEGENZUSTEUERN

#54

Ein Riesenvorteil von Immobilien ist es, dass man als ihr Besitzer niemals aus heiterem Himmel von existenziellen Problemen überrascht wird. In der Immobilienbranche ticken die Uhren viel langsamer als im Aktiengeschäft.

Bei extremen Ereignissen wie dem 11. September oder dem Konkurs von Lehman Brothers stürzen die Aktienmärkte weltweit binnen Stunden ab. Hingegen bleiben die momentanen Mieteinnahmen Ihrer Immobilie von solchen Ereignissen völlig unbeeinflusst. **Auch wenn die Weltkonjunktur in Folge großer Katastrophen dauerhaft einbrechen sollte, werden die Auswirkungen auf Wohnimmobilienbesitzer vergleichsweise im Schneckentempo zukommen und nur in deutlich abgeschwächter Form.** Selbst Eigentümer von Immobilien mäßiger Qualität werden kaum jemals alles verlieren.

Als Immobilienbesitzer brauchen Sie insofern nicht jeden Morgen nervös auf irgendwelche Börsenticker zu schauen. Mit aufgeregtem Tagesgeschehen brauchen Sie sich eigentlich gar nicht zu befassen. Es genügt, wenn Sie die langfristigen wirtschaftlichen Geschehnisse und Trends im weiteren sowie näheren Umfeld in aller Ruhe verfolgen. Dann werden Sie immer noch ausreichend zeitlichen Spielraum haben, um bei Problemen rechtzeitig gegensteuern zu können.

Als Aktionär schlafen Sie miserabel, wenn die Aktienkurse binnen Tagen abstürzen oder sich in einem schleichenden Prozess über Jahre hinweg abwärts entwickeln. Im Gegensatz dazu sind Ihnen als Eigentümer einer langfristig finanzierten Immobilien selbst erhebliche Wertschwankungen ziemlich egal. Keine Bank wird je auf die Idee kommen, innerhalb einer langen 15- oder 20-jährigen Zinsbindungsfrist ein neues Wertgutachten von Ihnen zu verlangen. Den Kreditvertrag könnte die Bank ohnehin nicht einfach kündigen, solange die Mieteinnahmen ausreichen, um den Kapitaldienst (Zins und Tilgung) zu bedienen.

Um von vornherein eine möglichst große Einnahmestabilität zu gewährleisten, kaufen Sie unterbewertete Immobilien. Diese bieten Ihnen von Anfang an ein Reservepolster. Während langen Finanzierungslaufzeiten bauen Sie dieses Polster in aller Ruhe durch eigenes Engagement weiter aus.

Darüber hinaus arbeitet die Inflation für Sie. Selbst eine mäßige Inflation im Bereich um die 2% wird Ihnen helfen, Ihre Einnahmen und den Risikopuffer über den langen Finanzierungszeitraum erheblich zu steigern →#H3 *Hilfsmittel: 15-Jahres-Planung*. Bei vernünftig ausgewählten und günstig finanzierten Immobilien wird die fixe Zinsbelastung im Verhältnis zu den inflationär wachsenden Mieteinnahmen immer weniger ins Gewicht fallen.

IMMOBILIEN TICKEN L A N G S A M

#55

ZUSAMMENFASSUNG DRITTE TRUMPFKARTE

NUR BEI IMMOBILIEN KÖNNEN SIE SICH PERSÖNLICH AKTIV IN DIE BETREUUNG EINBRINGEN UND DADURCH DEN WIRTSCHAFTLICHEN ERFOLG ABSICHERN, BZW. SOGAR STEIGERN. ZUDEM TICKEN IMMOBILIEN LANGSAM UND LASSEN IHNEN BEI PROBLEMEN GENÜGEND ZEIT UM GEGENZUSTEUERN.

Wenn Sie mit 200.000€ Eigenkapital für 200.000€ Aktien kaufen, können Sie persönlich rein gar nichts tun, um die jährliche Dividendenzahlung oder den Wert des Aktienunternehmens nach oben zu bringen. Genauso wenig können Sie den völligen Absturz der Dividende oder des Börsenkurses verhindern. Bei Aktien kann über Nacht der Totalverlust eintreten.

Wenn Sie mit 200.000€ Eigenkapital und mit 600.000€ von Ihrer Bank eine Immobilie für 800.000€ kaufen, haben Sie tausend Möglichkeiten, persönlich Einfluss zu nehmen, um die Einnahmen und den Wert Ihrer Immobilie zu steigern, bzw. um ungünstige Entwicklungen des Umfelds oder der Allgemeinwirtschaft abzufedern. Selbst Eigentümer von Immobilien mäßiger Qualität werden kaum jemals alles verlieren.

Hinzu kommt der riesige Vorteil, dass Immobilien langsam ticken. Existenzielle Probleme tauchen nicht über Nacht auf. Man hat vergleichsweise lange Vorlaufzeiten, um gegenzusteuern.

A

DIE VIERTE TRUMPFKARTE #56

NUR BEI IMMOBILIEN KANN MAN WERTSTEIGERUNG IN BARGELD VERWANDELN, OHNE SEIN BESTES PFERD VERKAUFEN ZU MÜSSEN

Wenn Sie mit 200.000€ Eigenkapital für 200.000€ Aktien kaufen, müssen Sie diese wieder verkaufen, um einen gestiegenen Börsenkurs in Bargeld zu verwandeln. 50% Wertzuwachs entsprechen 100.000€ zu versteuerndem Gewinn.

Wenn Sie mit 200.000€ Eigenkapital und mit 600.000€ von Ihrer Bank eine Immobilie für 800.000€ kaufen, können Sie diese zum Ende einer jeweiligen Finanzierungsperiode nachbeleihen, um einen gestiegenen Objektwert in Bargeld zu verwandeln. 50% Wertzuwachs entsprechen 400.000€ steuerfreiem (!) Gewinn.

UND TSCHÜSS...! GUTE AKTIEN MUSS MAN VERKAUFEN #57

Nehmen wir an, Sie haben Aktien gekauft, die Sie für richtig vielversprechend halten. In der Folge beherzigen Sie den Tipp des Altmeisters der Börse, André Kostolany: Sie stellen Ihren Wecker auf 10 Jahre später und schauen erst dann wieder auf den Aktienkurs. Bis dahin erhalten Sie auf einige Aktien eine jährliche Dividende in Höhe von bis zu 2% oder 3%. Bei vielen Aktien gibt es gar keine Dividende. Nach Ablauf der 10 Jahre stellen Sie aber mit Freuden fest, dass sich der Kurs Ihrer Aktien um 50% erhöht hat. Auf Ihren Eigenkapitaleinsatz von 200.000€ haben Sie einen Wertzuwachs von 100.000€ erzielt.

Ein Gewinn wird allerdings erst daraus, wenn Sie die Aktien wieder verkaufen. Falls Sie sie weiter halten, besteht die Gefahr, dass der Kurs wieder einbricht. Sie stecken in einer Zwickmühle.

Einerseits klingt es verlockend, den Gewinn mitzunehmen. 50% in 10 Jahren - das macht eine zusätzliche Rendite aus Wertsteigerung von 5% im Jahresdurchschnitt, die Sie dann allerdings noch versteuern müssten. Andererseits entgehen Ihnen durch den Verkauf alle weiteren Gewinnchancen der Aktie. Schade, falls sie auch in Zukunft gut läuft.

Zumindest haben Sie nach dem Verkauf als Trostpflaster 100.000€ frisches Bargeld in der Tasche. Zusammen mit Ihren 200.000€ Eigenkapital müssen Sie dann 300.000€ wieder neu anlegen.

#58

RENDITE AUS WERTSTEIGERUNG 50%
AKTIENANLAGE OHNE BELEIHUNG

Kaufpreis Aktie, inkl. Kauf-NK.:	**200.000€**		**Eigenkapital**
Wertzuwachs 50% in 10 Jahren:	**100.000€**	**=**	**50% EK-Zuwachs**
neuer Aktienwert:	**300.000€**		**Verkaufspreis**
Eigenkapital-Rendite:	**50% Wertsteigerung / 10 Jahre**	**=**	**5% p.a. zu versteuern!**

#59

GUTE IMMOBILIEN VERKAUFT MAN (FAST) NIE: MAN BELEIHT SIE NACH

Zum Vergleich betrachten wir nun eine Immobilie, deren Wert zum Ende einer 10-jährigen Finanzierungslaufzeit ebenfalls um 50% gestiegen ist.

Mit 200.000€ Eigenkapital und mit 600.000€ von der Bank haben Sie ein kleines Mehrfamilienhaus für 800.000€ gekauft. Dessen Eckzahlen kennen wir schon aus früheren Beispielen →#37. Nach 10 Jahren hat der für die Immobilie erzielbare Preis von 800.000€ auf 1,2 Millionen zugelegt. Das macht 400.000€ Zuwachs. Satte viermal mehr als beim Aktienbeispiel des vorigen Abschnittes.

#60

RENDITE AUS WERTSTEIGERUNG 50%
IMMOBILIENANLAGE MIT BELEIHUNG

Kaufpreis Immobilie, inkl. 12% Kauf-NK.:	**800.000€**		**Gesamtinvestition**
davon Eigenkapital:	200.000€		
davon Darlehen:	600.000€		
Wertzuwachs 50% in 10 Jahren:	**400.000€**	**=**	**200% EK-Zuwachs**
neuer Immobilienwert:	**1.200.000€**		**ggf. Verkaufspreis**
Eigenkapital-Rendite:	**200% EK-Zuwachs / 10 Jahre**	**=**	**20% p.a. steuerfrei!**

Der zehnjährige Betrachtungszeitraum des aktuellen Beispiels stellt die kürzeste Darlehenslaufzeit dar, die ich Ihnen gerade noch empfehlen würde. Das Ende dieser ersten Finanzierungsperiode wird dann auch der erste Zeitpunkt sein, an dem Sie über einen Verkauf Ihrer Anlageimmobilie nachdenken werden.

Ein Verkauf *vor* Ablauf von zehn Jahren läge nämlich innerhalb der gesetzlichen Spekulationsfrist. In diesem Fall müssten Sie den Veräußerungsgewinn voll versteuern. Erst nach Ablauf von 10 Jahren ist der Verkauf einer Anlageimmobilie steuerfrei →#77.

Einmal mehr ist also das richtige Timing entscheidend. Das gilt in Steuerfragen genauso wie bei der Beachtung des Immobilienzyklus, um den günstigsten Zeitpunkt für den Immobilienkauf zu erwischen. *Preiszyklen* in der Immobilienbranche haben wir ausführlich in der *Zweiten Trumpfkarte* betrachtet.

Die Werte ordentlicher Immobilien, die man deutlich unter den üblichen Herstellungskosten erwirbt, werden immer wieder steigen. Fragt sich allenfalls *wann*. Die im aktuellen Beispiel gelegte 50-prozentige Wertsteigerung kann genauso gut schon vor Ablauf der angenommenen 10 Jahre eintreffen oder eben erst später.

Im Übrigen ergeben sich 50% Wertzuwachs bei Immobilien unauffälliger als man denkt.

Man kauft beispielsweise eine Immobilie zu einem Preis von 60% der üblichen Herstellungskosten, deren Wert im Laufe späterer Jahre auf 90% der Herstellungskosten steigt. Man ist also keineswegs darauf angewiesen, dass der Immobilienwert zuerst auf ein überteuertes Niveau steigen muss, um 50% Wertzuwachs zu erreichen.

Schwankungsbreiten dieser Art sind auf Zeiträume von 10, 15, 20 Jahren betrachtet keine Ausnahme, sondern die Regel.

Gehen wir einmal davon aus, Sie haben alles richtig gemacht. Sie haben das kleine, ordentliche Mehrfamilienhaus, um das es im aktuellen Beispiel geht →#37, zu einem günstigen Zeitpunkt für 800.000€ erworben. Im Verlauf der ersten 10 Jahre nach dem Ankauf ist dessen Wert tatsächlich um 50%, bzw. um 400.000€ auf 1,2 Mio. € gestiegen.

Was können Sie nun tun, um die Früchte der vergangenen Jahre zu ernten und den Wertzuwachs Ihres Mehrfamilienhauses in Bargeld zu verwandeln?

Klar: Sie könnten Ihr Objekt einfach verkaufen, wie Sie es mit Aktien ohnehin tun müssten. Dann würden Sie auch in Bezug auf die Immobilie alle zukünftigen Gewinnchancen aus der Hand geben.

Aber muss das sein? Über viele Jahre haben Sie sich eine respektable Einnahmequelle aufgebaut. Wertsteigerungen sind in der Regel die Folge vorausgehender Mietsteigerungen. Man darf also davon ausgehen, dass im Verlauf der vergangenen 10 Jahre auch die Mieten stark zugelegt haben. Insofern erzielen Sie mit Ihrem Objekt, verglichen mit dem Jahr des Ankaufs, auch eine deutlich gestiegene Eigenkapital-Rendite aus Cashflow.

Ihr Mietshaus stellt also eine lukrative Einnahmequelle dar, die Sie mittlerweile sehr gut kennen und die einen vernünftigen Inflationsschutz bietet. Zudem weisen alle demografischen Daten auf eine weiter steigende Mietflächennachfrage im Umfeld hin.

Warum sollten Sie dies alles aufgeben? Ein Verkauf der Immobilie wäre allenfalls die zweitbeste Lösung.

Das Gebot der Stunde heißt:
NACHBELEIHUNG!

BEI AKTIEN GILT DAS MOTTO:

KAUFEN SIE GÜNSTIG, VERKAUFEN SIE TEUER

BEI ANLAGEIMMOBILIEN GILT:

KAUFEN SIE GÜNSTIG, LEBEN SIE GUT VON LAUFENDEN EINNAHMEN, BELEIHEN SIE NACH

Und falls es jemals doch einen Grund für den Verkauf gibt: Verkaufen Sie teuer! Machen Sie sich auch beim Verkauf die Magie des Immobilienzyklus zunutze.

#61 DURCH NACHBELEIHUNG GEHT DIE EIGENKAPITAL-RENDITE VON IMMOBILIEN VOLLENDS GEGEN UNENDLICH

Die Nachbeleihung stellt eine ideale Lösung dar, wenn Sie Bargeld freisetzen wollen, ohne eine gute Immobilie aufzugeben. Spätestens nachdem der erste längere Finanzierungszeitraum von 10, 15 oder 20 Jahren abgelaufen ist, können Sie Ihr bisheriges Immobiliendarlehen durch Nachbeleihung erweitern. Die Voraussetzung dafür: die Mieteinnahmen und der Wert Ihrer Immobilie müssen, wie im Beispiel angenommen, entsprechend gestiegen sein, was bei vernünftig eingekauften Immobilien der Normalfall wäre.

Bei Ermittlung der neuen Darlehenshöhe, wird sich das Augenmerk der Bank zunächst auf den Cashflow Ihrer Immobilie richten. Die Bank wird Wert darauf legen, dass die steigende Belastung für Zins und Tilgung durch höhere Mieteinnahmen sicher abgedeckt ist. Das ist auch in Ihrem Sinne. Schließlich wollen auch Sie nicht in die Situation kommen, jeden Monat Geld aus anderen Quellen zuschießen zu müssen.

Gehen wir davon aus, Ihre Bank ist überhaupt sehr vorsichtig und Sie sind es auch. Vielleicht sind zudem zwischenzeitlich die Zinsen gestiegen und der Darlehensspielraum wird dadurch eingeengt. Trotz des Einnahmen- und Wertzuwachses Ihres Mietshauses um rund 50%, einigen Sie sich mit der Bank darauf, die Darlehenssumme lediglich von den früheren 600.000€ auf 770.000€ anzuheben.

Der Nachschlag liegt somit noch weit unter der eigentlichen Wertsteigerung von 400.000€. Er beträgt nur 170.000€ - NUR? Immerhin sind das 70.000€ mehr als der gesamte Gewinn im vorigen Aktienbeispiel.

Doch nun kommt auch noch die zwischenzeitlich aufgelaufene *Tilgung* zu Ihren Gunsten ins Spiel. In den vergangenen 10 Jahren haben Sie nämlich etwa 130.000€ Schulden getilgt, das entspricht ca. 22% des ursprünglichen Darlehens bei 2% Tilgungsrate zuzüglich Zins- und Zinseszins-Effekten. Ihr Darlehen ist in 10 Jahren von ursprünglich 600.000€ auf eine Restschuld von 470.000 € zusammengeschrumpft.
Das Schöne daran ist, dass die Tilgung aus den Mieteinnahmen bezahlt

wurde. Von den Tilgungszahlungen haben Sie 10 Jahre lang nicht viel bemerkt. Das Geld ging direkt vom Mietenkonto an die finanzierende Bank. Trotzdem war es IHR Geld. Und nun hat die Stunde geschlagen, diesen angesparten Schatz durch Nachbeleihung zu heben.

Aus der neu ausgehandelten Anschlussfinanzierung von 770.000€ wird zunächst Ihre Restschuld in Höhe von 470.000€ abgelöst. Übrig bleiben 300.000€ in bar zu Ihrer freien Verfügung. Weil Darlehen keinen Gewinn darstellen, müssen Sie diesen Betrag selbstverständlich nicht versteuern. Sie können damit tun und lassen, was Sie wollen. Es steht Ihnen frei, das Geld zu verbrauchen, auf Ihre Kinder zu verteilen, eine Reserve zu bilden oder es als Eigenkapital für den Kauf einer weiteren Immobilie einzusetzen.

FREI VERFÜGBARES BARGELD DURCH NACHBELEIHUNG #62

IMMOBILIENANLAGE MIT BELEIHUNG, WERTZUWACHS 50%

Kaufpreis Immobilie, inkl. 12% Kauf-NK.:	800.000€		Gesamtinvestition
Wertzuwachs 50% in 10 Jahren:	400.000€	=	200% EK-Zuwachs
neuer Immobilienwert:	**1.200.000€**		
ursprünglicher Darlehensbetrag:	600.000€		
Tilgungsbetrag in 10 Jahren, ca. 25%:	130.000€		
Restschuld nach 10 Jahren:	**470.000€**		
neu verhandelter Darlehensbetrag:	770.000€		
Ablösung Restschuld:	470.000€		
freie Liquidität, Auszahlung an Sie:	**300.000€**		
ursprünglicher Eigenkapitaleinsatz:	200.000€		
neuer Eigenkapitaleinsatz ab Jahr 11:	**0.00€**		

Im vorigen Aktienbeispiel (→#58) hatten Sie nach dem Verkauf der Aktien mit 50% Wertzuwachs 300.000€ in bar auf der Hand, davon 200.000€ ursprüngliches Eigenkapital und 100.000€ Gewinn.

Exakt dieselben 300.000€ bekommen Sie nun im Rahmen der Nachbeleihung Ihrer Immobilie zur freien Verfügung. Aber es gibt einen entscheidenden Unterschied: Die Aktien sind weg, die Immobilie hingegen befindet sich nach wie vor in Ihrem Besitz!

Dadurch bleiben Ihnen sowohl die laufenden Einnahmen, als auch die zukünftigen Wertsteigerungspotenziale der Immobilie erhalten. Die gestiegenen Mieteinnahmen bescheren Ihnen weiterhin, trotz ebenfalls gestiegener Finanzierungskosten, jeden Monat ein schönes Zusatzeinkommen in bar.

Für den ersten Finanzierungszeitraum von 10 Jahren haben Sie 200.000€ Eigenkapital eingesetzt. Dieses Geld haben Sie im Rahmen der Nachbeleihung vollständig zurückerhalten. Plus 100.000€ Bargeld extra! Von nun an beziehen Sie alle zukünftigen Miet- und Wertsteigerungsgewinne ohne auch nur 1 Cent Eigenkapital einsetzen zu müssen. In solchen Fällen lässt sich keine Eigenkapital-Rendite in Prozent mehr ausrechnen. Die EK-Rendite geht dann gegen unendlich.

Die nachfolgende Berechnung verschafft Ihnen einen Überblick über die Wirtschaftlichkeit unserer aktuellen Beispielimmobilie →#37, vom Jahr des Ankaufs bis zum Zeitpunkt der Nachbeleihung nach 10 Jahren.

Sie haben das kleine Mehrfamilienhaus in einem unterbewerteten Umfeld zum 14-fachen der Jahresmiete erworben. Das entspricht einer *Rohrendite* von 7,1% in *Renditekategorie 3* →#121. Nach meinen eigenen Maßstäben ist das noch kein Superschnäppchen, aber schon ziemlich gut. Der Objektzustand ist nicht neuwertig, aber in Ordnung.

Der Kaufpreis pro Quadratmeter Wohnfläche betrug rund 1.024€. Zum Zeitpunkt Ihres Kaufs lagen die *Neubau-Herstellungskosten* für vergleichbaren Wohnraum bei mindestens 2.300€ je Quadratmeter. Unter Berücksichtigung der baulichen Abnutzung wäre die von Ihnen gekaufte Bestandsimmobilie zumindest etwa 1.800€ je Quadratmeter Wohnfläche wert gewesen. Ihr Kaufpreis für die Bausubstanz lag in jedem Fall sehr deutlich unter den Herstellungskosten.

Dank Beleihung und Hebeleffekt erzielten Sie von Beginn an eine anständige Eigenkapital-Rendite von knapp 12% vor Steuern.

Durch vernünftige Investitionen mit sinnvollem Preis-Leistungsverhältnis haben Sie das bauliche Erscheinungsbild Ihres Hauses während der ersten 10 Jahre kontinuierlich aufgewertet. Die Rechnungen dafür haben Sie aus den laufenden Einnahmen bezahlt. Den ursprünglichen Leerstand von etwa 10% haben Sie mittlerweile ausvermietet. Alles in allem haben sich in den 10 Jahren seit dem Ankauf sowohl die Immobilie als auch deren Umfeld ein gutes Stück weit erholt. Hieraus ergab sich der Wertzuwachs von 50%.

UNENDLICHE EIGENKAPITAL-RENDITE DURCH NACHBELEIHUNG

IMMOBILIENANLAGE MIT BELEIHUNG, WERTZUWACHS 50%

JAHR 1: ANKAUF MEHRFAMILIENHAUS, 8 Whg., 697 m² Wohnfläche

Kaufpreis Immobilie netto (14-fache Jahresmiete; 1.024€/m²):	714.000€
Kaufnebenkosten, ca. 12%:	86.000€
Kaufpreis brutto / Gesamtinvestition:	**800.000€**
davon Eigenkapital:	200.000€
davon Darlehen:	600.000€
Tilgungsbetrag in 10 Jahren, inkl. Zinseszins-Effekten, ca.:	130.000€
Restschuld nach 10 Jahren, ca.:	**470.000€**
anfängliche Ist-Mieteinnahme, netto-kalt, p.a.:	51.000€
Netto-Reinertrag nach Abzug BWK ca. 25% →#G14:	**38.250€**
Abzug Zinsen, Darlehenslaufzeit 10 Jahre, Zinssatz 2,0%:	12.000€
anfängl. Jahresüberschuss / Gewinn nach Zinsen:	**26.250€**
anfängl. Eigenkapital-Rendite nach Zinsen:	13,13%
anfängl. liquide Eigenkapitalrendite nach Zinsen und 2%Tilgung:	7,13%

ENDE JAHR 10: NACHBELEIHUNG (Zinsen von 2% auf 3,5% erhöht)

neuer Immobilienwert nach 10 Jahren u. 50% Wertzuwachs:	1.200.000€
neu verhandelter Darlehensbetrag 170.000€ höher als im Jahr 1:	770.000€
Ablösung Restschuld:	470.000€
freie Liquidität, Bar-Auszahlung an Sie:	**300.000€**
das anfängliche Eigenkapital von 200.000€ ist damit vollständig zurückgeführt	
neue Ist-Mieteinnahme, netto-kalt, nach 50% Steigerung:	76.500€
Netto-Reinertrag nach Abzug Nebenkosten ca. 25%:	**57.375€**
Abzug Zinsen, Darlehenslaufzeit 15 Jahre, Zinssatz 3,50%:	26.950€
neuer Jahresüberschuss / Gewinn nach Zinsen vor Steuern:	**30.425€**
neue Eigenkapital-Rendite nach Zinsen (bei EK = 0.00€):	unendlich
Abzug Tilgung von anfänglich 2% der Darlehenssumme p.a.:	15.400€
frei verfügbare Liquidität vor Steuern, p.a.:	**15.025€**
Ihr neues monatlich frei verfügbares Zusatzeinkommen vor Steuern, ohne jeglichen Eigenkapitaleinsatz:	**1.252€**
Ihre neue Eigenkapital-Rendite (bei Eigenkapital = 0.00€):	**unendlich**

Ab dem Zeitpunkt der Nachbeleihung beträgt der neue Jahresüberschuss 30.425€ nach Zinsen. Wobei vorsorglich ein Anstieg der Zinsen von 2,0% auf 3,5% berücksichtigt wurde.

Nach Tilgung ergibt sich ein frei verfügbares Zusatzeinkommen von 15.025€ pro Jahr, bzw. von 1.252€ pro Monat. Und das Ganze ohne jeglichen Eigenkapitaleinsatz. Zusätzlich stehen Ihnen 300.000€ freies Kapital zur Verfügung, das Sie nun anderswo einsetzen können, um weitere Einnahmen zu erzielen.

#64 WENN ES DOCH EINMAL GRÜNDE GIBT, ZU VERKAUFEN...

Im Idealfall erwerben Sie Immobilien, die so gut sind, dass Sie diese auf ewig behalten, aber jederzeit auch wieder verkaufen können. Und manchmal gibt es eben doch gute Gründe zu verkaufen, trotz der sehr lukrativen Möglichkeit der Nachbeleihung. Der naheliegendste Verkaufsgrund wäre, dass Sie momentan mehr Bargeld benötigen, als Sie im Rahmen einer Nachbeleihung erhalten könnten.

Im Regelfall halten uns günstige, unterbewertete Immobilien beide Türen offen: Spätestens nach Ablauf einer jeweiligen Finanzierungsperiode haben wir die freie Wahl zwischen einer Nachbeleihung der Immobilie oder einem Verkauf mit Gewinn. Im Falle eines eventuellen Verkaufs sieht die Kalkulation für unser aktuelles Beispielobjekt wie folgt aus:

#65 **STEUERFREIER GEWINN BEI VERKAUF NACH 10 JAHREN**

IMMOBILIENANLAGE MIT BELEIHUNG, WERTZUWACHS 50%

Kaufpreis Immobilie, inkl. 12% Kauf-NK:	**800.000€**
ursprünglicher Darlehensbetrag:	600.000€
Tilgungsbetrag in 10 Jahren, inkl. Zinseszins-Effekten, ca.:	130.000€
Restschuld nach 10 Jahren, ca.:	**470.000€**
Verkaufspreis nach 50% Wertzuwachs:	1.200.000€
Ablösung Restschuld, ca.:	470.000€
freie Liquidität nach Verkauf:	**730.000€**
Abzug Eigenkapital:	200.000€
steuerfreier Gewinn nach Verkauf:	**530.000€**

Vor 10 Jahren sind Sie mit 200.000€ Eigenkapital gestartet. Nach dem Verkauf Ihrer Immobilie haben Sie 730.000€ frei verfügbares Eigenkapital auf der Hand. Davon sind 530.000€ Gewinn.

Nicht schlecht, aber wenn es keinen zwingenden Grund gibt, sollten Sie sich überlegen, Ihre Immobilie, die Sie schon gut kennen, zu behalten. Schließlich sind 300.000€ durch Nachbeleihung →#63 und eine zukünftiger Jahresüberschuss von rund 30.000€ (Tendenz steigend) auch nicht schlecht. Zum Ende jeder Finanzierungsperiode haben Sie erneut die Möglichkeit, durch Nachbeleihung freie Liquidität zu gewinnen.

AUF LANGE SICHT STEIGEN DIE WERTE ORDENTLICHER IMMOBILIEN IMMER #66

Mag sein, dass die 50% Miet- und Wertsteigerung, die wir bei den Beispielrechnungen der Vierten Trumpfkarte zugrunde legen, erst später eintreten werden. Dann dauert es anstatt der 10 Jahre eben 15 oder 20 Jahre bis Sie die in den Berechnungen gezeigten Ergebnisse erzielen werden. So what? Unterdessen können Sie sich ja mit anständigen Mieteinnahmen trösten, denen ohnehin unser vorrangiges Anlegerinteresse gehört.

In jedem Fall lag die vom Statistischen Bundesamt seit den 60er-Jahren erfasste Preissteigerung bei Wohngebäuden, wie weiter vorn schon erwähnt, im schlechtesten Jahrzehnt bei rund 16%. Im besten Jahrzehnt waren es über 90%. Die gesamte Preissteigerung zwischen 1962 und 2013 betrug rund 580%. Und dabei geht es um reine Durchschnittswerte. Das heißt, dass auch die allerschlechtesten Immobilien hier mit einbezogen wurden. **Ihr Ziel sollte es natürlich sein, Immobilien zu kaufen, die das Potenzial haben, sich ein gutes Stück besser als der statistische Durchschnitt zu entwickeln. Dieses Buch möchte Ihnen die Kenntnisse vermitteln, die sie benötigen, um solche besseren Immobilien zu erwerben.**

Wenn Sie einen Betrag von 200.000€ in einer guten Immobilie anlegen und dann nach 10, 15 oder 20 Jahren durch Nachbeleihung 300.000€ in bar zurückerhalten, plus ein monatliches Zusatzeinkommen von rund 1.250€ (→#63), dann ist das viel mehr als die Mehrheit der Anleger mit anderweitig investiertem Kapital jemals erreichen wird.

Weder auf dem Sparkonto noch mit einer Lebensversicherung oder mit Aktien werden Sie ähnlich zuverlässig derart gute Ergebnisse erzielen. Gerade auf lange Sicht und in Verbindung mit einer Nachbeleihung wirkt sich der Hebeleffekt bei soliden Immobilien besonders kräftig aus.

#67 PS: In Deutschland tun sich manche Banken schwer damit, einen Nachschlag auf Kredite zu geben, die 10, 15, 20 Jahre lang durch Tilgung ein erhebliches Stück zurückgeführt wurden. Die Gründe hinter diesen Bedenken muss man nicht verstehen, besonders nicht, wenn die Mieteinnahmen und der Immobilienwert zwischenzeitlich gestiegen sind, was bei ordentlichen Immobilien der Normalfall wäre.

Falls sich Ihre Bank also mit einer Nachbeleihung schwertun sollte, fragen Sie einfach bei anderen Instituten nach einer neuen Finanzierung, deren Beleihungsvolumen sich auf den höheren Marktwert stützt, welcher sich aus den gestiegenen Mieteinnahmen ergibt.

ZUSAMMENFASSUNG VIERTE TRUMPFKARTE

NUR BEI IMMOBILIEN KANN MAN WERTSTEIGERUNG IN BARGELD VERWANDELN, OHNE SEIN BESTES PFERD VERKAUFEN ZU MÜSSEN .

Wenn Sie mit 200.000€ Eigenkapital für 200.000€ Aktien kaufen, müssen Sie diese verkaufen, um einen gestiegenen Börsenkurs in Bargeld zu verwandeln. 50% Wertzuwachs entsprechen 100.000€. Durch den Verkauf entgehen Ihnen alle zukünftigen Dividenden sowie Wertsteigerungschancen der Aktie. Schade, falls die Aktie auch in Zukunft gut läuft.

Wenn Sie mit 200.000€ Eigenkapital und mit 600.000€ von Ihrer Bank eine Immobilie für 800.000€ kaufen, müssen Sie diese nicht verkaufen, um einen gestiegenen Objektwert in Bargeld zu verwandeln. Sie können die Immobilie nachbeleihen, sobald die erste Finanzierungsperiode von 10, 15 oder 20 Jahren abgelaufen ist. 50% Wertzuwachs entsprechen 400.000€ und somit dem Doppelten Ihres Eigenkapitals.

Selbst wenn Ihre Bank sehr vorsichtig ist und Ihnen im Rahmen einer Nachbeleihung nur die Hälfte des Wertzuwachses von 400.000€ als Nachschlag gibt, haben Sie anschließend Ihr komplettes Eigenkapital in Höhe von 200.000€ wieder zurück plus einen Zusatzbetrag in Höhe der bis dahin geleisteten Tilgung. Die Eigenkapital-Rendite geht ab diesem Moment gegen unendlich, denn Sie erzielen weiterhin ein ansehnliches monatliches Zusatzeinkommen aus Mieteinnahmen, ohne dass Sie überhaupt noch Eigenkapital einsetzen müssen. →#63

Darüber hinaus bleibt Ihnen im Rahmen der Nachbeleihung die Immobilie mit sämtlichen zukünftigen Wertsteigerungspontenzialen erhalten.

Alle Beträge, die Sie im Rahmen einer Nachbeleihung erhalten, stehen zu Ihrer freien Verfügung und unterliegen selbstverständlich keiner Versteuerung.

J

DIE JOKER

#69

STEUERVORTEILE BEGÜNSTIGEN IMMOBILIEN IN VIELERLEI HINSICHT. DOCH AUSGERECHNET DER AM WENIGSTEN BEACHTETE STEUERLICHE EFFEKT VERSCHAFFT DER IMMOBILIE EINEN GIGANTISCHEN STARTVORTEIL. GLEICHSAM ABER GILT: KEIN STEUERVORTEIL IST SO GROSS, DASS ER AUS EINER SCHLECHTEN IMMOBILIE EINE GUTE MACHT!

DAS GROSSE UND GANZE ZUM THEMA IMMOBILIEN UND STEUERN

In diesem Abschnitt stelle ich Ihnen die aus meiner Sicht interessantesten Highlights in Sachen Immobilien und Steuern vor. Da ich kein Steuerfachmann bin, möchte ich mir aber keineswegs anmaßen, Ihnen hier sämtliche legalen Möglichkeiten der steuerlichen Gestaltung vermitteln zu können. Immobilien und Steuern sind ein hochspezielles Thema, das allein schon in der Lage ist, meterdicke Wälzer zu füllen.

Um vernünftig mit Immobilien umgehen zu können, reicht es allerdings völlig aus, wenn Sie sich in Steuerfragen einen Überblick über das Große und Ganze verschaffen. Alles Weitere können Sie Ihrem Steuerberater überlassen - einem wichtigen Mitglied Ihres *Phase-1-Teams*. Er behält die sich ständig ändernde Steuergesetzgebung im Auge, sowie die dazugehörige, ausufernde Rechtsprechung.

Sie selbst können sich somit auf Ihre eigentlichen Aufgaben konzentrieren. Die wichtigste von allen: das Suchen und Finden der richtigen Immobilie(n). Sofern Sie ein schwaches Objekt erwerben, werden auch Steuervorteile Sie nicht vor den negativen Folgen bewahren.

KEIN STEUERVORTEIL IST SO GROSS, DASS ER AUS EINER **SCHLECHTEN IMMOBILIE** **EINE GUTE MACHT**

Wenn es um das Steuersparen in Verbindung mit Immobilien geht, denken die meisten Leute zu allererst an steuerliche Abschreibungsmöglichkeiten, an die lineare AfA auf den Gebäudewert, an die phänomenale frühere Sonder-AfA-Ost, an die Denkmal-AfA usw.

AfA bedeutet *Absetzung für Abnutzung*, allgemein auch als *Abschreibung* bezeichnet. Gewiss tragen die verschiedenen Varianten der AfA dazu bei, die Wirtschaftlichkeit von Immobilien zu optimieren.

Trotzdem gilt das eben Gesagte: Steuerliche Vorteile allein machen aus einer schlechten Anlage keine gute! Wenn Ihnen jemand eine Immobilie verkaufen möchte, die sich nur aufgrund von Steuervorteilen irgendwie rechnet, dann lassen Sie lieber die Finger davon.

Gute Anlageimmobilien rechnen sich ganz ohne Steuervorteile, allein wegen ihrer laufenden Einnahmen sowie durch die im Laufe der Jahre regelmäßig hinzukommende Wertsteigerung.

Steuervorteile kommen und gehen wie die Politiker, von denen sie gemacht werden. Lassen Sie sich bitte nie von vermeintlich tollen Steuergeschenken blenden. Wo diese vom Staat angeboten werden, bilden sich häufig in rascher Folge überhöhte Kaufpreise heraus, weil massenhaft Anleger sich auf die geförderten Immobilien stürzen.

Die ehemalige Sonder-AfA-Ost ist ein Paradebeispiel dafür, wie staatliche Subventionen Immobilienmärkte zunächst in den Himmel heben und dann abstürzen lassen. Extrem verkürzte steuerliche Abschreibungszeiträume führten nach der Wende zu einer riesigen Nachfrage nach Wohnbauobjekten in den neuen Bundesländern und West-Berlin. Daraufhin stiegen die Kaufpreise in völlig unvernünftige Höhen und da die Anbieter sogar zu überhöhten Preisen immer noch weitere Wohnungen verkaufen konnten, wurden viel zu viele davon produziert.

Aus Sicht der Mieter entstand ein geniales Überangebot an Mietflächen. In Folge dessen musste eine Vielzahl der Anleger schon bald enttäuscht feststellen, dass die versprochenen hohen Mieteinnahmen nicht zu erzielen waren. Das Mietpreisniveau ist damals drastisch zusammengebrochen. Ein erheblicher Teil der neuen Wohnungen stand gleich nach der Fertigstellung leer. Aus diesem Grund verloren Wohnungen in den neuen Bundesländern und West-Berlin rasch an Wert und es kam zu panikartigen Notverkäufen.

Sodann hatte die Stunde der besonnenen Immobilienkäufer geschlagen. Die Stunde derer, die nicht mit dem Strom schwimmen, sondern antizyklisch handeln.

Natürlich freuen wir alle uns über steuerliche Anreize in Form von Abschreibung und nehmen diese gerne in Anspruch. Nur sollte die AfA eben niemals Auslöser einer Investition zu einem unvernünftigen Kaufpreis sein. Bei Anlagen, die an sich schon rentabel sind, stellt die AfA ein willkommenes Zubrot dar. Nicht mehr und nicht weniger.
Wir kommen gleich noch einmal auf das Thema AfA zurück.

Zunächst aber wenden wir uns einigen mächtigeren Steuer-Jokern zu. Mit dem mächtigsten unter ihnen wollen wir beginnen. In wirtschaftlicher Hinsicht ist er viel lukrativer als jede Form der Steuerabschreibung. Allerdings kommt seine kraftvolle Wirkung ausschließlich bei gut *beleihbaren* Anlagen in Verbindung mit den Segnungen des Hebeleffektes zur Entfaltung.

In der Ersten Trumpfkarte hatten wir den Umstand bereits genau betrachtet, dass Immobilien die einzige Anlageform sind, der die Banken in so hohem Maße vertrauen, dass sie auch Privatanlegern viel Geld zu guten Konditionen darauf leihen. Allein die gute Beleihbarkeit ermöglicht die Erzielung eines positiven Hebeleffektes. Dieser gilt als Dreh- und Angelpunkt jeder erfolgreichen Strategie, die sich mit Immobilien befasst.

Den Superjoker, den wir nun zuerst betrachten wollen, bekommt man gleich am Tage des Immobilienkaufs eher beiläufig mitgeliefert, ohne sich überhaupt darum bemühen zu müssen. Es geht um einen steuerlichen Vorteil, der sich so selbstverständlich ergibt, dass ihn kaum jemand bewusst zur Kenntnis nimmt. Umso größer ist die Verblüffung, wenn man genauer untersucht, welche enormen finanziellen Auswirkungen er mit sich bringt.

DER SUPERJOKER: GELD AUS IMMOBILIENDARLEHEN ERHALTEN SIE STEUERFREI

#70

Hmm, das klingt nicht gerade wie eine Erleuchtung?! Ist doch wohl logisch, dass man keine Steuern auf Geld, das man sich lediglich ausleiht, bezahlen muss. Und überhaupt: Warum soll das nur für Darlehen auf Immobilien gelten? Bedeutet das im Umkehrschluss, dass Geld aus Darlehen für andere Kapitalanlagen versteuert werden muss?

Nein, natürlich nicht. Kreditbeträge, für welche Zwecke auch immer man sie erhält, unterliegen niemals einer Besteuerung. **Das gilt selbstverständlich auch für Kredite auf Finanzmarktprodukte wie Aktien, Anleihen, Fonds und dergleichen. Der Haken dabei ist nur: Auf Finanzmarktprodukte dieser Art werden Sie als Privatanleger überhaupt kein Darlehen zu so günstigen Konditionen bekommen, dass ein positiver Hebeleffekt erzielbar wäre.** Im Vergleich zu Immobiliendarlehen wären die Zinssätze hier nämlich viel höher und der Beleihungsumfang deutlich geringer.

Einzig Immobilienanleger genießen den Riesenvorteil, für ihre Investitionen wirklich große Geldbeträge als Fremdkapital in die Hände zu bekommen und *natürlich* müssen Sie diese Kreditgelder nicht in der Art von Einnahmen versteuern. Alle anderen Kapitalanlagen müssen hingegen in voller Höhe mit Eigenkapital bezahlt werden, welches im Regelfall aus Einkommen stammt, das vorher mühsam erarbeitet und dann versteuert werden muss.

Okay, dennoch klingt die Botschaft irgendwie banal, dass Geld, welches Sie sich nur ausleihen nicht versteuert werden muss.

Ja, das stimmt. Und genau deshalb, weil die Steuerfreiheit von Darlehensbeträgen so selbstverständlich und banal erscheint, werden die damit verbundenen immensen finanziellen Vorteile nur selten in voller Tragweite bewusst wahrgenommen, geschweige denn angemessen gewürdigt. Dabei ist das Ausmaß dieser Vorteile mitnichten banal, sondern ziemlich gigantisch. Im Vergleich dazu schrumpfen die Steuervorteile jeder Variante der Abschreibung (AfA) auf ein ziemlich unbedeutendes Format.

Auf vernünftige Immobilien bekommt man üblicherweise Bankendarlehen von 70% bis 80% der Gesamtinvestition. Das heißt: Der größte Teil des Kaufpreises einer Immobilie wird mit Geld bezahlt, das man weder erarbeiten noch versteuern muss.

Im Gegensatz dazu müssen Sie jeden einzelnen Euro, den Sie in eine unbeliehene Immobilie stecken, egal, ob Anlageimmobilie oder Eigenheim, vorher in vollem Umfang verdienen und versteuern.

Übrigens gilt dieses Prinzip sinngemäß auch für Mieterhöhungen, die man als Mieter regelmäßig hinzunehmen hat: Wenn sich die Wohnungsmiete beispielsweise in 10 Jahren um 200€ von 600€ auf 800€ erhöht, muss der Mieter dafür, je nach Steuersatz, bis zu 400€ mehr verdienen. Miete muss man aus versteuertem Geld bezahlen. Für einen Eigenheimkäufer, der auf 15 oder 20 Jahre finanziert hat, ändert sich die finanzielle Belastung über die gesamte Zeit nicht.

Man muss nicht Steuerrecht studiert haben, um diese schlichten Grundsätze nachvollziehen zu können. Trotzdem würde ich darauf wetten, dass kein Experte der Anlageberatung Sie jemals auf den enormen finanziellen Effekt hingewiesen hat, der sich aus der Steuerfreiheit von Darlehensgeldern ergibt. Genauso wenig dürfte Ihnen jemals ein Berater den Hebeleffekt erklärt haben.

Weshalb nicht? Weil die Renditesteigerung, die sich aus dem Hebeleffekt und der Steuerfreiheit von Darlehensbeträgen ergibt, nur bei *beleihbaren* Kapitalanlagen erzielbar ist. Die gängigen Kapitalmarktprodukte, welche Ihnen die Mehrheit der Finanzberater so gerne anbietet, sind aber allesamt nicht zu sinnvollen Konditionen beleihbar. Deshalb lassen die meisten Berater in ihren Anlagevergleichen lieber gleich alle Alternativen *ohne* Beleihung gegeneinander antreten.

Nur weil für die Konkurrenten der Immobilie keine Darlehen zu sinnvollen Konditionen zu bekommen sind, hält man es für korrekt, im direkten Vergleich von Kapitalanlagen auch die Immobilie *ohne* Finanzierung an den Start zu bringen. Aber NEIN, das ist keineswegs korrekt!

KREDIT VERLEIHT DER RENDITE FLÜÜÜÜGEL!

In einem Anlagenvergleich die Wirkung des Hebeleffektes auf die Rendite der Immobilie zu unterschlagen, ist so, als ob man einen Adler mit gestutzten Flügeln ins Rennen schickt.

Es ist einzig und allein das Problem der anderen Anlagen, dass sie nicht günstig beliehen werden können! Und es ist ein mächtiger Trumpf der Immobilie, dass die Banken ihr das Geld hinterher tragen. Und weil das so ist, muss man diesen Trumpf im Rahmen eines Kapitalanlagenvergleichs unbedingt auch ins Spiel bringen!

Bei Finanzmarktprodukten ist es der Normalfall, dass Sie als Privatanleger keinen Kredit darauf bekommen. Im Hinblick auf die Immobilie setzt der Normallfall freilich eine Beleihung geradezu voraus. Eine Immobilie ohne Beleihung stellt ein gänzlich unfertiges Anlagekonzept dar. Die Immobilie als Kapitalanlage ist durch und durch auf Beleihung ausgerichtet.

Trotzdem tut eine Vielzahl von Finanzberatern in unlauteren Anlagenvergleichen kalkulatorisch so, als ob *alle* Kapitalanlagen ausschließlich mit reinem Eigenkapital bezahlt würden. Die Vorteile der Beleihung und des Hebeleffektes werden einfach unterschlagen.

EIGENKAPITAL IST DAS TEUERSTE KAPITAL!

Gehen Sie sehr bedacht damit um. Um 1€ Eigenkapital einsetzen zu können, müssen Sie vorher bis zu 2€ verdienen und versteuern. Abhängig von Ihrem persönlichen Steuersatz, bleiben von jedem Euro Ihres Einkommens nach Steuern nur 70, 60 oder 50 Cent als Eigenkapital für Investitionen übrig.

Das heißt, je größer der Eigenkapitalanteil ist, den Sie für eine bestimmte Investition in eine Kapitalanlage benötigen und je höher Ihr persönlicher Steuersatz ist, umso länger müssen Sie zunächst arbeiten und warten, bevor sie überhaupt investieren können.

Je mehr Geld Sie beim Kauf einer Kapitalanlage geliehen bekommen

- **umso weniger Eigenkapital benötigen Sie,**
- **umso weniger Geld müssen Sie vorher erarbeiten,**
- **umso weniger Steuern müssen Sie vorher bezahlen,**
- **umso früher können Sie investieren,**
- **umso stärker wirkt der renditesteigernde Hebeleffekt.**

Die immensen finanziellen Auswirkungen dieser einfachen Erkenntnisse schauen wir uns nun anhand konkreter Zahlen an.

Nehmen wir einmal an, eine unbeliehene Anlage und eine beliehene Immobilie mit jeweils 200.000€ Gesamtkaufpreis verdoppeln ihren Wert. Der Wertgewinn beträgt somit 200.000€ und führt in beiden Fällen zu einer Rendite von 100% bezogen auf die Gesamtinvestition. Bezogen auf das im Vorfeld der Investition zu erwirtschaftende und zu versteuernde Einkommen, sieht die Rechnung jedoch völlig anders aus:

RENDITE AUS WERTSTEIGERUNG #71

KAPITALANLAGE OHNE BELEIHUNG; WERTZUWACHS 100%

erforderliches Einkommen vor Steuern:	**400.000€**
Abzug Steuern und Abgaben, bis ca. 50%:	200.000€
Eigenkapital = Kaufpreis Kapitalanlage:	**200.000€**
neuer Wert nach 100% Wertzuwachs:	400.000€
Gewinn:	**200.000€**
Gewinn bezogen auf das Eigenkapital:	**100%**
Gewinn bezogen auf zu versteuerndes Einkommen:	**50%**

Der Anleger muss 400.000€ verdienen und versteuern, um aus 200.000€ Eigenkapital dann 200.000€ Gewinn zu erzielen.

RENDITE AUS WERTSTEIGERUNG #72

IMMOBILIE MIT BELEIHUNG; WERTZUWACHS 100%

erforderliches Einkommen vor Steuern:	**100.000€**
Abzug Steuern und Abgaben, bis ca. 50%:	50.000€
Eigenkapital für Immobilienkauf:	**50.000€**
Darlehen (Fremdkapital):	150.000€
Kaufpreis brutto, inkl. Nebenkosten:	**200.000€**
neuer Wert nach 100% Wertzuwachs:	400.000€
Gewinn:	**200.000€**
Gewinn bezogen auf das Eigenkapital:	**400%**
Gewinn bezogen auf zu versteuerndes Einkommen:	**200%**

Der Immobilienanleger muss nur 100.000€ verdienen und versteuern, um aus 50.000€ Eigenkapital dann 200.000€ Gewinn zu erzielen; das heißt, der Erwerber der Immobilie muss im Vorfeld seiner Investition 300.000€ weniger Einkommen erarbeiten als der Käufer der nicht beleihbaren Anlage.

Um 200.000€ in Aktien, Anleihen
oder andere nicht sinnvoll beleihbare Anlagen
investieren zu können, müssen Sie vorher bis zu
400.000€ erarbeiten und versteuern.

Um 200.000€ in eine Immobilie investieren zu
können, mit 150.000€ von der Bank und 50.000€
Eigenkapital, müssen Sie vorher nur bis zu
100.000€ erarbeiten und versteuern.

IN BEIDEN FÄLLEN VERFÜGEN SIE ÜBER DIE GEWINNCHANCEN EINER KAPITALANLAGE IM WERT VON 200.000€, ABER IM FALL DER NICHT BELEIHBAREN ANLAGE MÜSSEN SIE IM VORFELD 300.000€ MEHR VERDIENEN!

ZINSEN AUF IMMOBILIENDARLEHEN KÖNNEN SIE VOLL VON DER STEUER ABSETZEN

#73

Seit Jahren liegen die Zinssätze für die Beleihung ordentlicher Wohnimmobilien, je nach Darlehenslaufzeit, bei supergünstigen 1,5% bis 2,5%. Dies allein stellt schon einen Riesenvorteil für Sie als Immobilienanleger dar.

Doch nun kommt noch ein weiterer Steuer-Joker zugunsten der Immobilie ins Spiel: Zinsen auf Kredite für Anlageimmobilien können Sie im vollem Umfang, das heißt zu 100% von der Steuer absetzen.

Wenn Sie aus den laufenden Einnahmen einer Anlageimmobilie beispielsweise einen Gewinn von 10.000€ pro Jahr erzielen und 3.000€ Zinsen bezahlen müssen, dann können Sie die Zinsen in voller Höhe mit dem Gewinn verrechnen. Insofern unterliegt nur ein Betrag von 7.000€ der Versteuerung.

Im Gegensatz dazu ist die steuerliche Absetzbarkeit von Kreditzinsen in Verbindung mit Finanzmarktprodukten wie Aktien, Anleihen, Fonds für private Anleger seit 2009 nicht mehr möglich.

Zwar ist die Beleihung solcher Anlagen, wie bereits angesprochen, für private Anleger ohnehin nicht sinnvoll, weil die Banken zu wenig Vertrauen in diese Anlagen haben. Die Kreditinstitute würden deshalb hohe variable Zinssätze verlangen und nur einen geringen Beleihungsumfang akzeptieren. Ein nennenswerter Hebeleffekt wäre somit nicht erzielbar und eine Beleihung wäre wirtschaftlich unsinnig.

Doch *selbst wenn* Sie ausnahmsweise auf Aktien ein Darlehen bekämen, könnten Sie die Zinsen eben nicht von der Steuer absetzen.

Nicht nur, dass Immobilien die einzige Form der Kapitalanlage sind, auf die Sie hohe Darlehen zu konkurrenzlos niedrigen Zinsen bekommen,

IM FALLE VON ANLAGEIMMOBILIEN KÖNNEN SIE DIESE MINIZINSEN AUCH NOCH ZU 100% VON DER STEUER ABSETZEN

% % % % % % % % % % %

AUCH DAS GELD FÜR DIE TILGUNG ERHALTEN SIE DANK DER LINEAREN AFA WEITGEHEND STEUERFREI

#74

Als privater Immobilienanleger können Sie jedes Jahr einen bestimmten Anteil der Gebäude-Anschaffungskosten von der Steuer *absetzen*, das heißt mit Ihren Gewinnen verrechnen. Die Basisvariante der AfA (*Absetzung für Abnutzung*), die Sie bei jeder Anlageimmobilie in Anspruch nehmen dürfen, ist die sogenannte *lineare* AfA. Sie beträgt linear gleichbleibend 2% der Anschaffungskosten des Gebäudes pro Jahr. Bei Altbauten, die vor 1925 errichtet wurden sind es sogar 2,5%. Das heißt, 50 bzw. 40 Jahre nach dem Kauf sind die Gebäude-Anschaffungskosten einer Immobilie zu 100% abgeschrieben.

Die übliche Tilgungssumme, die Sie als Bankkunde auf einen Immobilienkredit leisten müssen, liegt in der Regel ebenfalls bei 2% p.a. Ein Tilgungsplan, den die Bank Ihnen auferlegt, bewirkt im Grunde denselben Effekt wie ein Ratensparplan. Als Sparer erhöhen Sie mit jeder monatlichen Sparrate Ihr Guthaben auf einem Sparkonto. Als Immobilienbesitzer verringern Sie mit jeder monatlichen Tilgungsrate den Schuldenstand auf Ihrem Darlehenskonto. **Jeder Euro, den Sie für Tilgung aufwenden, ist und bleibt IHR Geld, denn jeder Euro, um den Ihre Schulden schrumpfen, erhöht unmittelbar Ihr Netto-Vermögen.** Monat für Monat wächst jener Anteil an der Immobilie, der Ihnen ganz alleine gehört. Tilgen und Sparen sind zwei Worte für ein und dieselbe Sache: Beides dient unmittelbar dem Vermögensaufbau.

Normalerweise müssen Sie alle Summen, die Ihrem Vermögensaufbau dienen aus versteuertem Geld aufbringen. Bevor Sie 500€ auf ein Sparbuch einzahlen können, müssen Sie bis zu 1.000€ verdienen und bis zu 500€ an Abgaben und Steuern abführen, je nach persönlichem Steuersatz.

Grundsätzlich gilt dasselbe Prinzip für Tilgungsleistungen auf Immobiliendarlehen. Eigentlich müssten Sie, um 500€ Schulden tilgen zu können, auch hier erst einmal bis zu 1.000€ Mietgewinne erzielen und darauf bis zu 500€ Steuern bezahlen. Aber an dieser Stelle hilft Ihnen die lineare AfA. Der damit verbundene Steuerspareffekt ermöglicht es Ihnen, die Steuerzahlung auf den Tilgungsbetrag abzuwenden oder, besser gesagt, zu kompensieren. Dies lässt sich gut nachvollziehen, indem wir die Beispielrechnung C →#11 fortschreiben, die wir bereits aus der *Ersten Trumpfkarte* kennen.

#75

RENDITE AUS CASHFLOW / IMMOBILIE MIT BELEIHUNG
Fortschreibung Beispielrechnung C aus *Erste Trumpfkarte* →#11

Kaufpreis Immobilie, netto, 17-fache Jahresmiete, *Renditekategorie 3 „noch okay"* →#121:	714.000€
Kaufnebenkosten 12%:	86.000€
Kaufpreis brutto, einschl. NK / Gesamtinvestition:	**800.000€**
davon Eigenkapital / EK (25% der Gesamtinvestition):	200.000€
davon Darlehen (75% der Gesamtinvestition):	600.000€
BASISWERT FÜR LINEARE ABSCHREIBUNG (AFA) / Gebäude-Anschaffungskosten *ohne* Grundstück:	**ca. 600.000€**
(die Gebäude-Anschaffungskosten liegen i.d.R. bei 60 bis 80% der Gesamtinvestition; hier zugrunde gelegte Annahme: 75%;)	
Ist-Mieteinnahme netto-kalt, p.a.:	42.000€
Abzug der nicht auf die Miete umlegbaren Kosten →#G14, ca. 25%:	10.000€
NETTO-REINERTRAG vor Zinsen vor Steuern, p.a.:	**32.000€**
Abzug Zinsen, 2,5% aus 600.000€ Darlehen (Zinsbindung 15 Jahre):	15.000€
Jahresüberschuss JÜ / Gewinn nach Zinsen vor Steuern, p.a.:	**17.000€**
EIGENKAPITAL-RENDITE nach Zinsen vor Steuern, p.a. =Jahresüberschuss : 1% des Eigenkapitals:	**8,50%**
STEUERLICHE BETRACHTUNG (nicht liquiditätswirksam):	
Abzug AfA, 2% aus 600.000€ Gebäude-Anschaffungskosten:	12.000€
zu versteuernder Gewinn = JÜ 17.000€ - AfA 12.000€:	**5.000€**
darauf fällige Steuern und Abgaben maximal ca. 50%:	2.500€
LIQUIDITÄTS-BETRACHTUNG:	
Jahresüberschuss / Gewinn nach Zinsen vor Steuern (s. o.):	17.000€
Abzug Steuern (siehe oben), maximal:	2.500€
Jahresüberschuss / Gewinn nach Zinsen nach Steuern p.a.:	**14.500€**
EIGENKAPITAL-RENDITE nach Zinsen nach Steuern, p.a.:	**7,25%**
Abzug anfängliche Tilgung, 2% aus 600.000€ Darlehen:	12.000€
frei verfügbare Liquidität nach Zinsen, Steuern, Tilgung p.a.:	**2.500€**
liquide Eigenkapital-Rendite (→#G31) = freie Liquidität : 1% des EK:	1,25%
(ggf. kommt noch Rendite aus Wertsteigerung hinzu)	

Wie schon in der *Ersten Trumpfkarte* erwähnt, ist die Immobilie aus Beispielrechnung C nicht besonders ertragsstark. Was aber gerade anhand dieses Beispiels gezeigt werden soll, ist, dass sogar eine weniger starke Immobilie der *Renditekategorie 3 „noch okay“* (→#121) dank Beleihung und Hebeleffekt ordentliche Ergebnisse liefern kann.

Immerhin werden sämtliche Zinsen plus Ihr Vermögensaufbau (Schuldenabbau) durch Tilgung gleich im ersten Jahr vollständig aus den Mieteinnahmen der Immobilie bezahlt und es bleibt sogar schon etwas freie Liquidität in bar für Sie übrig.

Lassen Sie uns die Tabelle noch etwas genauer betrachten:
Die Tilgungsleistung (Ihr Vermögensaufbau!) beträgt anfänglich 2% der Darlehenssumme von 600.000€ und somit 12.000 €.

Der ermittelte Jahresüberschuss / Gewinn Ihrer Immobilie liegt bei 17.000€ vor Steuern. Müsste dieser Gewinn *voll* versteuert werden, fielen bis zu 8.500€ Steuern an, bei Maximalsatz für Steuern und Abgaben von ca. 50%. In diesem Fall würde die verbleibende Restliquidität von ebenfalls ca. 8.500€ nicht einmal ausreichen, um die 12.000€ fällige Tilgungsleistung voll erbringen zu können. Doch zum Glück gibt es die *lineare AfA*.

Von den 17.000€ Jahresüberschuss der Immobilie dürfen Sie zunächst nämlich 12.000€ AfA abziehen (2% der Gebäude-Anschaffungskosten). Ihr steuerlicher Gewinn beträgt somit nur 5.000€. **Obwohl Sie eigentlich 17.000€ liquiden Gewinn auf Ihrem Konto haben, müssen Sie davon lediglich 5.000€ versteuern.**

Jene 12.000€ des Jahresüberschusses, die dank der AfA steuerfrei bleiben, stehen Ihnen somit in voller Höhe für die Schuldentilgung zur Verfügung, die ebenfalls ca. 12.000€ ausmacht.

In Wirklichkeit sind die anfänglichen AfA- und Tilgungsbeträge natürlich nie so *exakt* deckungsgleich wie in unserem Beispiel. Aber bei durchschnittlichen Anlageimmobilien liegen sie regelmäßig sehr eng beieinander. Mal ist die Tilgung etwas höher als die AfA, mal ist es umgekehrt. Die Abweichung ist im Normalfall ziemlich gering.

Bei der AfA gilt es zu beachten, dass sich diese immer nur auf die reinen *Anschaffungskosten des Gebäudes* bezieht. Der Wert des *Grund und Bodens* unterliegt logischerweise keiner Abschreibung, da sich Grundstücke nicht abnutzen. **Die Gebäude-Anschaffungskosten kann man überschlägig ermitteln, indem man von der Gesamtinvestition den Wert des Grundstückes abzieht.** Der steuerlich ansetzbare Grundstückswert pro Quadratmeter ist meist den Bodenrichtwert-Tabellen der Städte und Gemeinden zu entnehmen.

Im Durchschnitt dürften die Anschaffungskosten üblicher Gebäude rund 60% bis 80% der Gesamtinvestition ausmachen. Dasselbe gilt für die gängigen Darlehensvolumen, auch diese liegen meist bei 60% bis 80% der Gesamtinvestition. Ebenso dicht beieinander liegen die Prozentsätze der AfA (2% bis 2,5% der Gebäude-Anschaffungskosten) und der Tilgung (2% des Darlehens).

Daraus ergibt sich der bereits angesprochene Umstand, dass der eigentlich zu versteuernde Tilgungsbetrag durch einen in etwa gleich hohen AfA-Betrag kompensiert wird. Das ist auch der Grund, warum Sie Ihren Vermögensaufbau in Form von Tilgung (Schuldenabbau) weitgehend steuerfrei bekommen.

Noch einmal kurz zurück zum konkreten Beispielobjekt aus der Tabelle: Nachdem Sie mit 2.500€ alle Steuern bezahlt und Ihr Vermögen durch die Tilgungsleistung um 12.000€ erhöht haben, stehen Ihnen anfänglich weitere 2.500€ als Bargeld pro Jahr zur freien Verfügung. Das entspricht 1,25% bezogen auf Ihr Eigenkapital und ist nicht gerade viel freie Liquidität, aber in jedem Fall schon mehr, als Sie derzeit auf den meisten Sparkonten an Zinsen bekämen. Und dies, obwohl für das Beispielobjekt, wie erwähnt, eine eher mäßige Ertragskraft gewählt wurde. Auch bei Objekten dieser Renditekategorie wird mit jedem zukünftigen Anstieg der Mieteinnahmen die frei verfügbare Liquidität erheblich anwachsen, während der Kapitaldienst (Zins und Tilgung) im Rahmen einer langfristigen Finanzierung über 15 bis 20 Jahre unverändert niedrig bleiben wird.

An sich empfehle ich vorzugsweise Immobilien, die sich bereits ab dem Tag des Ankaufs deutlich ertragsstärker darstellen. Aber es ist allemal gut, zu sehen, wie auch schon Objekte ganz ordentlich funktionieren, deren Kaufpreis immerhin das 17-fache der Jahresmiete beträgt.

DENKMAL-AFA: 100% IN 12 JAHREN #76

Wenn es um Denkmalimmobilien geht, gelten deutlich verkürzte Abschreibungszeiträume. Als Kapitalanleger können Sie schon in den ersten 8 Jahren jeweils 9% und in den 4 Folgejahren dann je 7% der *Sanierungskosten* steuerlich geltend machen. Nach 12 Jahren sind somit volle 100% der Sanierungskosten abgeschrieben. Diese machen bei Denkmälern, wegen des größeren Bauaufwandes, meist einen erheblichen Teil der Gesamtinvestition aus.

Zusätzlich können Sie noch die erworbene Gebäudesubstanz (Anschaffungskosten des Gebäudes) über die lineare AfA abschreiben, also 2% pro Jahr, bzw. 2,5% bei Baujahren vor 1925.

Das hört sich soweit gut an. Allerdings sind die Kaufpreise von Denkmalobjekten meist von vorn herein höher. Zum einen wegen der höheren Sanierungskosten, zum anderen wegen der besonderen Abschreibungsmöglichkeiten. Oft ist es so, dass Sie das, was Sie in den ersten 12 Jahren durch die höhere Abschreibung an Steuern sparen, schon zum Zeitpunkt des Ankaufs drauflegen. Zudem fallen bei denkmalgeschützten Immobilien in der Regel höhere Instandhaltungskosten an. Das soll nicht heißen, dass es nicht toll ist, ein schönes Baudenkmal zu besitzen, selbst wenn es sich am Ende, trotz verheißungsvoller Denkmal-AfA, nicht besser rechnet als andere Immobilien. Es ist allemal schon okay, wenn unterm Strich ein etwa gleich gutes wirtschaftliches Ergebnis herauskommt, wie bei einem Nicht-Denkmal.

Eine Klarstellung: Bei einer Denkmalimmobilie können Sie nicht *mehr*, sondern lediglich *schneller* steuerlich abschreiben. Der eigentliche Vorteil der Denkmal-AfA kommt Ihnen in den ersten 12 Jahren ab dem Zeitpunkt des Kaufs zugute. Insgesamt betrachtet, schreiben Sie aber bei *allen* Immobilien die vollen 100% der Gebäude-Anschaffungskosten ab. Bei Nichtdenkmälern dauert es nur länger.

Eine Grundvoraussetzung für die Inanspruchnahme der höheren Denkmal-AfA innerhalb der ersten 12 Jahre nach dem Ankauf muss natürlich gegeben sein: Ihr Einkommen muss in diesem Zeitraum hoch genug sein, um den Steuervorteil überhaupt voll nutzen zu können. Nur wer Steuern zahlen müsste, kann auch welche sparen.

#77 STEUERFREIER VERKAUF VON ANLAGEIMMOBILIEN NACH ABLAUF DER SPEKULATIONSFRIST

Wenngleich ich nicht müde werde zu wiederholen, dass man eine gute Anlageimmobilie am besten nie verkauft, sondern nachbeleiht (→#56), mag es doch immer wieder Ausnahmegründe für einen Verkauf geben.

Das Finanzamt interessiert sich für den Verkauf Ihrer Immobilie allerdings nur, wenn seit dem Kauf noch keine 10 Jahre vergangen sind. Sobald diese sogenannte *Spekulationsfrist* um mindestens einen Tag überschritten wird, ist die Steuerfreiheit erreicht. Der 10-Jahreszeitraum beginnt mit dem Tag zu laufen, an dem der notarielle Kaufvertrag rechtsgültig abgeschlossen wird. Falls Sie eine Immobilie vererben oder verschenken, beginnt der 10-Jahres-Zeitraum übrigens nicht wieder neu zu laufen. Die bereits abgelaufene Zeit wird auch Ihrem Nachfolger angerechnet.

Sofern Sie eine Immobilie noch innerhalb der Spekulationsfrist verkaufen, also vor dem Ablauf von 10 Jahren, müssen Sie den Gewinn zu Ihrem persönlichen Steuersatz versteuern.

#78 STEUERFREIER VERKAUF PRIVAT GENUTZTER IMMOBILIEN

Der Verkauf einer Immobilie, die Sie ab dem Zeitpunkt des Ankaufs selbst genutzt haben, ist generell steuerfrei, auch innerhalb der Spekulationsfrist. Dasselbe gilt, wenn Sie eine Immobilie mindestens in den beiden Jahren vor dem Verkauf privat als Wohnsitz genutzt haben, selbst wenn diese Immobilie Ihnen zuvor als fremdvermietete Kapitalanlage gedient hat.

Sofern Sie ein ganzes Mehrfamilienhaus besitzen, in dem Sie nur eine Wohnung selbst bewohnen, gilt für den Verkauf dieser Wohnung innerhalb der Spekulationsfrist ebenfalls die Steuerfreiheit.

Der Verkauf einer Ferienwohnung ist hingegen nicht steuerfrei, da sie Ihnen nicht dauerhaft zu Wohnzwecken dient.

BIS ZU 3 VERKÄUFE IN 5 JAHREN SIND GEWERBESTEUERFREI

#79

Sollten Sie mehr als 3 Objekte innerhalb von 5 Jahren verkaufen, geht das Finanzamt nicht mehr von privater Vermögensverwaltung, sondern von gewerblichem Grundstückshandel aus. Falls die Steuerbehörde Anzeichen dafür sieht (subjektiv!), dass von vorn herein eine Verkaufsabsicht bestand, erweitert sich der Betrachtungszeitraum sogar auf bis zu 10 Jahre. Auch das erste Objekt gilt dann als gewerblich verkauft. In diesem Fall fällt zusätzlich zu Einkommenssteuer, Soli und Kirchensteuer auch noch Gewerbesteuer an.

Größe und Art der Immobilie spielen im Hinblick auf die 3-Objekt-Grenze in der Regel keine Rolle. Sobald für eine Immobilie ein eigenes Grundbuchblatt besteht, handelt es sich um ein eigenständiges Objekt. Egal, ob es dabei um ein unbebautes Grundstück, eine Garage, eine Eigentumswohnung oder um einen riesigen Wohnblock geht.

Wenn Sie 4 kleine Eigentumswohnungen innerhalb von 5 Jahren veräußern, liegt somit gewerblicher Grundstückshandel vor. Verkaufen Sie stattdessen im Rahmen Ihrer privaten Vermögensverwaltung ein großes Mietshaus mit 40 Mieteinheiten, dann wird dies steuerlich nur als Einzelobjekt betrachtet und hat mit gewerblichem Grundstückshandel normalerweise nichts zu tun. Sollte dieser Verkauf innerhalb der 10-jährigen Spekulationsfrist erfolgen, müssen Sie den Gewinn zwar versteuern (EinkSt., Soli, KirchSt.), allerdings ohne dass zusätzlich die Gewerbesteuer hinzukommt.

Der Verkauf privat genutzter oder geerbter Immobilien wird auf die 3-Objekt-Grenze übrigens nicht angerechnet.

Um die 3-Objekt-Grenze nicht zu überschreiten, können Sie Immobilien, die verkauft werden sollen, gegebenenfalls zuvor auf andere Familienmitglieder übertragen. Dies können Sie noch Jahre nach dem Kauf der Immobilien tun, entweder durch vorweggenommene Erbfolge oder durch Schenkung. Anstatt Ihren Kindern Geld zu schenken, oder zu vererben, überlassen Sie ihnen vielleicht lieber Immobilien.

#80

ZUSAMMENFASSUNG
DIE JOKER

STEUERVORTEILE BEGÜNSTIGEN IMMOBILIEN IN VIELERLEI HINSICHT. GLEICHSAM ABER GILT: KEIN STEUER-VORTEIL IST SO GROSS, DASS ER AUS EINER SCHLECHTEN IMMOBILIE EINE GUTE MACHT.

Ein verblüffender Startvorteil: Darlehen für Immobilien-Investitionen erhalten Sie steuerfrei.
Um 200.000€ in Aktien, Anleihen, Fonds oder andere *nicht* beleihbare Anlagen investieren zu können, müssen sie vorher bis zu 400.000€ erarbeiten und versteuern*. Um 200.000€ in eine Immobilie investieren zu können, mit 150.000€ von der Bank und 50.000€ Eigenkapital, müssen sie vorher nur bis zu 100.000€ erarbeiten und versteuern*. In beiden Fällen verfügen sie über die Gewinnchancen einer Kapitalanlage im Wert von 200.000€. Aber im Fall der nicht beleihbaren Anlage müssen sie im Vorfeld 300.000€ (!) mehr verdienen*.
*je nach persönlichem Steuersatz, beträgt Ihre maximale Belastung aus Steuern und Abgaben bis zu ca. 50%;

Zinsen auf Immobiliendarlehen können Sie in voller Höhe von der Steuer absetzen.
Auf Aktien, Anleihen, Fonds usw. bekommen Sie als Privatanleger keine Bankendarlehen zu wirtschaftlich so günstigen Konditionen, dass sich ein nennenswerter Hebeleffekt erzielen lässt. Immobilien hingegen sind der Banken Lieblinge. Aber nicht nur, dass Immobilien die einzige Form der Kapitalanlage sind, auf welche die Banken Ihnen hohe Darlehen zu konkurrenzlos niedrigen Zinsen geben. Im Falle von Anlageimmobilien können Sie diese Minizinsen dann auch noch zu 100% von der Steuer absetzen.

Auch das Geld für die Tilgung von Immobiliendarlehen erhalten sie dank der linearen Abschreibung (AfA) weitgehend steuerfrei.
Tilgung ist eine Art Sparplan, den Ihnen die Bank auferlegt. Jeder Euro, den Sie für Tilgung aufwenden, ist und bleibt IHR Geld. Im selben Maß, wie Ihre Schulden schrumpfen, erhöht sich parallel Ihr Netto-Vermögen.

Normalerweise müssen Sie Tilgungsbeträge, genau wie Sparbeträge, aus versteuertem Geld erbringen. Die Tilgungssumme entspricht bei üblichen Anlageimmobilien jedoch in etwa der Höhe der Abschreibung (AfA) auf die Gebäude-Anschaffungskosten. Deshalb steht Ihnen in ungefähr der Anteil des Jahresüberschusses Ihrer Immobilie, den Sie für Tilgung aufwenden müssen, steuerfrei zur Verfügung.

Denkmal-AfA:
Bei Denkmal-Immobilien können Sie 100% der Sanierungskosten in den ersten 12 Jahren nach dem Kauf steuermindernd abschreiben. Zusätzlich können Sie die Gebäudesubstanz (Anschaffungskosten des Gebäudes) über die lineare AfA steuermindernd abschreiben, das bedeutet 2% pro Jahr, bzw. 2,5% bei Baujahren vor 1925.

Steuerfreier Immobilienverkauf nach Ablauf der Spekulationsfrist:
Wenn seit dem Kauf Ihrer Immobilie 10 Jahre vergangen sind, unterliegt der Verkaufsgewinn in der Regel keiner Besteuerung.

Steuerfreier Verkauf privat genutzter Immobilien:
Sofern Sie eine Immobilie ab dem Zeitpunkt des Kaufs selbst genutzt haben, ist der Verkauf steuerfrei, auch innerhalb der Spekulationsfrist. Dasselbe gilt, wenn Sie eine Immobilie mindestens in den beiden Jahren vor dem Verkauf als Ihren Wohnsitz genutzt haben, selbst wenn diese Immobilie Ihnen zuvor als fremdvermietete Kapitalanlage gedient hat.

Bis zu 3 Verkäufe in 5 Jahren sind gewerbesteuerfrei:
Sollten Sie allerdings mehr als 3 Objekte innerhalb von 5 Jahren verkaufen, geht das Finanzamt meist nicht mehr von privater Vermögensverwaltung, sondern von gewerblichem Grundstückshandel aus. Falls die Steuerbehörde Anzeichen dafür sieht (subjektiv!), dass von vorn herein eine Verkaufsabsicht bestand, erweitert sich der Betrachtungszeitraum auf bis zu 10 Jahre. Auch das erste Objekt gilt dann als gewerblich verkauft. In diesem Fall fällt zusätzlich zu Einkommenssteuer, Soli und Kirchensteuer noch Gewerbesteuer an.

Bitte wenden Sie sich in allen konkreten Steuerfragen an Ihren Steuerberater, einem wichtigen Mitglied Ihres Phase-1-Teams.

TEIL 2

-

JEDE ROSE HAT IHRE DORNEN

JEDE ROSE HAT IHRE DORNEN

#81

AUCH IMMOBILIEN SIND NICHT FREI VON NACHTEILEN UND RISIKEN. ABER UNTER DEN VERFÜGBAREN ALTERNATIVEN STELLEN SIE DIE MIT ABSTAND BESTE WAHL FÜR DEN LANGFRISTIGEN VERMÖGENSAUFBAU DAR. LERNEN SIE DIE RISIKEN ZU BEHERRSCHEN.

WER NICHTS WAGT, DER VERLIERT

Jedes Mal, wenn Sie Geld anlegen, gehen Sie Risiken ein und laufen Gefahr, Fehler zu machen. Trotzdem *wollen* Sie etwas tun. Sie haben erkannt, dass Sie sich nicht allein auf die Sozialsysteme, die gesetzliche Rente oder die schwachen Erträge von Lebensversicherungen verlassen dürfen. Sie wollen etwas wagen, um Unabhängigkeit zu gewinnen, obwohl Ihnen klar ist, dass es keine hundertprozentig sichere Kapitalanlage gibt. Deshalb lesen Sie Bücher wie dieses. Je besser Sie mit dem vertraut sind, was Sie tun, desto bewusster werden Sie anschließend Risiken eingehen und kontrollieren können.

Übrigens legen jene Anleger, die nie etwas wagen, ihr Geld am liebsten auf vermeintlich *sichere* Sparkonten. Die einzige Form von Sicherheit, die sie dadurch erlangen, ist allerdings die, dass sie vom ersten Tag an zu den Verlierern gehören. Sie sparen sich arm. Die Sparzinsen reichen heute ja nicht einmal mehr aus, um die jährliche Preissteigerung auszugleichen.

Wäre dann die Börse eine gute Alternative zum Sparkonto? Unbestreitbar sind mit Aktien tolle Gewinne zu erzielen. Die Frage ist nur: mit welchen? Die Gewinneraktien von morgen zuverlässig herauszufinden, ist in Zeiten global verflochtener Unternehmen niemandem mehr möglich. Siehe *Zweite Trumpfkarte*. Außerdem hätten Sie als Aktionär nicht die geringste Chance, den Kurs Ihrer Aktien zu beeinflussen. Weder könnten Sie den Aktienkurs durch persönliches Geschick nach oben treiben, noch könnten Sie ihn in schweren Zeiten vor dem Absturz retten. Siehe *Dritte Trumpfkarte*.

#82

AUCH MIT IMMOBILIEN KANN EINIGES SCHIEFGEHEN

Im Immobiliengeschäft verhält es sich nicht anders als in anderen Branchen. Überall werden gute, aber auch miese Geschäfte gemacht. Der eine Handyhersteller floriert, der andere geht den Bach runter. Im einen Coffee-Shop findet man nie einen Sitzplatz, im anderen herrscht gähnende Leere. Die eine Sportschuhmarke ist IN, die andere OUT.

In Bezug auf Anlageimmobilien hat eine Studie des DIW unlängst festgestellt, dass ein knappes Zehntel der Privatvermieter Verluste schreibt, ein Viertel kommt am Jahresende null auf null raus. Somit sind nur etwa zwei Drittel der Anleger mit ihren Immobilien in der Gewinnzone. Aber immerhin! Zur Erinnerung: 100% aller Sparer schreiben *real* Verluste.

Laut DIW gelingt es gerade mal dem obersten Fünftel der privaten Vermieter, Renditen von 5% und mehr zu erzielen. Positiv ausgedrückt bedeutet dies: Ungefähr ein Fünftel der Immobilienanleger scheint in etwa zu wissen, was es tut. 5% Rendite entsprechen nicht unbedingt meiner Traumvorstellung, aber verglichen mit den Anlagealternativen ist das gar nicht so schlecht. Die DIW-Studie trifft zwar keine Aussagen darüber, wie viele Privatvermieter *richtig tolle* Ergebnisse mit Immobilien erzielen, aber es wird wohl nicht mehr als das obere Zehntel sein. **Dorthin möchte ich Sie als Leser dieses Buches gerne bringen.**

Meiner Auffassung nach stellen Immobilien in jedem Fall die beste Möglichkeit zum Aufbau von Wohlstand und Unabhängigkeit dar. Woran liegt es dann aber, dass längst nicht alle Anleger mit Immobilien Gewinne machen? Die Hauptursachen dafür sind Unwissenheit und Selbstüberschätzung.

Niemand käme auf die Idee, ein Klavierkonzert zu geben, ohne vorher das Klavierspielen erlernt zu haben. Niemand würde je die Serpentinen eines Alpenpasses mit dem Rennrad hinunter jagen, ohne überhaupt Fahrradfahren zu können. **Warum nur meinen so unendlich viele Anleger, eine Immobilieninvestition einfach mal so nebenbei tätigen zu können?** Völlig blauäugig stecken sie große Teile Ihres Vermögens in eine Sache, von der sie schlicht keine Ahnung haben. Und wenn es dann schief geht, geben sie den *unwägbaren Risiken* der Immobilienbranche die Schuld.

DAS MIT ABSTAND GRÖSSTE

R!S!KO

BEIM PRIVATEN IMMOBILIENKAUF IST

UNWISSENHEIT

IN VERBINDUNG MIT

SELBSTÜBERSCHÄTZUNG

Beschäftigen Sie sich intensiv mit Immobilien. Saugen Sie alles Wissen in sich auf, das Sie darüber in Erfahrung bringen können. Gehen Sie im Rahmen Ihrer Immobilienaktivitäten sorgfältig vor. Das ist das wesentliche Geheimnis, wenn Sie vorhaben, mit Immobilien gute Ergebnisse zu erzielen. Professionelle Immobilieninvestoren in Deutschland erzielen laut dem German Property Index im Durchschnitt Renditen oberhalb der 8%-Marke. Im Vergleich zum durchschnittlichen Privatanleger schneiden sie vor Allem deshalb besser ab, weil sie sich mit Immobilien besser auskennen.

Das soll nicht heißen, dass Sie erst dann mit Immobilien durchstarten sollten, wenn Sie *alles* darüber gelernt haben und *perfekt* sind. Nachdem Sie dieses Buch gelesen haben, verfügen Sie über die wesentlichen Grundkenntnisse für die ersten erfolgreichen Schritte.

Die Wahrheit ist, dass auch bei Immobilienanlagen durchaus jede Menge schiefgehen kann. Jede Rose hat ihre Dornen. Doch unterm Strich geht für kundige Immobilienbesitzer eben deutlich weniger schief, als für die Besitzer von Aktien, Anleihen, Fonds usw.

Bei Immobilien haben Sie die Möglichkeit, sich und Ihre Kenntnisse *aktiv* einzubringen, um die Erträge zu steigern bzw. Abstürze zu verhindern. Sie sind weder irgendwelchen anonymen Managern noch den Kapitalmärkten hilflos ausgeliefert. Der Fall, dass Sie buchstäblich über Nacht von riesigen Verlusten überrumpelt werden, kommt bei Immobilien niemals vor.

Diese und viele andere Vorteile der Immobilie als Kapitalanlage haben wir im Rahmen der *Vier Trumpfkarten* ausführlich besprochen. Trotzdem sollten Sie keineswegs davon ausgehen, dass Ihr Weg zur lukrativen Immobilie immer ein leichter sein wird. Grundsätzlich aber ist *das Einmaleins der Immobilien-Investition* für jedermann erlernbar.

Kümmern Sie sich bei jedem Schritt um die möglichen Risiken. Die Erfolge werden sich dann um sich selbst kümmern und nicht lange auf sich warten lassen.

<u>ALLE</u> WESENTLICHEN RISIKEN HABEN ES AUF DASSELBE ZIEL ABGESEHEN: AUF DEN JAHRESÜBERSCHUSS IHRER IMMOBILIE #83

Der Jahresüberschuss ist der Gewinn aus Mieteinnahmen nach Abzug aller Kosten, einschließlich der Zinsen →#G16.

Die nachfolgenden Textabschnitte befassen sich schwerpunktmäßig mit den typischen Risiken, die Besitzern vermieteter Anlageimmobilien das Leben schwer machen können. Das soll nicht heißen, dass es hier nicht auch für den Eigenheimkäufer nützliche Erkenntnisse zu gewinnen gäbe. Im dritten Teil des Buches *Zielimmobilien* geht es dann noch einmal ausführlicher um speziell mit dem Eigenheim verbundene Risiken.

Der wirtschaftliche Erfolg bzw. Misserfolg einer Anlageimmobilie lässt sich, wie bereits in der *Ersten Trumpfkarte* besprochen, anhand einer einzigen Kennzahl nachvollziehen. Sie erinnern sich: Es geht um die Eigenkapital-Rendite. Diese wiederum speist sich aus zwei möglichen Quellen: aus *laufenden Mieteinnahmen (Cashflow)* sowie aus *Wertsteigerung* →#7.

Dabei richtet sich unser Hauptaugenmerk zunächst immer auf die laufenden Einnahmen. Wertsteigerung mag später gerne als Sahnehäubchen hinzukommen, wenngleich der Zeitpunkt, ab welchem sie eintreten wird, nie vorhersehbar ist. In Bargeld verwandeln lässt sich Wertsteigerung ohnehin erst zum Ende einer jeweiligen Finanzierungsperiode durch Nachbeleihung oder Verkauf der Immobilie.

Die laufenden Mieteinnahmen einer ordentlichen Immobilie stehen uns hingegen ab dem Tag der Besitzübernahme zur Verfügung. Während der ersten zehn, fünfzehn Jahre tragen allein die laufenden Einnahmen die Eigenkapital-Rendite. Deshalb sind diese das Hauptmotiv jeder Investition in Anlageimmobilien sowie auch die Geschäftsgrundlage der Beleihung durch die Bank.
Vom Cashflow, dem stetigen *Fluss* aus den Mieteinnahmen Ihrer Immo-

bilie, zweigen zunächst einige Nebenflüsse ab: Bewirtschaftungskosten, Instandhaltungskosten, Zinsen usw.

Übrig bleibt der Jahresüberschuss, das heißt, der reine Gewinn, der zu guter Letzt auf zwei Töpfe verteilt wird, die beide Ihnen alleine gehören: Der eine trägt den Namen *Tilgung*, der andere heißt Bargeld (freie Liquidität). Zusammen bilden sie die *Eigenkapital-Rendite* aus Cashflow.

Nach sämtlichen Ausgaben sollte stets ein ausreichend großer Jahresüberschuss aus dem Cashflow übrig bleiben, um Ihre persönlichen Renditevorgaben erfüllen zu können.

Über konkrete Immobilienziele und Renditekategorien sowie über die dazu passenden Zielimmobilien sprechen wir ausführlich im dritten Teil des Buches. Doch zunächst lernen Sie hier die wichtigsten Immobilienrisiken kennen. Danach wird es Ihnen leichter fallen, mit geschärftem Risikobewusstsein *realistische* Ziele zu setzen.

ALLE WESENTLICHEN IMMOBILIENRISIKEN
HABEN ES AUF EIN UND DASSELBE ZIEL ABGESEHEN: AUF DEN
JAHRESÜBERSCHUSS

Wenn Risiken eintreten, die den Jahresüberschuss Ihrer Immobilie einbrechen lassen, sind drei mögliche Stufen des Leids denkbar.

ALS ERSTER VERLIEREN SIE SELBST:
SIE MÜSSEN AUF DIE EINGEPLANTEN BARENTNAHMEN VERZICHTEN

IHRE EINNAHMEN SINKEN WEITER:
AUCH IHRE SCHULDENTILGUNG FÄLLT NACH UND NACH AUS

ZULETZT VERLIERT AUCH DIE BANK:
DAS GELD REICHT NICHT EINMAL MEHR FÜR DIE ZINSEN

Schon in *Stufe 1* kann es für Sie recht ungemütlich werden, sofern Sie die angepeilte freie Liquidität aus Ihren Immobiliengewinnen bereits anderweitig fest eingeplant haben. Aber immerhin steht Ihnen hier die Bank noch nicht auf den Füßen.

Sofern Sie den Ausfall in Stufe 1 gerade noch verkraften können, schaltet aber spätestens bei *Stufe 2* die Ampel auf Gelb. Ihre Bank wird unmittelbar das Gespräch suchen und Sie sollten dann schon einen guten Plan haben, wie Sie die Probleme lösen wollen.

Allerspätestens beim Erreichen der *Stufe 3* springt die Ampel vollends auf Rot und Ihre Bank wird ziemlich unangenehm auftreten. Das Schlimmste, was Ihnen als Immobilienbesitzer passieren kann, ist, dass Sie die Zinsen nicht mehr bezahlen können. Wenn Sie jetzt nicht enorm überzeugend auftreten, landet Ihre Immobilie unversehens beim Zwangsverwalter.

Nun aber genug der Panikmache. Soweit soll es gar nicht kommen! Schon das Erreichen der Alarmstufe 1 gilt es auszuschließen. Schließlich stellt gerade das angestrebte Zusatzeinkommen in bar für Sie den Haupt -grund Ihrer Investition dar. Sie legen Ihr Geld in einer Immobilie mit dem Ziel an, einen bestimmten Betrag dafür zurückzubekommen.

Es gibt durchaus Methoden und Wege, um die größten Bedrohungen von vornherein in Schach zu halten. Wie bereits erwähnt, habe ich persönlich noch mit keiner Immobilie jemals Geld verloren.

Solange der Jahresüberschuss einer Immobilie stabil bleibt oder sogar gesteigert werden kann, ist ALLES GUT. Alle übrigen denkbaren Probleme in Verbindung mit Anlageimmobilien sind im Vergleich dazu reine Nebensache.

Konzentrieren Sie sich beim Ankauf bzw. auch später in der Haltephase Ihrer Anlageimmobilie vorrangig auf die *nachhaltige* Erzielbarkeit der laufenden Mieteinnahmen und somit des Jahresüberschusses.

DAS SCHLIMMSTE, WAS IHNEN ALS IMMOBILIENANLEGER PASSIEREN KANN

SIE KÖNNEN DIE ZIN%EN NICHT MEHR BEZAHLEN

DER JAHRESÜBERSCHUSS SINKT, WENN DIE MIETEINNAHMEN FALLEN ODER DIE KOSTEN STEIGEN #84

NOCHMAL: Alle wirklich bedrohlichen Risiken haben es auf ein und dasselbe Ziel abgesehen: Auf den *Jahresüberschuss* (→#G16) Ihrer Anlageimmobilie. Das ist jener Teil der Einnahmen, der jedes Jahr für Sie alleine übrig bleibt. Wenn dieser absinkt, sinkt unmittelbar auch Ihre Eigenkapital-Rendite. Der Jahresüberschuss wird ermittelt, indem Sie von den Mieteinnahmen alle Bewirtschaftungskosten sowie die Finanzierungszinsen abziehen.

Vorrangig müssen Sie also all jene Risiken im Auge behalten, die ein Absinken der Mieteinnahmen und / oder einen Anstieg der nicht umlagefähigen Kosten bzw. der Zinsen zur Folge haben könnten.

DIE GRÖSSTEN FEHLER PASSIEREN HÄUFIG IN DER ANKAUFSPHASE #85

Die wesentlichen Gewinnchancen bzw. Verlustrisiken sind einer Immobilie bereits zum Zeitpunkt des Ankaufs in die Wiege gelegt. Schon bei der Suche, Auswahl und Finanzierung einer Anlageimmobilie stellen Sie die Weichen für spätere Erfolge und Misserfolge. Machen Sie hier entscheidende Fehler, lässt sich das im Nachhinein oft nicht mehr ausbügeln. Machen Sie hier einige wesentlichen Dinge richtig, dann werden Sie schöne Überschüsse mit Ihrer Immobilie erzielen und haben ausreichend Reserven, um als Vermieter auf lange Sicht ruhig schlafen zu können.

EIN HORROR-SZENARIO #86

Sie erwerben ein Altbau-Mehrfamilienhaus in einer überhitzten Trendlage, in der momentan alle kaufen. Um sicher zu stellen, dass Sie das Objekt überhaupt bekommen, überbieten Sie Ihre Mitbewerber gleich noch mal um 10% oder 20%. Dabei sind Ihnen die zahlreichen Mängel am Gebäude entgangen oder nicht so wichtig. Die dafür erforderlichen

Investitionen wollen Sie durch steigende Mieten wieder wettmachen. Da das Objekt im Verhältnis zu seinen Einnahmen ziemlich teuer ist, wählen Sie ein zinsgünstiges, tilgungsfreies Finanzierungsmodell mit *variablem Zinssatz* und mit kurzer Zinsbindungsfrist von nur ein oder zwei Jahren. Dafür fallen anfänglich nur 1,3% Minizinsen an. Insofern bleibt trotz des hohen Kaufpreises jeden Monat noch etwas Geld aus den Einnahmen für Sie übrig.

Doch auf jedes Hochpreis-Niveau im Immobilienzyklus folgt ein Rückgang. Nachdem der Stadtteil Ihres Hauses auch bei den Mietern seit längerer Zeit sehr beliebt ist und die Mieten ständig steigen, wird dort seit Jahren überdurchschnittlich viel saniert und neu gebaut. Das Mietflächenangebot übersteigt allmählich die Nachfrage.

Nicht lange nachdem Sie Ihr Haus gekauft haben, finden die ersten Wohnungen im Kiez keine Mieter mehr und die ersten Vermieter können die hohen Mieten nicht mehr durchsetzen. Dazu kommt, dass der benachbarte Stadtteil allmählich nachzieht und bei Mietern immer beliebter wird, unter anderem deshalb, weil die Mieten dort noch günstiger sind. Zug um Zug bildet sich auch in Ihrem Haus Leerstand, obwohl Sie die Mieten schon gesenkt haben. Ihr Cashflow schwindet.

Und ausgerechnet jetzt steigen noch Ihre Kosten, weil sich einige Instandhaltungsmaßnahmen nicht mehr länger aufschieben lassen und weil die Leitzinsen erhöht wurden. Der variable Zinssatz für Ihr Darlehen klettert um rund 50% auf 2,0%. Außerdem hat die Bank von der aktuellen Situation Wind bekommen. In einigen Monaten läuft Ihre variable Finanzierung aus. Die Bank möchte diese nicht mehr weiter verlängern. Das neue Zinsangebot der Bank für ein nunmehr festverzinsliches 10-Jahres-Darlehen liegt bei ca. 3% plus 2% Tilgung.

Anstatt der anfänglichen 1,3% sollen Sie nun 5% p. a. an die Bank abführen. Dafür hätte schon der ursprüngliche Mieten-Cashflow nicht ausgereicht und die zwischenzeitlich gesunkenen Mieteinnahmen reichen nun erst recht nicht mehr. Insofern erwartet die Bank, dass Sie zusätzliches Eigenkapital einbringen…

Hier läuft also so ziemlich alles schief, was schieflaufen kann: Sinkende Mieteinnahmen, hohe Ausgaben in Folge von Instandhaltungsrückstau, steigende Zinskosten sowie erhöhter Eigenkapital-Bedarf.

EIN WUNSCH-SZENARIO #87

Ach, hätten Sie stattdessen doch nur eine Immobilie im Stadtteil nebenan gekauft, als dieser noch nicht so angesagt war wie heute. Die Kaufpreise für Objekte in ordentlichem Zustand lagen dort zu jenem Zeitpunkt, als Sie Ihr überteuertes Objekt erworben haben, noch weit unter den üblichen *Herstellungskosten* für Wohnraum dieser Art. Auch das Mieten-Niveau war in diesem noch „unentdeckten" Bezirk damals deutlich niedriger und bot viel mehr Potenzial für künftige Steigerungen. Das gesamte unterbewertete Umfeld befand sich seinerzeit im Bereich zwischen 5 und 7 Uhr auf der *Immobilienuhr* →#40.

Hier stimmte einfach das Verhältnis zwischen niedrigen Mieten und ebenso günstigen Kaufpreisen. Die Rendite vieler Objekte wäre in diesem Nachbarbezirk von Anfang an wesentlich höher gewesen als in Ihrem überhitzten Trendkiez. Insofern hätten Sie auch den etwas höheren Zinssatz einer langfristigen Finanzierung gut verkraftet und Sie hätten sich auf 10, 15 oder 20 Jahre keine Sorgen wegen drohender Zinserhöhungen machen müssen. Und das Wichtigste: Bereits ab dem Zeitpunkt des Ankaufs wäre regelmäßig ein netter Anteil der vergleichsweise hohen laufenden Einnahmen für Sie übrig geblieben. Dieses Zusatzeinkommen hätte im Laufe der Zeit weiter zugelegt, und zwar im selben Maße, wie sich im Verlauf der zyklischen Erholung des Umfelds bei jeder Neuvermietung höhere Mieten hätten erzielen lassen.

Achten Sie darauf, dass Sie keine überteuerte Immobilie erwerben. Erwerben Sie auch keine durchschnittlich teure Immobilie. Suchen Sie immer nach einer unterbewerteten Immobilie in ordentlichem Zustand, deren Kaufpreis im Verhältnis zu den laufenden Einnahmen außergewöhnlich günstig ist →#121 *Renditekategorie 1 bis 3*. Falls Sie momentan keine solche Immobilie finden können, kaufen Sie lieber keine und warten Sie ab. Früher oder später werden Sie immer irgendwo eine Ausnahmegelegenheit entdecken.

Bereits im Rahmen der *Zweiten Trumpfkarte* haben wir ausführlich betrachtet, wie man die Magie des Immobilienzyklus für den Erwerb unterbewerteter Immobilien nutzt →#39. Im klugen Einkauf liegt nicht nur der Gewinn, sondern auch die Reserve!

~~FEHLER~~

DIE IN DER ANKAUFS-
PHASE PASSIEREN,

SIND OFT NICHT MEHR
GUTZUMACHEN

TYPISCHE RISIKEN UND FEHLER IN DER ANKAUFSPHASE #88

Vor dem Kauf einer Anlageimmobilie müssen Sie Entscheidungen treffen: Welche Art von Immobilie soll es sein? Welche Lage? Welches konkrete Objekt? Sobald eine Vorentscheidung gefallen ist, müssen Sie den Bauzustand und die Wirtschaftlichkeit des Objektes prüfen, die Finanzierung aushandeln usw. Hier kommen die gängigsten Fehler, die es in der Ankaufsphase zu vermeiden gilt:

MEIDEN SIE GEWERBEIMMOBILIEN: DIESE SIND SPEZIALISTENGESCHÄFT UND ZU KONJUNKTURANFÄLLIG, UM DAMIT ZU STARTEN #89

Gewerbeimmobilien bieten im Durchschnitt höhere Anfangsrenditen als Wohnimmobilien, sind aber auch deutlich abhängiger vom Verlauf der Konjunktur. In einem wirtschaftlichen Abschwung fallen die Mieten und steigen die Leerstände bei Gewerbeimmobilien in viel extremerem Maße als bei ordentlichen Wohnimmobilien. Wohnen müssen die Menschen immer.

Hinzukommt, dass es unheimlich viele unterschiedliche Gattungen von Gewerbeimmobilien gibt. Jede für sich setzt umfassendes Spezialwissen auf Vermieterseite voraus. Im Übrigen sind bei Gewerbeflächen nach Mieterauszügen meist wesentlich aufwändigere Renovierungsmaßnahmen erforderlich als bei Wohnimmobilien. Viele Gewerbemieter erwarten außerdem vor dem Einzug noch umfangreiche Umbauten vom Vermieter, um die Mietflächen ihren speziellen Bedürfnissen anzupassen.

Auch die Banken stufen die mit Gewerbeobjekten verbundenen Risiken deutlich höher ein. Deshalb würden Sie als Privatanleger auf Gewerbeimmobilien nur geringere Darlehenssummen zu höheren Zinsen bekommen.

Sofern Sie eher noch am Anfang Ihrer Immobilienaktivitäten stehen, würde ich Ihnen jedenfalls nicht empfehlen, in reine Gewerbeimmobilien zu investieren. Vielleicht wollen Sie sich zu einem späteren Zeitpunkt damit befassen, nachdem Sie einige Erfahrungen mit bodenständigen Wohnimmobilien gesammelt haben und mit diesen schon über ein stabiles Immobilieneinkommen verfügen. Dann können Sie nach und nach einzelne lukrative Gewerbeflächen beimischen.

Häufig gerät man beim Kauf eines klassischen Wohn- und Geschäftshauses in die Zwickmühle, dass man einen gewissen Gewerbeanteil in Kauf nehmen muss. Meist sind diese Gewerbeflächen im Erdgeschoss angesiedelt und machen 15% bis 25% der Mietflächen des Hauses aus. Mit diesem Risiko lässt es sich meist noch leben.

Falls ein solches Wohn- und Geschäftshaus in einer wenig geschäftsmäßigen Nebenstraße liegt und die Gewerbeflächen deshalb immer wieder für längere Zeit leer stehen, kann es sinnvoll sein, diese soweit möglich in Wohnungen umzuwandeln. Dabei ist es oft möglich, Erdgeschosseinheiten einen eigenen Vorgarten dazu zu geben, wodurch sich die Vermietbarkeit deutlich erleichtert. Seien Sie beweglich und kreativ, wenn Probleme auftreten.

#90 MEIDEN SIE EINFAMILIENHÄUSER: ALS ANLAGEOBJEKTE SIND SIE RENDITELEICHEN

Vielleicht wohnen Sie selbst in einem Einfamilienhaus, in einer Villa, einer Doppelhaushälfte oder in einem Reihenhaus. Deshalb mögen Sie diese Art der Immobilie und kennen sich damit aus. Wäre es dann nicht eine gute Idee, ein Objekt dieser Art als Kapitalanlage zu erwerben?

Vergessen Sie es! Mit Einfamilienhäusern und dergleichen lässt sich keine brauchbare Rendite erzielen. Die Quadratmeter-Kaufpreise sind bei neuen, wie bei gebrauchten Einfamilienhäusern fast immer deutlich höher als bei Eigentumswohnungen oder Mehrfamilienhäusern, ohne dass sich dies in der Miethöhe angemessen wiederspiegelt. Das heißt, die anfänglichen Renditen sind bei Einfamilienobjekten generell niedrig.

Hinzukommt, dass der Instandhaltungsaufwand für Vermieter hier viel höher ist. Das hat mit der Baustruktur zu tun: Das Verhältnis von vermietbarer Fläche zu instandhaltungsbedürftigen Fassaden-, Dach-, Treppenhaus- und Grundstücksflächen ist bei Einfamilienhäusern wesentlich ungünstiger als beim Mehrfamilienhaus. Erschwerend kommt hinzu, dass die Mieterklientel bei Einfamilienhäusern normalerweise besonders pingelig ist.

Alles in allem keine günstige Ausgangsbasis. Bereits am Anfang des zweiten Teils haben Sie erfahren, dass immerhin 8,5% der privaten Immobilienanleger jedes Jahr Verluste schreiben. Ein Großteil davon sind die Vermieter von Einfamilienobjekten.

Der vergleichsweise hohe Investitions-, Instandhaltungs- und Betreuungsaufwand, den Sie mit einem Einfamilienhaus haben, steht in keinem angemessenen Verhältnis zum geringen wirtschaftlichen Ertrag. Es ist besser, Sie lassen die Finger davon.

KAUFEN SIE LIEBER DREI KLEINE ALS EINE GROSSE WOHNUNG: EINE EINZIGE MIETEINHEIT ZU BESITZEN, IST RISKANTER #91

Mit beispielsweise 40.000€ Eigenkapital und 120.000€ von der Bank können Sie eine einzelne größere Mietwohnung oder drei kleine erwerben. Auf den ersten Blick erscheint Ihnen die große Wohnung vielleicht sympathischer: Sie haben es dann nur mit einem Mieter zu tun. Das verspricht der bequemere Job zu werden... Aber geht es in erster Linie um Bequemlichkeit? Als kluger Anleger werden Sie der Erzielung dauerhaft stabiler Einnahmen den Vorrang einräumen.

Wenn Sie nur eine einzelne Wohneinheit besitzen, haben Sie sofort 100% Mietausfall, sobald sich beispielsweise im Rahmen eines ganz normalen Mieterwechsels eine gewisse Leerstandszeit ergibt. Oder sobald Ihr Mieter, warum auch immer, seine Miete nicht bezahlt.

Als Eigentümer drei kleinerer Wohnungen bleiben Ihnen in solchen Fällen immer noch die Einnahmen der beiden anderen Mieteinheiten. Diese dürften zumindest den größten Teil der Forderungen Ihrer Bank für Zins und Tilgung abdecken.

Falls Ihr aktuelles Eigenkapital zunächst aber nur für eine einzelne *kleine* Wohnung reicht, oder wenn Sie die ersten Schritte als Immobilienanleger einfach lieber mit einer kleinen Wohnung machen wollen, sollten Sie natürlich trotzdem loslegen. Mein obiger Rat hieß ja nur: Kaufen Sie lieber *drei* kleinere als *eine* große Wohnung. Beim Kauf einer einzelnen kleinen Wohneinheit ist letztlich ja auch der absolute Betrag des Mietausfallsrisikos kleiner.
Mit 10.000€ Eigenkapital und 30.000€ von der Bank können Sie eine erste kleine Wohnung zum Bruttokaufpreis von 40.000€ erwerben. Der fällige Kapitaldienst bei aktuell max. 2,2% Zinsen und 2% Tilgung, liegt dann bei ungefähr bei 1.260€ pro Jahr bzw. bei 105€ pro Monat. Zusammen mit dem Wohngeld macht Ihre monatliche Gesamtbelastung dann maximal

200€ aus. Dieser Betrag müsste sich zur Not für eine Weile stemmen lassen, sollte Ihre kleine Wohnung einmal leer stehen. Würden Sie stattdessen gleich eine richtig große Wohnung erwerben, lägen die Leerstandskosten dann leicht bei 600€ aufwärts pro Monat.

Sofern Sie mit einer einzigen kleinen Wohnung beginnen wollen, können Sie später nach und nach weitere kleine Einheiten hinzukaufen. Mit jedem Zukauf wird Ihr Risiko geringer, einen totalen Mietausfall zu erleiden. Im Übrigen sind kleine Wohnungen absolut zukunftsfähig, da die Haushaltsgrößen in unserer alternden Republik immer kleiner werden.

Eine einzelne *kleine* Wohnung ist allemal ein gutes Startobjekt. Bevor Sie sich aber für eine einzige *große* Wohnung entscheiden, nehmen Sie lieber mehrere kleine und verringern dadurch Ihr Mietausfallrisiko.

#92 KAUFEN SIE LIEBER EIN KOMPLETTES MIETSHAUS ANSTATT VIELER EINHEITEN INNERHALB EINER WOHNUNGSEIGENTÜMERGEMEINSCHAFT (KURZ: *WEG*)

Je mehr Mieteinheiten Sie besitzen, desto mehr steigen nicht nur Ihre Immobilienerträge, sondern umso weiter sinkt auch Ihr Mietausfallrisiko. Wir haben gerade darüber gesprochen, dass Sie das größte Risiko tragen, wenn Sie nur eine einzige Einheit besitzen. In diesem Fall müssen Sie über gewisse Reserven verfügen, um einen zeitweisen Totalausfall ausgleichen zu können. Wenn Sie stattdessen zum Beispiel 5 Einheiten besitzen, bringt der Leerstand einer Einheit (bei in etwa gleichen Wohnungsgrößen) nur noch 20% Mietausfall mit sich. Bei einem großen Bestand von 20 Mieteinheiten bewirkt eine leer stehende Einheit sogar nur noch 5% Mietrückgang, während immerhin neunzehn andere Einheiten weiterhin für Einnahmen sorgen.

Sollten Sie über das Eigenkapital für eine größere Anzahl an Wohnungen verfügen, dann erwerben Sie lieber ein kleineres oder größeres Mehrfamilienhaus, anstatt 5, 10 oder 20 Einheiten in einer Wohnungseigentümergemeinschaft. Es ist immer vorteilhaft, der alleinige Chef im Ring zu sein. Zwar können Eigentumswohnungen in Wohnungseigentümergemeinschaften durchaus eine gute Kapitalanlage darstellen, doch muss jedes Objekt, das Sie alleine besitzen, der Logik nach noch besser sein.

Als Mitglied einer WEG müssen Sie sich in vielen Fragen mit Dritten einigen, die oft nur über geringe Erfahrungen mit Immobilien verfügen. Über alle Maßnahmen, die das Gemeinschaftseigentum des Hauses betreffen, stimmt die komplette Wohnungseigentümergemeinschaft ab. Insofern ist es im Rahmen der Bewirtschaftung eines WEG-Objektes kaum möglich, ähnlich optimale Ergebnisse zu erzielen, wie bei einem Mietshaus, das Sie ganz alleine kontrollieren. Zudem sparen Sie als alleiniger Hauseigentümer die nicht unerheblichen Kosten für die bei Wohnungseigentümergemeinschaften gesetzlich vorgeschriebene Wohnungseigentumsverwaltung.

Vernünftig ausgewählte Eigentumswohnungen können durchaus gute Kapitalanlagen darstellen, doch die höchsten und stabilsten Durchschnittsrenditen erzielen die Besitzer von Mehrfamilienhäusern.

#93 IMMOBILIEN SIND IMMOBIL

Diese Tatsache birgt erhebliche Risiken in sich. Eine Immobilie können Sie nicht einfach irgendwo anders hintragen, falls sich deren Umfeld ungünstiger entwickeln sollte, als Sie es zum Zeitpunkt des Kaufs vorausgesetzt haben. Deshalb ist die Lage einer Immobilie so wichtig.

Nehmen wir einmal an, Sie haben beim Erwerb einer Immobilie Baumängel oder einen Rechtsstreit mit einem Problemmieter oder dergleichen übersehen. Dann wird Sie das etwas Mühe und Geld kosten, aber Sie haben allemal gute Chancen, diesen Fehler selbst wieder auszubügeln.

Sollten Sie hingegen einen Fehler bei der Auswahl der Objektlage machen, haben Sie ein viel größeres Problem, auf dessen Lösung Sie nur einen begrenzten Einfluss haben. Selbst wenn Sie der Baubürgermeister des betreffenden Ortes sind, werden Sie schwerlich das gesamte Lageumfeld Ihrer Immobilie in einer Weise umkrempeln können, dass es neu aufblüht.

Das einzige, womit Sie sich in solchen Fällen ein Stück weit helfen können, ist, Ihre Immobilie nach und nach zu einer der *relativ* besseren im schwachen Umfeld zu entwickeln. Vorausgesetzt, es ziehen nicht gleich *alle* Mieter aus der gesamten Nachbarschaft fort, werden Sie dann zumindest zu den Eigentümern gehören, die noch mehr und bessere Mieter im Haus haben und insofern noch einigermaßen gut aus der Sache heraus kommen →#53 - Seite 88 *relative Wettbewerbsfähigkeit*.

Gerade weil Immobilien immobil sind, ist deren Lage so entscheidend wichtig. Aber: Was eigentlich ist eine *gute* Lage?

IMMOBILIEN SIND IMMOBIL
DESHALB IST DIE LAGE SO WICHTIG.
ABER WENN WIR FRAGEN, WAS EINE
GUTE LAGE IST, MÜSSEN WIR ZUVOR
DIE FRAGE STELLEN:

FÜR WEN? UND UM WELCHE ZIELE GEHT ES?

GUT IST RELATIV!

#94 LAGE, LAGE, LAGE... ! DER MYTHOS VON DER „GUTEN LAGE"

Hüten Sie sich vor dem weitverbreiteten Fehler, die *gute Lage* mit der *guten Adresse*, im Sinne von Prestige-Adresse, gleichzusetzen. Oder mit der angesagten Trendlage, auf die sich aktuell die gesamte Anlegerherde stürzt. Meiden Sie etablierte Prestige-Adressen genauso wie Trendlagen. Beide sind in der Regel unverhältnismäßig teuer.

Am Kurfürstendamm, an der Elbchaussee, an der Königsallee werden Sie wunderschöne Immobilien finden, aber keine, die anspruchsvolle Rendite-Ziele erfüllen werden.

Wenn wir fragen, was eine *gute* Lage ist, müssen wir zuvor die Frage stellen: FÜR WEN? Um welche Ziele geht es? Gut ist relativ.

Die Königsallee mag gut für die repräsentativen Ansprüche eines „Königs" sein, der gewiss schon ein großes Vermögen besitzt. Für Sie als Privatanleger, der erst noch Vermögen aufbauen möchte, sind ganz andere Lagen *gut*.

In altehrwürdigen Prestige-Lagen erwerben Leute Immobilien, die bereits über finanzielle Unabhängigkeit verfügen und keinen großen Antrieb mehr besitzen, besonders lukrativ zu investieren. Solchen Anlegern geht es vorrangig nicht mehr darum, laufende Einnahmen zu erzielen und Aufwärtspotenziale zu nutzen, sondern darum, Abwärtsrisiken zu minimieren. Ihr Hauptanliegen ist es, ihr Vermögen inflationsgeschützt zu parken. Tatsächlich schwanken die Immobilienpreise in den teuren 1A-Lagen weniger stark: Auch in schwierigen Zeiten bzw. im Rahmen normaler zyklischer Tiefs werden die heutigen Spitzenadressen im Verhältnis zu anderen Lagen üblicherweise die teuersten der Stadt bleiben. Wenn Sie dort zur *richtigen* Zeit eine Immobilie erwerben, können Sie durchaus auch in 1A-Lagen Wertzuwächse erzielen. Jedoch werden diese Zuwächse, prozentual gesehen, dort nie so groß sein, wie in den weniger elitären Lagen. Und was die Rendite aus laufenden Einnahmen anbelangt, sind die absoluten Top-Lagen ohnehin völlig uninteressant.

Ähnlich verhält es sich in den momentanen Trendlagen. Gemeint sind Lagen, die für längere Zeit überhaupt nicht beliebt, sondern unterbewertet waren, die dann aber *entdeckt* bzw. wiederentdeckt wurden. Ab diesem Moment werden solche Lagen regelmäßig als Geheimtipp gehandelt, und zwar solange, bis auch der letzte potenzielle Immobilienkäufer hinter vorgehaltener Hand oder in irgendwelchen Geheimtipp-Medien davon gehört oder gelesen hat.

Wenn eine große Käuferherde eine Lage für sich vereinnahmt und zu einem neuen Boom-Standort macht, steigen die Immobilienpreise dort oft innerhalb kurzer Zeit auf ein völlig unrentables Niveau. *Kurz* bedeutet in der Immobilienbranche immer noch ein, zwei, drei Jahre. Alle kaufen dann dort, weil alle dort kaufen. Am Ende des Trends sind es meist noch die Eigennutzer, die die Preise auf den letzten Gipfel treiben. *Man gönnt sich ja sonst nichts* und möchte unbedingt im angesagten Szene-Kiez dabei sein. An diesem Punkt angekommen, sind die Renditen und die Aufwärtspotenziale am Tiefpunkt und die Absturzrisiken enorm hoch.

Meiden Sie elitäre 1A-Lagen und aktuelle Trendlagen.
Dies sind keine guten Lagen für ertragsorientierte Kapitalanleger, die bereits ab dem Tag des Immobilienkaufs hohe laufende Einnahmen erzielen wollen. Und es sind auch keine guten Lagen für Eigenheimkäufer, die ihren Mieterstatus unter anderem deshalb verlassen wollen, um mit einem Eigenheim auch wirtschaftlich besser dazustehen als vorher.

In B- und C-Lagen finden Sie das beste Preis-Leistungsverhältnis.
Für wirtschaftlich denkende Immobilienkäufer sind dies die *guten* Lagen. In gutbürgerlichen, zentralen B-Lagen und den etwas einfacheren C-Lagen leben 70% bis 80% der Bevölkerung, also die überwiegende Mehrheit. Der Rest wohnt an exotischen Extrem-Standorten, in elitären A- oder in schwachen D-Lagen, die beide für vernünftige Immobilienerwerber uninteressant sind. →#G3 / #G4

Im breiten Mittelfeld der B- und C-Lagen gibt es auf Dauer die stabilste Nachfrage nach Wohnraum und das attraktivste Angebot an lukrativen Kaufgelegenheiten. Diese Lagen bedecken den größten Teil unserer Städte und Gemeinden und beginnen gleich in der zweiten Reihe, oft nur 100m-Luftlinie neben den Prestige-Adressen.

Aber auch für B- und C-Lagen gilt:
Diese sind keinesfalls *immer gut*, sondern nur *manchmal*.
Bereits in der *Zweiten Trumpfkarte* haben wir darüber gesprochen, dass neben dem Ort auch die Zeit eine bedeutende Rolle spielt. Es geht darum, sich die Gesetze des *Immobilienzyklus* (→#39) zunutze zu machen und Immobilien zur richtigen Zeit am richtigen Ort zu erwerben.

Natürlich schwanken die Immobilienpreise auch in B- und C-Lagen. Dort schwanken sie sogar deutlich stärker als in hochklassigen Prestige-Lagen. Und genau diese stärkeren Schwankungen wollen wir für günstige, antizyklische Immobilienkäufe nutzen.

Immobilienanleger, die scheitern, tun dies in der Regel nicht, weil sie ein Objekt in einer falschen Lage erwerben, sondern weil sie es zur falschen Zeit tun.
Der typische Privatanleger erwirbt eine Immobilie mit Vorliebe in seiner Nachbarschaft. Einfach, weil ein Kauf dort am bequemsten ist und er meint, sich auszukennen. Es mag ja sein, dass er den Weg zum Bäcker findet, alle Schulen und das Rathaus kennt. Ob sein Wohnort aktuell aber gute Kaufgelegenheiten bietet, weiß er deshalb noch lange nicht.

Wenn Sie an einem bestimmten Ort eine Immobilie erwerben wollen, müssen Sie zuvor herausfinden, ob die Zeit für diesen Ort auf der *Uhr des Immobilienzyklus* momentan günstig ist. Wie Sie das machen, haben Sie in der *Zweiten Trumpfkarte* erfahren.

Tatsächlich werden zu jedem Zeitpunkt höchstens 5% oder 10% aller auf dem Markt befindlichen Immobilien bzw. Lagen zu günstigen, unterbewerteten Preisen angeboten. Es wäre insofern zumindest ein Zufall, wenn es die besten Anlageimmobilien zurzeit ausgerechnet in Ihrem unmittelbaren Umfeld zu kaufen gäbe. Falls das so sein sollte: Glück gehabt! Falls nicht: Erweitern Sie Ihren Horizont sowie Ihren Aktionsradius und blicken Sie über Ihren Tellerrand in die Republik hinaus. Das ist unterhaltsam und macht Spaß! Leben Sie, wo Sie leben wollen, aber investieren sie da, wo die Zahlen *heute* Sinn machen!

Fallen Sie nicht auf Prestige-Adressen (1A-Lagen) herein und auch nicht auf die neuesten Trendlagen, wo gerade alle kaufen. Die Preise dort sind überteuert.

WAS SIE SUCHEN, IST NICHT DIE ANGESAGTE LAGE VON HEUTE, SONDERN DIE VON MORGEN.

Sie suchen die Trendlage von morgen, die heute noch verschmäht wird und deshalb unterbewertet ist. Konzentrieren Sie sich bei Ihrer Suche auf bürgerliche B- und C-Lagen. Dort lebt die große Mehrheit der Bevölkerung. Dort gibt es das breiteste Angebot an guten Kaufgelegenheiten. Dies gilt übrigens nicht nur für den Kauf einer Anlageimmobilie, sondern auch für den Eigenheimkauf.

ACHTUNG!

NICHT JEDE BILLIGE LAGE UND NICHT JEDE BILLIGE IMMOBILIE SIND UNTERBEWERTET!

Kaufen Sie nicht blindlings im billigsten Umfeld die billigste Immobilie, die Sie finden können, mag die Rendite auch noch so verlockend erscheinen.

DRUM PRÜFE, WER SICH LANGE BINDET... #95

Eine Immobilie ist nur dann *unterbewertet*, wenn Sie diese zu einem Preis bekommen, der deutlich unter ihrem tatsächlichen (inneren) Wert liegt (➔#25 / #33). **Wirklich unterbewertete Immobilien sind billig im Sinne von preiswert. Allerdings gibt es auch eine Menge Immobilien bzw. Lagen, die völlig zu Recht billig sind, weil Gründe vorliegen, die keine höhere Bewertung zulassen.**

Wenn Sie also ein Umfeld ausfindig gemacht haben, das Ihnen in Gänze superpreiswert erscheint, und wenn Sie innerhalb dieses Umfeldes womöglich noch ein ganz besonders günstiges Einzelobjekt entdeckt haben, dann müssen Sie zunächst Antworten auf diese Frage finden:

WARUM GENAU ist dieses Umfeld bzw. dieses spezielle Objekt von der Papierform her (Makler-Exposé) so besonders billig?:

- ergibt sich die aktuelle Unterbewertung einfach aus einer normalen zyklischen Preisschwankung ➔#40, die Aufgrund besonderer äußerer Einflüsse vielleicht sogar extrem übertrieben ausfällt ➔#47?
- oder liegen womöglich dauerhafte strukturelle Probleme vor, die berechtigterweise zu einem Preisverfall in dieser Lage bzw. bei dieser speziellen Immobilie geführt haben?

2 Beispiele, was mit *strukturellen Problemen* gemeint sein könnte:

Lageprobleme: Das einzig große Unternehmen einer Region hat den Großteil seiner Arbeitsplätze an einen anderen Standort verlagert. Deshalb sind die meisten Fachkräfte aus diesem Umfeld mittlerweile weggezogen. Die örtliche Grundschule wird mangels Nachwuchs bald geschlossen. Das öffentliche Schwimmbad verfällt. Der nächste Bahnhof liegt 30km entfernt. Der Bus kommt nur noch zweimal am Tag... usw.

Objektprobleme: Eine konkrete Immobilie, um die es geht, ist baulicher Schrott: vom Hausschwamm durchsetzt, mit dauerfeuchtem Keller, verrotteten Holzfenstern, maroden Wasserleitungen usw. Die Mieter haben wegen zahlloser Mängel bereits dauerhaft die Miete gemindert. Lagen bzw. Objekte dieser Art sind manchmal mit verführerisch hoher Anfangsrendite zu bekommen. Aber sie sind eben nur *billig*, nicht *preiswert*. Die Verlustrisiken sind deutlich höher als die Gewinnchancen.

#96 Trotzdem lohnt es sich oft, genauer hinzuschauen. Zumindest was Lagen anbelangt verwechseln manchmal selbst die Profis zeitweise Einbrüche mit dem ewigen Höllenfeuer.

Ein Beispiel: Es ist richtig, dass manche mittelgroße Stadt unserer Republik aktuell schrumpft, weil mehr Menschen fort- als hinziehen. Aber bedeutet dies dann automatisch, dass man dort niemals eine Immobilie kaufen sollte? Nicht unbedingt. Entscheidend ist in diesem Fall, wie sich die Fortzüge im Verhältnis zum Angebot an Wohnraum entwickeln. Wenn jedes Jahr weniger Menschen fortziehen, als Wohnraum abhanden kommt, dann kann eine Lage sich mittelfristig stabilisieren. Gründe für den Entfall von Wohnungen sind die natürliche Gebäudealterung oder auch Abrissprämien. Sofern es nicht grade um einen Ort geht, aus dem zu guter Letzt ALLE wegziehen, kann es sich durchaus lohnen, dort in ein tolles Objekt in einer ansprechenden Nachbarschaft zum 10-fachen oder 12-fachen der Jahresmiete zu investieren. Es kommt immer auf den Einzelfall an.

Ignorieren Sie generell die von Emotionen geprägte Meinung der Anlegerherde. Dass diese nur allzu oft völlig daneben liegt, haben wir ja schon am Beispiel der Bundeshauptstadt Berlin gesehen, die Anfang des Jahrtausends *für immer* totgesagt war. Zwischen 2000 und 2005 herrschte riesiger Pessimismus auf dem Berliner Immobilienmarkt. Doch seither haben sich die Mieten und Kaufpreise wieder gewaltig gesteigert →#31.

Übrigens: Aktuell werden weite Bereiche der Metropolregion Rhein-Ruhr von den Anlegern verschmäht. Dort gibt es sehr billige Immobilien. Oder preiswerte? Momentan findet dort ein elementarer wirtschaftlicher Strukturwandel statt. Aber ist die Infrastruktur dieses größten europäischen Ballungsraums nicht geradezu erstklassig? Und die Lage im Herzen Europas ist es doch auch? Werden irgendwann vielleicht die jungen Leute und Studenten darauf kommen, wie günstig die Mieten dort sind? Und wie nahe die nächste Uni liegt? Diese Art von Fragen sollten Sie sich stellen und nach Antworten suchen.

War dies womöglich der einzige versteckte Lagetipp, den ich in diesem Buch gebe? Eigentlich hatte ich doch schon in der Einleitung angekündigt, aus wohl überlegten Gründen, keine konkreten Empfehlungen aussprechen zu können.

Nun, anhand dieses konkreten Beispiels können Sie jedenfalls schon einmal üben, sich Ihre eigene Meinung zu bilden!

LASSEN SIE SICH NICHT VON SOLL-MIETEN BLENDEN #97

In den Angeboten mancher Verkäufer bzw. Makler finden Sie nur Angaben zur Höhe der Sollmiete. Die *Sollmiete* (→#G12) ist jene Mietsumme, die sich erzielen ließe, wenn ein Objekt, das teilweise leer steht, voll vermietet wäre. Oder die sich erzielen ließe, wenn aktuell niedrige Quadratmeter-Mieten durch Mieterhöhungen gesteigert würden. **Das Problem bei dieser Art der Sollmieten-Betrachtung ist, dass sie die Gegenwart außer Acht lässt und sich auf Erfolge bezieht, die - wann auch immer - erst noch erzielt werden müssen.**

Bestehen Sie unbedingt darauf, eine *vollständige* und *aktuelle* Mieterliste zu bekommen, aus der die Höhe der *Ist-Miete netto-kalt* (→#G10) hervorgeht, sowie auch die Höhe aller Nebenkostenvorauszahlungen. Nehmen Sie diese Mieterliste *immer* als verbindliche Anlage zum Kaufvertrag.

Sofern sich aus der Mieterliste ein hoher Leerstand ergeben sollte, oder wenn Sie feststellen, dass die Wohnungen nur zu unterdurchschnittlich niedrigen Quadratmeterpreisen vermietet sind, müssen Sie herausfinden, warum das so ist. Liegt es an einem normalen zyklischen Überangebot an Wohnraum im betreffenden Umfeld, das erwartungsgemäß im Laufe der kommenden Jahre mangels Neubauaktivitäten wieder abgebaut wird? Liegt es an einer schwachen Hausverwaltung? Liegt es an gewissen Unzulänglichkeiten des Mietshauses, die sich mit überschaubarem Kostenaufwand beheben lassen? Oder haben die Lage und / oder das Haus womöglich grundsätzliche Probleme? Ist das Letztere der Fall: Finger weg! In allen anderen Fällen liegen in hohem Leerstand bzw. in niedrigen Ist-Mieten erhebliche Chancen für Sie.

Grundsätzlich ist es der Idealfall für Sie als Immobilienanleger, wenn Sie ein Objekt erwerben können, bei dem die anfängliche Rendite bezogen auf die *Ist-Miete* Ihre Anforderungen bereits voll erfüllt, obwohl noch ein Leerstand von 10 oder 20 Prozent besteht. Erwerben werden Sie eine Immobilie mit höherem Leerstand aber nur, nachdem Sie den Grund für den Leerstand ausfindig gemacht und eine Idee davon haben, wann und wie der Leerstand wieder abgebaut werden kann.

Sofern die Rendite einer Immobilie bereits von Anfang an gut ist und Sie beispielsweise 20% Leerstand eines Tages noch zusätzlich vermietet haben werden, wird Ihre Eigenkapital-Rendite dann, dem Hebeleffekt sei Dank, noch ein erhebliches Stück höher sein.

Dasselbe würde passieren, wenn Sie ein sehr niedriges anfängliches Niveau der Quadratmeter-Miete irgendwann der ortsüblichen Miete angepasst haben. Das werden Sie hauptsächlich in Verbindung mit Anschlussvermietungen tun, sobald die Preise für Neuvermietungen wieder anziehen.

Aber: Je nach Ausgangssituation kann erhebliche Zeit vergehen, bevor Sie die Mieterträge auf die mögliche Soll-Miete nach oben bringen. Dafür werden Sie persönlich einige Mühe investieren müssen. Und genau deshalb wollen Sie die Früchte dann auch selbst ernten.

Wenn ein Makler bzw. Verkäufer Ihnen eine Immobilie auf Grundlage einer Soll-Miete anbietet, dann nimmt er rein fiktive Einnahmensteigerungen der Zukunft vorweg, um in der Gegenwart einen höheren Kaufpreis zu rechtfertigen. Anschließend möchte er es bequemerweise Ihnen als Käufer überlassen, die Einnahmensteigerung in die Realität umzusetzen. Lassen Sie sich auf ein solches Modell nicht ein.

Es steht dem Verkäufer frei, sich die Mühe selbst zu machen und die kalkulierten *Soll-Mieten* in *Ist-Mieten* zu verwandeln, um dadurch einen höheren Kaufpreis erzielen zu können. Kann aber sein, dass er zuvor dann erst einmal eine Weile warten muss, bis die Zeit reif für die Einnahmensteigerungen ist.

Akzeptieren Sie keine Sollmieten-Kalkulationen, sonst bezahlen Sie schon heute den höheren Preis, den ein Rendite-Objekt erst morgen oder übermorgen wert sein wird.

#98 VORSICHT BAURUINE! CHECKEN SIE DEN BAUZUSTAND - ABER ÜBERTREIBEN SIE NICHT

Wenn Sie jene unterbewertete, renditestarke Immobilie finden, die das Ziel Ihrer Träume darstellt und für die Sie nur 60%, 40% oder 20% der Herstellungskosten bezahlen müssen, dann sollten Sie keine perfekte Neubauqualität erwarten. Aber auch keine Bauruine.

Was Sie suchen, ist eine ziemlich durchschnittlich erhaltene Gebrauchtimmobilie. Diese sollte, so wie sie vor Ihnen steht, im Großen und Ganzen funktionieren. Wichtig ist, dass ihre aktuelle Ist-Miete auch weiterhin erzielbar sein wird, ohne dass Sie dafür große Summen investieren müssen.

Allgemein rechnet man damit, dass man bei einer Wohnimmobilie rund 10€ bis 12€ je m^2 Mietfläche für *Instandhaltung pro Jahr* ausgibt. Damit sollte es möglich sein, den Bauzustand, bzw. die *Restnutzungsdauer* (→#G47) eines durchschnittlichen Objektes mindestens auf dem Level zu erhalten, das es zum Zeitpunkt des Ankaufs hat. Weiterreichende, umfangreiche Modernisierungen werden Sie später nur dann angehen, wenn sich dadurch für Ihre Mieter ein sinnvoller Mehrwert ergibt, der sich für Sie wiederum durch entsprechend rentable Mietenanpassungen rechtfertigt.

In Bezug auf den Bauzustand tut es also ordentlicher Durchschnitt. Doch natürlich wollen Sie nicht die Katze im Sack kaufen. Checken Sie die Bausubstanz gründlich, ohne allerdings dabei zu übertreiben und zu akribisch ins Detail zu gehen. **Wenn Sie ein deutlich unterbewertetes Objekt für 600€, 800€ oder 1.100€ je Quadratmeter erwerben können, dann haben Sie von Beginn an einen erheblichen Puffer im Vergleich zu den Neubau-Herstellungskosten, die heute selbst bei einfachen Objekten 2.300€/m^2 aufwärts betragen.** Es lohnt sich insofern nicht, jede einzelne Macke im Putz und jede lose Fliese akribisch zu ermitteln und in endlosen Protokollen festzuhalten. Achten Sie auf das Große und Ganze.

Wenn man, so wie ich, Architekt ist, hat man bei der Beurteilung des Gebäudezustandes natürlich einen Vorteil. Aber in den meisten Fällen genügt Ihr gesunder Menschenverstand in Verbindung mit der Erfahrung, die jeder Mensch im Hinblick auf Wohnimmobilien hat. Speziell beim Kauf kleinerer Immobilien ist es wirtschaftlich wenig sinnvoll, im Vorfeld womöglich einen Bauschadensgutachter einzuschalten. Sie kaufen ja keine komplexe Spezial-Immobilie, keine Chip-Fabrik oder ein Krankenhaus. Im Rahmen der Bauzustandsbesichtigung einer üblichen Wohnimmobilie, nehmen Sie vielleicht einen tüchtigen Handwerker mit, den Sie gut kennen, zum Beispiel einen Heizung-Sanitär-Installateur. Diesem können Sie nach dem Kauf gegebenenfalls gleich den Auftrag für die Anlagenwartung erteilen.

Persönlich halte ich mich, wenn es um den Bauzustand geht, immer an jene Leute, die das Objekt und seine Mängel am besten kennen müssten. Ich frage also ganz direkt den Eigentümer, den Hausverwalter, den Hausmeister und gelegentlich auch Mieter, die mir begegnen, ob und welche Mängel am Gebäude bestehen.

Das Risiko auf arglistig verschwiegene, kostspielige Mängel hereinzufallen, umgehe ich in der Regel durch eine knappe aber wirkungsvolle Zusatzklausel im Kaufvertrag, in welcher mir der Verkäufer garantiert, dass ihm keine wesentlichen baulichen bzw. technischen Mängel am Kaufgegenstand bekannt sind, bis auf jene, die gegebenenfalls in einer Anlage „X" zum Kaufvertrag aufgeführt sind.

Sobald Sie nach dieser Klausel verlangen, sollte Ihnen der Verkäufer von sich aus eventuelle wesentliche Mängel mitteilen, die Sie dann nach eigenem Ermessen kaufpreismindernd bewerten können - oder auch nicht. Falls der Verkäufer wesentliche ihm bekannte Mängel dennoch verschweigen sollte, können Sie ihn dann im Nachhinein dafür in Haftung nehmen.

#99 VORSICHT RECHTLICHE PROBLEME!

Gewiss wollen Sie nach dem Kauf einer Immobilie auch nicht in nervenaufreibenden Rechtsstreitigkeiten mit Mietern oder Nachbarn versinken oder mit unerwarteten Behördenauflagen oder ähnlichen Dingen konfrontiert werden.

Selbst wenn Sie alle Mieter- und Hausakten im Vertrauen auf deren Vollständigkeit checken, könnten Ihnen wesentliche rechtliche Probleme entgehen.

Auch Risiken dieser Art umgehe ich zu weiten Teilen durch eine passende, knappe Klausel im Kaufvertrag, in welcher mir der Verkäufer garantiert, dass die aktuelle Nutzung der Immobilie öffentlich-rechtlich genehmigt und uneingeschränkt zulässig ist, dass keine sonstigen

Rechtsmängel bestehen, dass keine Rechtsstreitigkeiten mit Mietern, Nachbarn oder sonstigen Dritten vorliegen bzw. erkennbar drohen, bis auf jene, die gegebenenfalls in Anlage „Y“ zum Kaufvertrag aufgeführt sind.

Einmal angenommen, Sie erwerben ein Mietshaus mit 15 Einheiten, dann wäre es nicht vollkommen ungewöhnlich, dass zum Zeitpunkt des Kaufs ein oder zwei kleinere Streitigkeiten mit früheren oder aktuellen Mietern laufen. Dabei muss es nicht immer um gigantische Streitwerte gehen. **Entscheidend für Sie als Käufer ist, dass Ihnen vor dem Kauf sämtliche rechtlichen Probleme mitgeteilt werden. Dann können Sie selbst entscheiden, was Sie akzeptabel finden und wo es Ihnen womöglich zu viel wird.**

#100 KAUFEN SIE NIE EINE IMMOBILIE NUR, WEIL SIE SICH IN SIE VERLIEBT HABEN

Als Architekt kämpfe ich ständig mit der Versuchung, eine Immobilie nur zu erwerben, weil sie so schön ist und ich mich in sie verliebt habe. Der architektonische Charme mancher Objekte legt gewisse Risikosensoren lahm. Plötzlich spielen die Lage- und Baumängel oder andere Probleme eine weniger wichtige Rolle.

Das ist nicht so schlimm für Immobilienkäufer, die nicht auf den Ertrag ihrer Immobilie angewiesen sind. Es ist eine tolle Sache, wenn man es sich leisten kann, Immobilien aus Liebhaberei zu besitzen.

Wer aber von den Erträgen seiner Immobilie(n) jetzt oder später leben *muss*, der ist gut beraten, den Weg aus der reinen Verliebtheit zurück zu einer weniger emotionalen, wirtschaftlichen Betrachtung zu finden. Für renditeorientierte Anleger zählt nun einmal vorrangig die Ertragskraft einer Immobilie. Allerdings kann eine besondere architektonische Qualität hier durchaus einen positiven Beitrag leisten. Besonders schöne Immobilien lassen sich in der Regel auch besser vermieten. Im Idealfall kommt also beides zusammen: Anmut und Wirtschaftlichkeit. Wenn Sie aber als Anleger eine bauliche Perle besitzen, die Sie jeden Monat mehr Geld kostet als sie einbringt, dann haben Sie ein Problem.

Die lukrativsten Anlageobjekte sind zum Zeitpunkt des Kaufs häufig gewöhnliche Durchschnittsimmobilien. Das muss aber nicht so bleiben. In der *Dritten Trumpfkarte* haben wir darüber gesprochen, dass Sie die Entwicklung einer Immobilie selbst beeinflussen können. Sofern es Ihnen also gelingt, eine durchschnittliche graue Maus so günstig zu erwerben, dass Ihnen die finanzielle Luft bleibt, diese mit Maß und Geschick nach und nach in eine Perle zu verwandeln, dann werden Sie auf Dauer höhere Erträge haben als Ihre 08-15-Konkurrenten von nebenan. Und eine schöne Immobilie haben Sie noch dazu.

In diesem Buch geht es um langfristig ausgerichtete Immobilien-Investitionen. Lernen Sie, in einer Immobilie nicht nur das zu sehen, was sie ist, sondern versuchen Sie, einen Blick dafür zu entwickeln, was aus ihr einmal werden kann. Gesteigerter baulicher Charme wird sich auch wirtschaftlich auszahlen.

KAUFEN SIE NIE EINE ANLAGEIMMOBILIE NUR, WEIL SIE SICH IN SIE VERLIEBT HABEN. AUCH DIE ZAHLEN MÜSSEN STIMMEN!

GENAUSO GILT ABER: KAUFEN SIE NIE EINE IMMOBILIE, NUR WEIL DIE ZAHLEN STIMMEN. HÖREN SIE AUCH AUF IHR BAUCHGEFÜHL!

Eine Immobilie, die Sie erwerben, sollte Ihnen zumindest ein gutes Stück weit sympathisch sein. Die Liebe mag im Laufe der Jahre noch hinzukommen, wenn Sie Ihr Objekt immer weiter aufwerten.

#101 SCHLECHT AUSGEHANDELTE FINANZIERUNGSKONDITIONEN KOSTEN RENDITE

Die meisten Immobilienkäufer wählen den bequemen Weg und finanzieren Immobilien über Ihre Hausbank. Das ist unkomplizierter, aber nicht selten auch die teurere Variante. Wenn Ihre Hausbank das Gefühl hat, sicher bei Ihnen im Boot zu sitzen, dann wird Sie Ihnen nicht ihre günstigsten Konditionen anbieten. Schon zwei, drei Zehntel Veränderung beim Zinssatz, können auf 10, 15, 20 Jahre hochgerechnet, unter Berücksichtigung von Zinseszins-Effekten, einen erheblichen Vermögensunterschied bewirken.

Lassen Sie sich deshalb lieber mehrere Angebote machen und stellen Sie Vergleiche an, bevor Sie einen Finanzierungsvertrag abschließen. Für den Angebotsvergleich gibt es heute u. a. gute Online-Portale. Es geht dabei nicht allein um den Zinssatz. Vielleicht finden Sie auch eine Bank, die weniger Eigenkapital-Einsatz von Ihnen erwartet, als Ihre Hausbank. Hieraus können sich erhebliche Unterschiede bezüglich der Eigenkapital-Rendite ergeben, da der Hebeleffekt dann kräftiger zur Entfaltung kommt. Mindestens 15% bis 20% Eigenkapital sollten es im Normalfall aber schon sein.

Der überschaubare Mehraufwand für die Beschaffung einer optimalen Finanzierung beschränkt sich auf den kurzen Zeitraum der Ankaufsphase Ihrer Immobilie. Der Lohn für diese begrenzte Mühe wird Ihnen auf Jahrzehnte hinaus Monat für Monat gutgeschrieben. Als Besitzer eines Anlageobjektes werden Sie über dessen gesamte Haltedauer eine höhere Rendite erzielen, ohne dass Sie dafür erst investieren oder gar die Mieten erhöhen müssen. Genauso werden Sie als Eigenheimbesitzer, aufgrund der Einsparungen bei den Zinskosten, Monat für Monat mehr Geld für andere Dinge in der Tasche haben.

RISIKEN UND FEHLER IN DER HALTEPHASE #102

Natürlich drohen auch nach dem Kaufvertragsabschluss Risiken, die den Erfolg einer Immobilie weniger oder mehr beeinträchtigen können. Fehler, die hier gemacht werden, sind aber leichter zu beheben als Fehler aus der Ankaufsphase. Wenn Sie erst einmal eine Immobilie erworben haben, die im Großen und Ganzen okay ist, können Sie bei späteren Problemen immer irgendwie gegensteuern. Zumal Immobilien, wie besprochen, langsam ticken (→#54) und Ihnen genug Reaktionszeit lassen. Einige echte bzw. vermeintliche Risiken in der Haltephase einer Immobilie wollen wir uns nun genauer anschauen.

EIN RISIKO, DAS KEINES IST: EINE IMMOBILIE IST EINE KAPITALANLAGE, DIE NACHTS BEI IHNEN ANRUFT #103

Viele Anleger, die über den Immobilienerwerb nachdenken, scheuen das Risiko, zu den unmöglichsten Zeiten von Mietern, vom Hausmeister von Nachbarn usw. genervt zu werden. Natürlich stellen nächtliche Anrufe eine Störung dar, besonders dann, wenn Sie sich daraufhin genötigt sehen, irgendwelche Aktivitäten zu entfalten.

Damit sind wir zurück beim Thema der *Zweiten Trumpfkarte*. Im Vergleich zu Immobilien machen beispielsweise Aktien, Anleihen und andere Finanzmarktprodukte in der Haltephase keinerlei Arbeit. Ist das besser? Zunächst mag es tatsächlich wie ein Vorteil erscheinen, wenn man nicht mitarbeiten muss. Doch der damit verbundene Nachteil wiegt schwer: Als Aktienbesitzer *könnten* Sie gar nicht mitarbeiten, selbst wenn Sie es wollten. Sie haben keinerlei Möglichkeit der persönlichen Einflussnahme, um die Erträge Ihrer Aktie zu steigern oder einen drohenden Absturz zu verhindern. Aber immerhin: Sie erhalten auch keine störenden Anrufe. Wenn in dem Unternehmen, dessen Aktien oder Anleihen Sie besitzen etwas schief läuft, erfahren Sie es aus den Nachrichten und zwar in der Regel erst nachdem der Kurs bereits eingebrochen ist.

Wenn mich nachts um 3 Uhr ein Mieter anruft, um mir (wie schon erlebt) mitzuteilen, dass eine Fernwärmeleitung geplatzt ist und der Keller meines Mietshauses gerade mit heißem Wasser vollläuft, dann

bin ich ihm dafür mehr als dankbar und beschwere mich nicht darüber, dass er eigentlich die von mir beauftragte Hausverwaltung hätte anrufen sollen.

Natürlich machen Immobilien Arbeit. Aber dabei handelt es sich nicht um ein unvorhersehbares Risiko. Es handelt sich um eine schlichte Tatsache, die sich jeder Anleger vor dem Immobilienkauf klarmachen muss. Leistungsloses Einkommen gibt es nicht, jedenfalls nicht bei Kapitalanlagen mit stabilen, hohen Renditen.

Trotzdem ist es natürlich die absolute Ausnahme, dass Mieter in der Nacht wegen ernsthaften Problemen anrufen. In der Regel rufen sie tagsüber wegen alltäglicher Fragen und Probleme an. Und natürlich wenden sie sich nahezu immer an die Hausverwaltung. Eine gute Hausverwaltung, als Mitglied meines Teams, nimmt mir einen Großteil der Alltagsarbeit ab. Dessen ungeachtet lasse ich mich immer wieder in meinen Objekten blicken und plaudere gerne mit den Mietern.

Sollten die Mieter, trotz zwischengeschalteter Hausverwaltung, einmal dazu übergehen, wegen banaler Kleinigkeiten lieber bei mir persönlich anzurufen, dann freue ich mich auch darüber. Denn dadurch erfahre ich, dass bei der Hausverwaltung etwas im Argen liegt, um das ich mich unbedingt einmal kümmern sollte.

#104 EINE SCHLECHTE HAUSVERWALTUNG KANN ERHEBLICHE ERTRAGSEINBRÜCHE BEI ANLAGEIMMOBILIEN VERURSACHEN

Eine gute Betreuung Ihrer Immobilie und insbesondere der Mieter ist das A und O für den Anlageerfolg.

Eine gute Hausverwaltung ist Gold wert. Hier die wesentlichen Aufgaben, die eine Hausverwaltung zu erfüllen hat:

- sie versteht, dass Mieter keine Bittsteller sind, sondern Kunden. Als Vermieter *liefern* Sie Ihren Mietern Wohnraum und diese bezahlen dafür. Das ist nicht anders als beim Bäcker, der seinen Kunden Brot gegen Geld liefert. Jeder vernünftige Bäcker ist nett zu seinen Kunden. Und ebenso kundenorientiert ist auch jede gute Hausverwaltung. Sie behandelt Mieter und Mietinteressenten freundlich und zuvorkommend und ist für diese gut erreichbar;

- sie sorgt für die zeitnahe Beseitigung der von Mietern gemeldeten Mängel;
- sie erstellt Betriebskostenabrechnungen korrekt und rechtzeitig;
- sie schließt die Verträge mit Versorgungsunternehmen, Versicherungen usw. im Interesse der Mieter so kostengünstig wie möglich ab;
- sie sorgt für eine ordentliche Reinigung und Pflege Ihrer Immobilie;
- sie behält den Bauzustand im Auge und holt sich bei Ihnen die Freigabe für nötige Instandhaltungsmaßnahmen und zwar bevor kostspielige Folgeschäden auftreten;
- sie sucht den Kontakt zu Mietern, die in Zahlungsverzug geraten sind und bemüht sich bei der Problemlösung zu unterstützen. Der Gang zum Anwalt steht als allerletztes Mittel weit hinten und erfolgt nur nach Ihrer persönlichen Freigabe;
- sie kümmert sich unmittelbar um die Nachvermietung, sobald ein Mieter kündigt und schließt ausgewogene Standard-Mietverträge mit Neumietern ab;
- sie prüft einmal im Jahr, bei welchen Einheiten Mieterhöhungen angemessen erscheinen und informiert Sie darüber. Ob die Mieterhöhungen tatsächlich umgesetzt werden, entscheiden Sie. Mieter, die sich gut bei Ihnen aufgehoben fühlen, werden faire Mieterhöhungen (→#53 - Seite 89) akzeptieren, so wie sie dies auch beim Bäcker tun, wenn dieser seine Brotpreise der allgemeinen Teuerungsrate anpasst.

Wird eine der obigen Verwalteraufgaben nicht ordentlich wahrgenommen, kann dies zu erheblichen Ertragsrückgängen führen. Behalten Sie also die Aktivitäten Ihrer Hausverwaltung im Auge und stehen Sie ihr kollegial mit Rat und Tat zur Seite, sobald es angeraten erscheint. Falls Sie Spaß an der Verwaltertätigkeit finden und die Zeit und das Wissen dafür mitbringen, machen Sie den Job selbst. Für mich käme das allerdings nicht in Frage, weil die alltägliche Hausverwaltung viel Zeit in Anspruch nimmt, die mir an anderer Stelle fehlen würde.

Wie finden Sie eine gute Hausverwaltung, wenn Sie neu im Geschäft sind? In erster Linie über Empfehlungen und eher nicht aus dem Branchenverzeichnis. Ehe Sie dahinter kämen, dass eine blind aus-

gewählte Hausverwaltung eine schlechte Leistung abliefert, wären die Weichen für größere Einnahmenverluste wahrscheinlich schon gestellt.

Fragen Sie die Besitzer benachbarter Immobilien sowie deren Mieter nach den Erfahrungen mit ihrer Hausverwaltung. Fragen Sie Makler, Freunde, Geschäftspartner usw., ob sie eine Hausverwaltung kennen, die sie richtig gut finden. Wenn Sie doch über das Branchenbuch oder Inserate gehen müssen, dann lassen Sie sich Referenzkunden von den in Frage kommenden Hausverwaltungen nennen und fragen Sie diese Kunden dann ein wenig aus. Sie werden schon einen Weg finden. Gehen Sie umsichtig vor, denn die Wahl der Hausverwaltung entscheidet in erheblichem Maße über Gedeih und Verderb Ihrer Anlageimmobilie.

#105 RISIKO: DIE ALLGEMEINE KONJUNKTUR BRICHT EIN

Die Konjunktur schwankt in Zyklen, wobei diese Zyklen immer kürzer und heftiger ausfallen. Man könnte auch sagen, eine Krise jagt die andere. Ereignisse wie der 11. September, die Pleite von Lehmann-Brothers oder die Probleme in der Eurozone führen zu Turbulenzen, die sich oft von der jeweiligen Region über den ganzen Globus ausbreiten.

Die gute Nachricht ist, dass Wohnimmobilien nicht sehr empfindlich auf globale Krisen reagieren. Nach einer Katastrophe wie dem 11. September mögen die Börsen weltweit einbrechen, aber auf die Mieteinnahmen der Wohnungsvermieter in Berlin, Bochum oder Bamberg hat ein solches Ereignis keinen unmittelbaren Einfluss.

Es sind eher jene Krisen, die bei uns die Arbeitslosigkeit ansteigen oder das Lohnniveau absinken lassen, die sich nach und nach auch auf die Wohnungsvermietung auswirken. Die meisten davon betroffenen Mieter werden zwar nicht unmittelbar kündigen, aber eventuell geraten sie in Zahlungsschwierigkeiten.

Arbeitsmarktkrisen wirken sich besonders stark auf das untere und obere Ende des Wohnungsmarktes aus. Das breite Mittelfeld hält sich deutlich stabiler. Typischerweise gehören die Mieter der einfachen D-Lagen (→#94) bzw. der einfachsten Mietobjekte, zu den ersten, die ihre Miete nicht mehr bezahlen können. Das betrifft vielleicht 10% des Wohnungsbestandes und ist einer der Gründe, warum Immobilien in diesem einfachsten Segment für private Anleger nicht empfehlenswert sind.

Nicht besser ergeht es allerdings den Vermietern im Top-Segment. Wer in einer 1A-Prestige-Lage eine Luxus-Immobilie während eines Preishochs für 9.000€ pro Quadratmeter kauft und für über 20€ pro Quadratmeter im Monat vermietet, erzielt nicht nur von Anfang an eine Mini-Rendite, sondern gehört gleichsam zu den ersten Verlierern größerer Einkommenskrisen. Die Spitzenmieten, die in Spitzenzeiten für Spitzenwohnungen in Spitzenlagen erzielbar sind, brechen als erste ein. Und zwar deutlich extremer als in anderen Lagen. Die kleine Gruppe potenzieller Spitzenmieter solcher Objekte zieht in der Krise einfach weiter, entweder der Konjunktur hinterher oder alternativ in preiswertere Wohnungen, sobald die Spitzengehälter nicht mehr fließen. **Die Eigentümer der schwächsten bzw. der exklusivsten Immobilien tragen die höchsten Verlustrisiken.**

Unter anderem deshalb habe ich weiter vorn bereits empfohlen, nur Immobilien in soliden B- und C-Lagen (→#94 / #G3 - #G5) zu erwerben. Dort, wo die breite Mittelschicht lebt, besteht die stabilste Nachfrage nach Wohnraum. Auch in Krisenzeiten. Der Zeitpunkt, an dem Sie dort idealerweise eine Immobilie kaufen, ist der des zyklischen Preistiefs. Sie kaufen somit ganz bewusst mitten in einer Krise, und zwar in der spezifischen Krise eines regionalen Immobilienmarktes. Im Idealfall bezahlen Sie für Ihre Immobilie dort weniger als 50% der üblichen Herstellungskosten und auch die aktuellen Quadratmeter-Mieteinnahmen sind im Bereich des Tiefpunkts angesiedelt. Doch trotz des niedrigen Mietpreis-Niveaus kaufen Sie mit hoher Anfangsrendite. Das Aufwärtspotenzial Ihrer Immobilie ist somit wesentlich größer als das Risiko weiterer Einbrüche.

Solange Sie sich in etwa an dieses Konzept halten, um das sich im Grunde dieses ganze Buch dreht, werden Sie zu den Anlegern gehören, die im Verlauf von Konjunktureinbrüchen immer noch ziemlich gut schlafen werden.

IN KONJUNKTURKRISEN BRECHEN DIE MIETEN AM UNTEREN UND OBEREN ENDE DES WOHNUNGSMARKTES AM EHESTEN UND AM HEFTIGSTEN EIN.

SCHWERE ZEITEN SIND FÜR ALLE SCHWER, ABER

als Besitzer einer zur richtigen Zeit unterbewertet erworbenen Immobilie in einer soliden B- oder C-Lage, werden Sie es zumindest weniger schwer haben als andere. Sie haben Ihr Objekt ganz gezielt bereits während einer Krise gekauft. Zu diesem Zeitpunkt lagen die Kaufpreise und Mieten im lokalen Umfeld auf sehr tiefem Niveau. Das Risiko weiterer dramatischer Einbrüche ist insofern überschaubar gering.

RISIKO: DER WERT IHRER IMMOBILIE FÄLLT #106

Angenommen, Sie haben eine Immobilie auf 15 Jahre finanziert, die Sie zur richtigen Zeit gekauft haben, als die Immobilienpreise im lokalen Umfeld ziemlich im Keller waren. Dann dürfen Sie im Normalfall davon ausgehen, dass Ihr Objekt am Ende der Finanzierungslaufzeit zumindest keinen geringeren Wert hat als zu Beginn.

Langfristig steigen die Immobilienwerte immer. Dies gilt umso mehr für im Preistief erworbene Objekte. Ausnahme: Wenn Immobilien sich in einem Umfeld befinden, welches strukturelle Probleme aufweist, zum Beispiel dort, wo die Bevölkerung nach und nach weitgehend abwandert. In solchen Lagen können die Objektwerte lange Zeit weiter fallen und sich schlimmstenfalls nie mehr erholen.

Im Hinblick auf die Wertstabilität genügt sogar ein zum Zeitpunkt des Ankaufs nur mäßig unterbewertetes Objekt, um sicherzustellen, dass Sie 15 Jahre später im Rahmen der Anschlussfinanzierung nicht mit einem gefallenen Immobilienwert zu kämpfen haben.

Das soll nicht heißen, dass der Wert eines unterbewertet erworbenen Objektes nicht für einige Zeit noch weiter einbrechen könnte. Schließlich wäre es reiner Zufall, wenn Sie beim Immobilienkauf ganz exakt den Zeitpunkt des absoluten Preistiefs, also 6 Uhr auf der *Immobilienuhr* (→#40) treffen würden. Doch bei einem nur zeitweiligen Werteinbruch können Sie im Grunde völlig entspannt bleiben. Jedenfalls solange die Mieteinnahmen immer ausreichen, um den festgeschriebenen Betrag für Zins und Tilgung zu decken.

Das ist ja einer der Gründe, warum wir so sehr an unterbewerteten Immobilien interessiert sind. Man erwirbt sie bewusst im Bereich eines Kaufpreis- und Mietpreistiefs, aber mit solch hoher Anfangsrendite, dass sogar noch Reserven für weitere Mietrückgänge bestehen.

Der *Netto-Reinertrag* Ihrer unterbewerteten Immobilie sollte den Kapitaldienst zum Zeitpunkt des Kaufs um mindestens 20% bis 30% übersteigen →#G24 *Kapitaldienstfähigkeit*. Dann können Sie Zins und Tilgung auch bei zwischenzeitlichem Rückgang der Mieteinnahmen nach wie vor zuverlässig erbringen und ein sich aus den gefallenen Mieten ergebender Wertrückgang wirkt sich dann lediglich buchhalterisch aus.

Praktisch gesehen, hat ein buchhalterischer Rückgang des Immobilienwertes *innerhalb* der Finanzierungsperiode keinerlei Bedeutung, solange Sie den Kapitaldienst jeden Monat an die Bank überweisen können.

Soweit so gut. Aber nach 10, 15 oder 20 Jahren benötigen Sie eine Anschlussfinanzierung. Was ist also, wenn der Wertgutachter Ihrer Bank womöglich zu diesem ungünstigen Zeitpunkt einen gefallenen Immobilienwert feststellt?

Dazu muss man wissen: Banken bewerten Anlageimmobilien nach dem sogenannten *Ertragswertverfahren*. Hier steigt oder fällt der Wert einer Immobilie mit dem Steigen oder Fallen der Erträge. **Ein Objektwert fällt in der Regel also nur dann, wenn zuvor auch die Mieteinnahmen des Objektes gefallen sind.** Wenn Sie eine auch nur einigermaßen solide Immobilie gekauft haben, ist es kaum vorstellbar, dass diese im Jahr 15 nach dem Kauf geringere Mieteinnahmen einbringt als im Jahr 1. Trotzdem wollen wir einmal, rein hypothetisch, genau diesen Fall annehmen. Dann rückt unmittelbar die Restschuld des Darlehens in den Mittelpunkt unseres Interesses.

Beispielsweise schrumpft ein ursprüngliches 500.000€-Darlehen während einer Finanzierungslaufzeit von 15 Jahren um rund 180.000€ auf eine Restschuld von 320,000€. Bei anfänglichen 2,5% Zinsen plus 2% Tilgung (Kapitaldienst 4,5% = 22.500€ p. a.) werden in 15 Jahren also rund 36% des Kredits getilgt, unter Berücksichtigung von Zins- und Zinseszins-Effekten. Sollte der Bankengutachter Ihrem Objekt zum Zeitpunkt der Anschlussfinanzierung nur noch einen geringeren Wert beimessen, müsste dieser immerhin 36% unter dem Wert im Jahr des Ankaufs liegen, bevor Sie in die Situation kämen, frisches Eigenkapital nachschießen zu müssen. **Dies bedeutet, dass Sie im Laufe der Jahre durch die geleistete Schuldentilgung einen weiteren Risikopuffer aufbauen, der einen hypothetischen Mietenrückgang von 36% kompensieren würde.**

Wie gesagt, wäre es ein eher ungewöhnlicher Fall, dass Sie nach 15 Jahren Kapital nachschießen müssen. Wenn Sie beim Ankauf Ihrer Immobilie vernünftig vorgehen, sollte das nicht passieren. Viel eher dürften Sie sich nach 15 Jahren damit befassen, Ihre Immobilie nachzubeleihen, um Ihr

Eigenkapital möglichst vollumfänglich für neue Aktivitäten freizubekommen. Siehe *Vierte Trumpfkarte*

RISIKO: DIE FINANZIERUNGSZINSEN STEIGEN / PROBLEME BEI DER ANSCHLUSSFINANZIERUNG(?) #107

Lassen Sie uns noch beim vorigen Beispieldarlehen verweilen. Im Jahr des Ankaufs Ihrer Immobilie betrug die Darlehenssumme 500.000€. Der Kapitaldienst lag bei 4,5% (2,5% Zinsen, 2% Tilgung), das entspricht 22.500€ pro Jahr. Nach 15 Jahren läuft Ihre günstige 2,5%-Finanzierung aus. Ihre Schulden haben sich zwischenzeitlich durch Tilgung um rund 36% auf 320.000€ verringert.

Im Rahmen der Anschlussfinanzierung benötigen Sie also nur noch ein Darlehen in Höhe von 320.000€. Nehmen wir einmal an, die Zinssätze hätten sich mittlerweile auf 5% verdoppelt. Zusammen mit 2% Tilgung ergäbe das eine Kapitaldienstforderung der Bank von 7% oder 22.400€. In diesem Fall wäre der zukünftige Kapitaldienst nahezu deckungsgleich mit dem bisherigen aus der ersten Finanzierungsperiode.

Selbst in dem unwahrscheinlichen Fall, dass die Mieteinnahmen über 15 Jahre keinen Cent gestiegen sind, könnten Sie den Kapitaldienst also in gleichem Maße wie bisher aus den Mieteinnahmen begleichen.

In der Realität aber werden die Mieten bei einer unterbewertet erworbenen Immobilie nach 15 Jahren immer deutlich gestiegen sein, sodass sogar ungünstige Zinssätze von 8% oder 10% immer machbar sein sollten.

Doch noch einmal: Der Fall, dass die Wohnungsmieten 15 Jahre lang stagnieren, die Zinsen gleichzeitig aber steigen ist eigentlich unrealistisch. **Normalerweise steigen Zinssätze nämlich nur dann in nennenswertem Umfang, wenn die Inflationsrate entsprechend vorauseilt. Doch im Kielwasser der Inflation werden sich dann auch die Wohnungsmieten nach oben entwickeln.** Steigende Mieten wiederum hebeln Ihre Rendite nach oben, sodass Sie auch entsprechend gestiegene Zinsen problemlos bedienen können.

Inflation ist für Sie als Immobilienbesitzer keineswegs ein Problem, sondern sogar der Idealfall – Sie gewinnen nicht trotz, sondern gerade wegen der Inflation an realem Vermögen hinzu →#17 - #19 Während Ihre Einnahmen im Rahmen von Inflation Zug um Zug steigen, bleiben Ihre

Darlehenskosten im jeweiligen Finanzierungszeitraum unverändert stabil und Ihre Schulden nehmen im Verhältnis zu den Mieteinnahmen sogar kontinuierlich ab.

Wenn Sie eine unterbewertete Immobilie gekauft haben, deren Mietpreise zum Zeitpunkt des Kaufs in einem zyklischen Tief steckten, dann dürften Ihre Mieteinnahmen künftig sogar in stärkerem Maße steigen als die Inflationsrate. In einem solchen Fall koppelt sich die Mietenentwicklung nach oben von der Inflationsrate ab. Der zyklische Nachholbedarf und die Inflation addieren sich gewissermaßen auf.

Doch allein schon ein rein inflationärer Einnahmenzuwachs würde Ihnen vollkommen genügen. Mit jedem Jahr der Inflation erhöhen sich der Netto-Reinertrag und die Eigenkapital-Rendite und somit auch der Wert Ihrer Immobilie. Sollten die Finanzierungszinsen aufgrund von Inflation nach 15 Jahren in welchem Umfang auch immer gestiegen sein, dürften Sie dies lässig durch ebenfalls gestiegene Mieteinnahmen kompensieren können. **Keine Angst also vor anziehenden Zinsen!**

Dessen ungeachtet gehe ich auch auf längere Sicht nicht von übermäßig steigenden Zinsen aus. Die Regierungen der Europäischen Union, oder besser gesagt weltweit, werden alles daran setzen, die Zinsen langfristig auf niedrigstem Niveau zu halten. Seit der Finanzkrise sind die Staatsschulden rund um den Globus geradezu explodiert. Die meisten Staaten könnten steigende Zinsen einfach nicht verkraften. Es sei denn, die Inflation und damit die Staatseinnahmen würden bedeutend zunehmen. Dann würden zwar die EZB-Leitzinsen wohl nachziehen, aber trotzdem dürfte es auf sehr lange Zeit bei einem politisch gewollten negativen Realzins bleiben. Das heißt, die Leitzinsen werden weiterhin unter die Inflationsrate gedrückt, was den Staaten ermöglicht, sich auf unauffällige Art zu entschulden - auf Kosten der Sparer, aber zum Vorteil aller übrigen Schuldner, zu denen auch die Eigentümer beliehener Immobilien gehören.

MANCHE KRITIKER SAGEN, DER ERWERB VON IMMOBILIEN MACHE NUR SINN, SOLANGE DIE ZINSEN SO NIEDRIG SIND WIE HEUTE **#108**

Dies ist nicht der Fall! Richtig ist lediglich, dass niedrige Zinsen das gute Geschäft mit guten Immobilien noch besser machen, als es ohnehin schon immer war.

Wenn die Zinssätze steigen, passen sich die Kaufpreise von Anlageimmobilien dem neuen Zins-Niveau nach und nach wieder an. Das heißt, die Kaufpreise fallen so weit, bis es wieder möglich ist, aus dem Verhältnis von Mieteinnahmen zu Zinsen einen dem jeweiligen Immobilienstandort angemessenen Hebeleffekt zu erzielen. Würden die Kaufpreise bei steigenden Zinsen nicht fallen, würde sich ein erheblicher Teil der Anlageobjekte nicht verkaufen lassen. Wirtschaftlich ausgerichtete Anleger kaufen nämlich keine Immobilien, bei denen Sie jeden Monat mehr Geld an die Bank abführen müssen, als sie einnehmen.

In totgesagten, unterbewerteten Lagen, die gerade in der Krise stecken, werden die Kaufpreise von Immobilien immer so günstig sein, dass ein lukrativer Abstand zwischen Objekt-Renditen und Zinssätzen besteht. Im Vergleich dazu wird dieser Abstand in überhitzten Trendlagen immer deutlich geringer ausfallen. An diesem Prinzip wird sich nichts ändern, unabhängig davon, ob die Zinssätze allgemein auf einem hohen oder niedrigen Niveau sind.

Auch die Kaufpreise von Eigenheimen passen sich selbstverständlich dem jeweiligen Zins-Niveau ein Stück weit an. Bei steigenden Zinsen finden zunächst auch weniger Eigenheime einen Abnehmer, weil die Kaufinteressenten die höhere Zinsbelastung nicht mehr tragen können. Die einbrechende Nachfrage zieht in einer freien Marktwirtschaft dann wiederum sinkende Preise nach sich. Die niedrigeren Kaufpreise kompensieren die gestiegenen Zinsen, sodass wieder mehr Eigenheimkäufer in der Lage sind, den Betrag für Zins und Tilgung aufzubringen.

#109 RISIKO: DIE POLITIK ÄNDERT DIE REGELN

Staatliche Eingriffe können enorme Auswirkungen mit sich bringen. Das betrifft alle Branchen, insbesondere aber die Immobilienwirtschaft, die seit jeher ein hohes Maß staatlicher Regulierung auf sich zieht. Mal wirken sich die neuen Regeln zum Vorteil, mal zum Nachteil für das Immobiliengeschäft aus.

Das eigentliche Problem sind allerdings nicht die gesetzlichen Regeländerungen an sich, sondern deren Unvorhersehbarkeit und Unberechenbarkeit. Alle Akteure der Marktwirtschaft lieben verlässliche Regeln und Planungssicherheit.

Immobilienmärkte ticken sehr langsam. Immobilienzyklen laufen über 10, 15, 20 Jahre. Immobilienanleger arbeiten mit langfristig ausgerichteten Strategien. Neue Regeln der Politik greifen meist aber sehr schnell. Sie hängen immer davon ab, welche politische Gruppierung zufällig gerade an der Macht ist, oder an die Macht will. Im Rhythmus der Legislaturperioden werden die Karten oftmals völlig neu gemischt. Niemand kann vorhersehen, welche überraschenden Ideen die Politik unvermittelt hervorbringt. Wahlgeschenke, Profilierungswille, neue politische Koalitionen usw. führen regelmäßig zu grundlegenden Änderungen der Geschäftsgrundlage ganzer Branchen. Wie gesagt, mal im Positiven, mal im Negativen.

Immobilienanleger, die sich an die in diesem Buch empfohlene Strategie halten und nur preiswerte, unterbewertete Immobilien erwerben, deren Erträge (bzw. Einsparungen beim Eigenheim) einen Risikopuffer beinhalten, werden in der Regel auch mit ernsteren staatlichen Eingriffen ganz gut klar kommen.

Beispiel *Mietpreisbremse*: Im Jahr 2015 von der Regierung verabschiedet, wird durch dieses Gesetz die Möglichkeit künftiger Mieterhöhung gegenüber den bisher geltenden Regeln erheblich eingeschränkt. Sie als Käufer einer unterbewerteten Anlageimmobilie lassen sich von den damit verbundenen Auswirkungen aber nicht wirklich beeindrucken. Ihre Immobilie rechnet sich allein schon auf Basis der *Ist-Mieteinnahme* zum Zeitpunkt des Kaufs sehr gut. Ihre Finanzierungskosten sind ohnehin langfristig gedeckelt. Das heißt, Sie sind auf Mieterhöhungen überhaupt nicht angewiesen. Für Sie ist es völlig ausreichend, die aus dem Tief kommenden, niedrigen Quadratmeter-Mietpreise Ihrer Immobilie im Rahmen jeder zukünftigen Neuvermietung anzupassen. Allein dadurch wird Ihre Eigenkapital-Rendite Zug um Zug deutlich ansteigen.

Die Käufer teurer Trend-Immobilien hingegen sind durch die Mietpreisbremse ganz schön gekniffen. Meist kaufen sie ihr Objekt auf Grundlage eines „Businessplans", der alle zwei oder drei Jahre eine ordentliche Mieterhöhung vorsieht, damit sich eines Tages wenigstens eine kleine positive Eigenkapital-Rendite für den Anleger ergibt.

Im Übrigen müssen staatliche Eingriffe durchaus nicht immer begrenzender Natur sein. Oft genug verteilt der Staat zum Beispiel großzügige Subventionsgeschenke, die sich für einige Zeit sehr positiv auswirken und einen Boom auslösen. Da Subventionen früher oder später aber immer wieder zurückgenommen werden, folgt am Ende meist ein Absturz.

Das dazu passende Beispiel der ehemaligen Sonder-Afa-Ost und deren immense Auswirkungen auf den Immobilienmarkt in den neuen Bundesländern und Ost-Berlin haben wir bereits besprochen →#31. Eine staatliche Förderung sollte dort nach der Wende die Schaffung zeitgemäßen Wohnraums ankurbeln, was auch gelang. In der Folge entstanden allerdings eine immense Kaufpreisblase und ein großes Überangebot an Wohnraum. Mit dem Auslaufen der Sonder-Afa folgte der vorhersehbare tiefe Fall der Kaufpreise auf niedrigstes Niveau.

Zu diesem Zeitpunkt traten dann jene Immobilienkäufer auf den Plan, die antizyklisch und mit Weitsicht agieren. Fazit: Eingriffe des Staates hinterlassen fast immer Verlierer *und* Gewinner.

In der *Zweiten Trumpfkarte* wurde bereits angesprochen, dass Markteinflüsse von außen regelmäßig zu Überreaktionen im Verlauf an sich natürlicher Immobilien-Preiszyklen führen. **Aufmerksame und gut informierte Immobilienanleger verstehen es, die günstigen Chancen vorherzusehen, die sich regelmäßig aus staatlichen Eingriffen ergeben und diese dann für sich zu nutzen. Dem ganzen Thema lässt sich also durchaus etwas Positives abgewinnen.**

Dennoch ist nicht vollständig auszuschließen, dass auch die Käufer ertragsstarker, unterbewerteter Anlageimmobilien eines Tages von staatlichen Maßnahmen ernsthaft getroffen werden. Besonders dramatische

Eingriffe in das Privateigentum gab es in den Zeiten vor, während und nach den Weltkriegen. Hohe Steuern, Zwangshypotheken zugunsten des Staates, bis hin zur Enteignung zum Beispiel in der DDR.

Hier erweist es sich als klarer Nachteil, dass Immobilien immobil sind. Aber in Extremsituationen dieser Art werden auch die Besitzer von Wertpapierdepots, von Gold usw. dem staatlichen Zugriff kaum entgehen. Beispielsweise wurde mehrfach in der Geschichte der private Goldbesitz verboten und das Gold eingezogen. Auch, wenn ein Börsenunternehmen enteignet wird, dessen Aktien Sie besitzen, werden Ihre Aktien schlicht zu Altpapier. Ab einem bestimmten Punkt sind wir machtlos.

Sinnvollerweise setzen Sie bezüglich Ihrer Vermögensicherung und Altersvorsorge nicht alles auf eine Karte, bzw. auf einen Ort. Wer mehrere Immobilien erwirbt, kann diese regional verteilen. Und eine gewisse reale Goldreserve macht durchaus Sinn, damit Sie im Fall der Fälle noch einige Zeit lang über Liquidität verfügen, um Ihren Lebensunterhalt zu bestreiten. Verwahren Sie das Gold aber besser nicht in einem Bankenschließfach, sondern an einem Ort, auf den nur Sie alleine jederzeit Zugriff haben.

DIE ALTE ANLEGERWEISHEIT „JE HÖHER DIE RENDITE, UMSO HÖHER DAS RISIKO“ GILT FÜR IMMOBILIEN NICHT (UNBEDINGT) #110

Auf dem Sparkonto erhalten Sie aktuell zwischen 0,1% und vielleicht 1% Zinsen. Solide deutsche Staatsanleihen bringen auch nicht mehr. Der Garantiezins für neu abgeschlossene Lebensversicherungen liegt seit Januar 2015 bei 1,25%. Die übliche Cash-Rendite (Dividende) von Aktien liegt im Bereich von 1% bis 3%. Allerdings liefern viele namhafte Top-Aktien überhaupt keine laufenden Einnahmen, sondern setzen ausschließlich auf *spekulative* Wertsteigerung.

Auch die vermeintlichen Spitzenimmobilien in Spitzenlagen, die Sie für die 25- bis 35-fache Jahresmiete angeboten bekommen, liefern nach Abzug aller nichtumlagefähigen Kosten nur eine minimale Eigenkapital-Rendite aus Cashflow von 2% oder weniger. Außerdem bekommen Sie auf solche Objekte nur kleine Darlehensvolumen, weil die Mieteinnahmen sonst für die Tilgung nicht ausreichen würden und Sie dann laufend Geld aus anderen Quellen zuschießen müssten.

Das heißt, Sparkonten, Anleihen, die meisten Aktien, wie auch Top-Immobilien in Spitzenlagen sind, was Rendite aus Cashflow bzw. das jährliche Zusatzeinkommen in bar anbetrifft, ausgesprochen schwach. Mit derart unrentablen Anlagen, verlieren Sie schon bei mäßiger Inflationsrate an Kaufkraft. Trotzdem werden diese *sicheren* Anlagen von den meisten Anlageberatern empfohlen. **Das einzige, was bei Kapitalanlagen dieser Art sicher ist, ist die schlechte Rendite.**

Bezogen auf Aktien, möchte ich in diesem Zusammenhang gerne folgendes Zugeständnis wiederholen: Natürlich gibt es phänomenal lukrative und auch sichere Aktien! Nur kann eben niemand zuverlässig vorhersagen, welche das sind. Außerdem lassen sich selbst die allerbesten Aktien von Privatanlegern nicht zu Konditionen beleihen, die die Erzielung eines renditesteigernden Hebeleffektes möglich machen.

Was Immobilien angeht, haben Sie, im Gegensatz zu Aktien, gute Möglichkeiten, die individuelle Ertragskraft selbst zu beurteilen und die Spreu vom Weizen zu trennen. Siehe *Zweite Trumpfkarte*.

Unterbewertete Immobilien der *Renditekategorien 1 bis 3* (➔#121) erwerben Sie zu Kaufpreisen, die 30% bis 60% der üblichen Neubauherstellungskosten betragen. Diese Kaufpreise sind zuvor über längere Zeit gefallen. Genauso wie die Quadratmetermieten. Allein dadurch ist das Risiko weiterer Verluste überschaubar. Wir hatten eine solche Ausgangslage in Berlin nach der Jahrtausendwende ➔#31.

War es denn wirklich riskant, im totgesagten Berlin-Kreuzberg des Jahres 2005 einen Altbau mit ordentlicher Bausubstanz für unter 1.000€ je Quadratmeter zu erstehen? Beispielsweise zum Faktor 14-fach bezogen auf die Jahresmiete, also mit einer Rohrendite von ca. 7% p. a.? Für damalige Verhältnisse wäre dies eher noch ein teures Objekt gewesen. Die Mieten waren seinerzeit auf unter 5€ je Quadratmeter eingebrochen. War es unter diesen Voraussetzungen nicht absehbar, dass dieser unterbewertete Berliner Bezirk zusammen mit der ganzen Stadt wieder zurückkommt? Heute, nur wenige Jahre später, ist Kreuzberg enorm angesagt. Die Mieten bei Neuvermietung haben sich in den meisten Lagen verdoppelt. Die Kaufpreise eher verdreifacht.

Im Jahr 2005 war Kreuzberg in der Gunst der Anlegerherde schon so tief gefallen, dass das Aufwärtspotenzial viel größer war, als das weitere Absturzpotenzial.

Aber selbst wenn es weiter abwärts gegangen wäre - so what? Unterbewertete Immobilien bieten erhebliche Risikopuffer ➔#33. Eine Immobilie in der Art des obigen Beispiels, zum 14-fachen der Jahresmiete mit rund 7% Rohrendite erzielt bei 75% Beleihung und 2,5% Zinsen dank des Hebeleffektes eine anfängliche *Eigenkapital-Rendite* von ca. 12% p. a. und eine *liquide Eigenkapital-Rendite* von ca. 6% p.a. Das bereits im Tief befindliche Mietpreisniveau müsste also noch einmal viel weiter abstürzen, bevor die Erträge dort unten ankommen, wo sämtliche Anlagealternativen von Beginn an sind.

Schlechte Immobilien sind riskant und liefern schlechte Renditen - meist ab dem Tag des Kaufs. Für gut ausgewählte, unterbewertete Anlageimmobilien aber gilt: Das Risiko wird mit steigender Rendite nicht höher, sondern nimmt sogar ab, weil der Risikopuffer wächst.

Bitte schlagen Sie hierzu noch im Glossar nach ➔#G23 *Zinsdeckungsquote* / #G24 *Kapitaldienstdeckungsquote*.

UNTERBEWERTETE IMMOBILIEN BIETEN REICHLICHE CASH-RESERVEN. SIE MÜSSEN SCHON SEHR WEIT ABSTÜRZEN, UM SO UNRENTABEL ZU WERDEN, WIE „SICHERE“ SPARKONTEN, ANLEIHEN, DIVIDENDENAKTIEN ODER PRESTIGE-IMMOBILIEN IN 1A-LAGEN ES VON BEGINN AN SIND.

UNTERBEWERTETE IMMOBILIE ZUM 14-FACHEN DER JAHRESMIETE RENDITEKATEGORIE 3 →#121; 75% BELEIHUNG ZU 2,5% ZINSEN

Rohrendite*: ca. 7% p.a.
Eigenkapital-Rendite: ca. 12% p.a.
Liquide Eigenkapital-Rendite: ca. 6% p.a.

TEURE IMMOBILIE IN TOPLAGE ZUM 28-FACHEN DER JAHRESMIETE RENDITEKATEGORIE 4 →#121; 50% BELEIHUNG ZU 2,5% ZINSEN

Rohrendite*: ca. 3,5% p.a.
Eigenkapital-Rendite: ca. 2,4% p.a.
Liquide Eigenkapital-Rendite: ca. 0,4% p.a.

RENDITE* DIVERSER NICHT BELEIHBARER KAPITALANLAGEN

Sparkonto: 0,05% bis 1% p.a.
Bundesanleihen: unter 1% p.a.
Garantiezins Lebensversicherung: 1,25% p.a.
Aktien (Dividendentitel): durchschnittlich unter 3% p.a.

* Renditen aus Cashflow (laufenden Einnahmen): spekulative Wertsteigerungsrenditen wurden hier nicht berücksichtigt; Wertsteigerung wird erst zu Bargeld, wenn eine Anlage verkauft wird; Ausnahme: Immobilien kann man ggf. Nachbeleihen; beim Sparkonto gibt es ohnehin keine Wertsteigerungsoption.

#112

ZUSAMMENFASSUNG TEIL 2
JEDE ROSE HAT IHRE DORNEN

AUCH IMMOBILIEN SIND NICHT FREI VON NACHTEILEN UND RISIKEN. ABER UNTER DEN VERFÜGBAREN ALTERNATIVEN STELLEN SIE DIE MIT ABSTAND BESTE WAHL FÜR DEN LANGFRISTIGEN VERMÖGENSAUFBAU DAR. LERNEN SIE, DIE RISIKEN ZU BEHERRSCHEN.

Ein größerer Schnitzer oder eine Verkettung vieler kleiner Unzulänglichkeiten und Versäumnisse können den Unterschied zwischen einer guten und einer schlechten Investition ausmachen. Deshalb ist Sorgfalt geboten.

Das soll nicht heißen, dass Sie erst dann mit Immobilien durchstarten sollten, wenn Sie ALLES darüber gelernt haben und perfekt sind. Nachdem Sie dieses Buch gelesen haben, verfügen Sie über die wesentlichen Grundkenntnisse für die ersten Schritte.

Warten Sie auch nicht, bis Ihr Eigenkapital für den ganz großen Coup reicht. Schon eine ganz kleine Wohnung ist ein lohnenswerter Anfang, bei dem Sie unschätzbare Erfahrungen sammeln werden.

Falls Sie allerdings schon ein höheres Eigenkapital zur Verfügung haben, kaufen Sie lieber drei kleine Wohnungen anstatt einer einzigen großen und reduzieren Sie damit Ihr Leerstandsrisiko.

Erwerben Sie keine Villen, Einfamilienhäuser, Reihenhäuser und dergleichen als Anlageobjekt. Diese liefern nur schwache Renditen. Erwerben Sie keine Gewerbeimmobilien. Diese sind Spezialistengeschäft und zu konjunkturanfällig, um damit zu starten.

Weil Immobilien immobil sind, ist die *gute* Lage so wichtig. Aber hüten Sie sich vor dem weitverbreiteten Fehler, die *gute Lage* mit der *guten Adresse*, im Sinne von Prestige-Adresse oder Trendlage, gleichzusetzen. Meiden Sie elitäre 1A-Lagen und überhitzte Trendlagen. Beide sind unverhältnismäßig teuer und keine *guten* Lagen für ertragsorientierte Kapitalanleger. Es sind auch keine guten Lagen für Eigenheimkäufer, die ihren Mieterstatus unter anderem deshalb verlassen wollen, um mit einem Eigenheim auch wirtschaftlich besser da zu stehen als vorher.

In B- und C-Lagen finden Sie das beste Preis-Leistungsverhältnis. Für wirtschaftlich denkende Immobilienkäufer sind dies die *guten* Lagen.

Dort leben 70% bis 80% der Bevölkerung, also die breite Mittelschicht und deshalb gibt es dort auf Dauer die stabilste Nachfrage nach Wohnraum und das attraktivste Angebot an lukrativen Kaufgelegenheiten. Diese Lagen beginnen gleich in der zweiten Reihe, oft nur 100m-Luftlinie neben den Top-Adressen.

Aber auch für B- und C-Lagen gilt: Sie sind keinesfalls immer gut, sondern nur manchmal. Neben dem Ort spielt auch die Zeit eine bedeutende Rolle. Es geht darum, sich die Gesetze des Immobilienzyklus zunutze zu machen und Immobilien zur *richtigen* Zeit am *richtigen* Ort zu erwerben. Was Sie suchen, ist nicht die gute Lage von heute, sondern die von morgen.

Achtung: Nicht jede billige Lage, nicht jede billige Immobilie ist unterbewertet. Kaufen Sie nicht blindlings im billigsten Umfeld die billigste Immobilie, die Sie finden können. Finden Sie heraus, warum eine Immobilie billig ist: Liegt eine zyklische oder individuelle Unterbewertung vor? Oder gibt es dauerhafte strukturelle Probleme?

Lassen Sie sich nicht von Soll-Mieten blenden. Bestehen Sie auf Mieterlisten, aus denen die tatsächliche Ist-Miete hervorgeht.

Checken Sie Ihre Wunschimmobilie auf bauliche und rechtliche Mängel, aber übertreiben Sie dabei nicht. Ein Objekt, das Sie für 30% bis 50% seiner Herstellungskosten erwerben, kann nicht perfekt sein. Der günstige Kaufpreis bietet Reserve für Unzulänglichkeiten.

Kaufen Sie keine Immobilie, nur weil Sie sich in sie verliebt haben. Auch die Zahlen müssen stimmen. Genauso aber gilt: Kaufen Sie niemals eine Immobilie nur, weil die Zahlen stimmen. Hören Sie immer auch auf Ihr Bauchgefühl!

Schlecht ausgehandelte Finanzierungskonditionen mindern die Rendite auf Jahrzehnte hinaus. Holen Sie mehrere Angebote ein und vergleichen Sie. Meiden Sie kurze Finanzierungslaufzeiten. Wählen Sie mind. 10, besser 15 oder 20 Jahre und Tilgungsraten von nicht weniger als 2%. Dann werden Sie auch keine Probleme haben, wenn zum Ende der Finanzierungsperiode die Zinsen deutlich gestiegen sind.

Eine schlechte Hausverwaltung kann Ihre Immobilie zum Absturz bringen. Eine gute ist Gold wert. Suchen Sie die beste Verwaltung, die Sie finden können und stehen Sie ihr bei Bedarf mit Rat und Tat zur Seite. Denken Sie immer daran: Mieter sind Ihre Kunden, die es verdient haben, freundlich und zuvorkommend behandelt zu werden.

TEIL 3
IMMOBILIENZIELE – ZIELIMMOBILIEN

In den Teilen 1 und 2 dieses Buches haben Sie die allgemeinen Grundlagen der Immobilien-Investition kennengelernt, die sowohl Anlageimmobilien als auch das selbst genutzte Eigenheim betreffen.

Im ersten Teil ging es um *die Trumpfkarten*, die einzigartigen Vorteile zugunsten vernünftig ausgewählter Immobilien. Seither wissen Sie, warum Immobilien so phänomenal lukrativ sind.

Im zweiten Teil – *Jede Rose hat Ihre Dornen* - wurden die wesentlichen Immobilienrisiken vorgestellt und aufgezeigt, wie Sie mit diesen Risiken umgehen können.

Teil 3 befasst sich mit den spezifischen Besonderheiten der beiden Immobilienkategorien

- **Anlageimmobilie →#113**
- **selbst genutztes Eigenheim →#144**

sowie mit den konkreten Immobilienzielen, die innerhalb der jeweiligen Kategorie erreichbar sind.

Für das Verstehen des Teils 3 wird vorausgesetzt, dass Ihnen die zuvor vermittelten Grundlagen gut vertraut sind.

DIE AUSGANGSLAGE, DIE UNS HIN ZUR IMMOBILIE FÜHRT

DIE RENTE IST NICHT MEHR SICHER.

SPARKONTO, LEBENSVERSICHERUNG UND RIESTER LIEFERN UNTERIRDISCHE VERZINSUNGEN.

AKTIEN SIND RISKANTES WETTGESCHÄFT FÜR WOHLHABENDE.

UND DIE INFLATION LAUERT DARAUF, IHRE ERSPARNISSE ZU ENTWERTEN.

Diese Ausgangslage weist den Weg zur Immobilie. Für die Mehrzahl der Anlagealternativen ist das anhaltend sehr niedrige Zinsniveau ein Riesenproblem. Für gut ausgesuchte und langfristig beliehene Immobilien ist es hingegen ein Glücksfall.

Immobilien waren als Kapitalanlage schon immer hervorragend. Durch die historisch niedrigen Zinssätze werden sie noch einmal besser. Das gilt für Anlageimmobilien genauso wie für das selbst genutzte Haus oder die Eigentumswohnung.

Keine andere Anlageform wird es Ihnen in ähnlich guter Weise ermöglichen, Ihre finanzielle Unabhängigkeit bei vergleichsweise beherrschbarem Risiko zu steigern.

Kümmern Sie sich künftig persönlich um Ihren Vermögensaufbau. Mit Immobilien. Niemand wird das engagierter tun, als Sie selbst.

DIE VERMIETETE ANLAGEIMMOBILIE #113

WELCHE ZIELE SIND MIT VERMIETETEN ANLAGEIMMOBILIEN REALISTISCH ERREICHBAR? WELCHE IMMOBILIENART IST FÜR PRIVATE ANLEGER AM BESTEN GEEIGNET? WELCHE RENDITEKATEGORIE KOMMT FÜR SIE IN FRAGE UND WIE MUSS IHRE ZIELIMMOBILIE KONKRET BESCHAFFEN SEIN, DAMIT SIE IHRE ZIELE ERFÜLLT?

Bevor Sie mit der Immobiliensuche beginnen, sollten Sie ein klares Bild Ihrer Zielimmobilie vor Augen haben.

In den folgenden Abschnitten schauen wir uns an, welche Ziele mit ordentlichen Anlageimmobilien realistisch erreichbar sind und warum gerade Wohnimmobilien für private Teilzeitinvestoren, die sich nicht vollberuflich mit Immobilien befassen, die besten Zielobjekte sind. Wir werfen auch einen kurzen Blick auf andere gute Immobiliengeschäfte, die für Sie als Privatanleger aber trotzdem (noch) kein geeignetes Ziel sind.

Anschließend betrachten wir die wichtigsten *Kennzahlen* zur Beurteilung von Immobilienangeboten sowie die vier *Renditekategorien*. In diesem Zusammenhang lernen Sie die wichtigsten Argumente kennen, die für die eine oder andere Renditekategorie sprechen. Damit verfügen Sie über eine Entscheidungsgrundlage in der Frage, welche Kategorie für Sie am besten geeignet ist.

Im Anschluss daran besprechen wir noch einige konkrete Beispielobjekte zu den vier Renditekategorien.

Abschließend wird im Rahmen der Zusammenfassung der *Steckbrief Zielimmobilie* vorgestellt. Er steckt nach oben und unten den Rahmen ab, innerhalb dessen sich die wirtschaftlichen Eckdaten eines vernünftigen Anlageobjektes bewegen sollten.

Im Anhang finden Sie dann noch Beispiele für eine ausführliche *Ankaufsberechnung* sowie für eine *15-Jahres-Planung* →#H2 - #H5 *Hilfsmittel*.

#114

MIT ANLAGEIMMOBILIEN ERREICHBARE ZIELE:

- **ZUSATZEINKOMMEN IN BAR AB SOFORT**
- **LANGFRISTIGER VERMÖGENSAUFBAU**
- **INFLATIONSSCHUTZ**

Diese drei Hauptziele können Sie mit einer Investition in eine Anlageimmobilie erreichen (übrigens genauso mit einem Eigenheim →#144). Tatsächlich bietet keine andere Anlageform ein ähnlich attraktives Chancen-Risiko-Verhältnis wie die Immobilie. Die Kombination aus hohen, stabilen Einnahmen ab dem Tag des Ankaufs sowie aus Wertsteigerungspotenzialen mit bestem Inflationsschutz für die Zukunft stellt die Lösung für alle wesentlichen Probleme der Anlagekonkurrenten dar.

Deshalb lieben auch die Banken Immobilien in besonderem Maße und gewähren hohe Darlehen zu den günstigsten Konditionen darauf. Die einzigartig gute Beleihbarkeit von Immobilien ist die Grundlage für die Erzielung eines renditesteigernden Hebeleffektes →#5 / #G32.

Als Eigentümer einer vernünftigen, beliehenen Anlageimmobilie haben Sie ab dem Zeitpunkt des Kaufs ein schönes Zusatzeinkommen in bar für sich übrig, und zwar nach Zins und Tilgung →#G17 *liquider Jahresüberschuss.*

Doch auch der Tilgungsbetrag ist und bleibt selbstverständlich IHR Geld →#G21. **Zwar steht Ihnen eine getilgte Summe nicht sofort als Liquidität zur Verfügung, dennoch leistet sie einen erheblichen Anteil zu Ihrem langfristigen Vermögensaufbau.** Tilgung wirkt wie ein Ratensparplan. Im gleichen Umfang, wie Sie mittels Tilgung Schulden abbauen, bauen Sie Vermögen auf.

Einen weiteren Vermögenszuwachs erzielen Sie, sobald der Wert Ihrer Immobilie steigt. Ob diese Situation früher oder später eintritt, ist Ihnen im Grunde egal. Bis dahin erfreuen Sie sich Monat für Monat an den laufenden Einnahmen Ihres Anlageobjektes.

Im Übrigen gewinnen Sie als Besitzer einer beliehenen Immobilie sogar in Zeiten der Inflation, bzw. gerade wegen der Inflation an *realem* Vermögen hinzu. Wenn die allgemeinen Preise und Löhne steigen, werden mit einem gewissen zeitlichen Versatz nämlich auch Ihre Mieteinnahmen steigen und somit der Wert Ihrer Immobilie. Hingegen werden weder Ihre Schulden noch Ihre Zinskosten in Folge der Inflation zulegen, jedenfalls nicht, sofern Ihre Immobilie langfristig finanziert ist.

Aus inflationär wachsenden Mieteinnahmen bei gleichbleibenden Zinskosten ergibt sich ein steigender monatlicher Bar-Überschuss zu Ihren Gunsten.

Parallel dazu fallen Ihre Schulden im Verhältnis zum neuen Preisniveau immer geringer aus – sie werden entwertet. Je höher die Inflationsrate ausfällt, umso höher ist das sich daraus ergebende reale Vermögensplus. Ausführliche Erläuterungen und Beispielrechnungen zum Thema Inflation und Immobilien finden Sie in der *Ersten Trumpfkarte* →#17.

WOHNEN MÜSSEN DIE MENSCHEN IMMER

ZIELIMMOBILIEN: WARUM WOHNIMMOBILIEN FÜR PRIVATE TEILZEITINVESTOREN AM BESTEN GEEIGNET SIND

Die im vorigen Abschnitt dargestellten wichtigsten Immobilienziele sind für den privaten Teilzeitanleger am einfachsten und zuverlässigsten mithilfe von bestehenden Wohnimmobilien erreichbar.

Wohnimmobilien werden immer gebraucht, weil schließlich jeder wohnen muss. Wohnimmobilien stellen die am weitesten verbreitete Immobiliengattung der Welt dar und werden ständig in gigantischer Anzahl angeboten und nachgefragt.

Deutschland verfügt über einen Bestand an rund 37 Millionen Wohneinheiten. Allerdings befinden sich Angebot und Nachfrage nicht immer an jedem Ort und zu jeder Zeit im Gleichgewicht. Und genau daraus ergibt sich der Vorteil, dass ein aufmerksamer Anleger immer irgendwo in Gänze unterbewertete Wohnimmobilienmärkte und / oder unterbewertete Einzelobjekte finden kann.

Die Mieteinnahmen vermieteter Eigentumswohnungen und Mietshäuser sind im Vergleich zu den Einnahmen anderer Immobilienkategorien bzw. anderer Kapitalanlagen am wenigsten schwankungsanfällig. Genau aus diesem Grund genehmigen die Banken auf solche Wohnimmobilien die mit Abstand höchsten Langfristdarlehen zu den günstigsten Konditionen.

Im Übrigen erfordern Wohnimmobilien im Vergleich zu anderen Immobilientypen das geringste Maß an Tiefenspezialisierung auf der Eigentümerseite. Das soll nicht heißen, dass es vor dem Kauf einer Wohnimmobilie nicht eine Menge zu lernen gäbe. Da aber alle Anleger selbst auch *wohnen*, ist bei den meisten zumindest ein gesundes Grundverständnis für das Thema Wohnen bereits vorhanden.

Hier kommen einige Einschränkungen bzw. Anregungen in Bezug auf Wohnimmobilien, die wir bereits im Teil 2, in dem es um Immobilienrisiken ging, ausführlich erörtert haben:

- Meiden Sie Einfamilienhäuser, Doppelhäuser, Reihenhäuser und dergleichen: Als Anlageobjekte sind sie Renditeleichen →#90;
- Kaufen Sie lieber drei kleine als eine große Wohnung: Eine einzige Mieteinheit zu besitzen, ist riskanter →#91;
- Falls Sie über das erforderliche Eigenkapital verfügen, kaufen Sie lieber ein komplettes Mietshaus anstatt vieler Einheiten in einer Wohnungseigentümergemeinschaft →#92

#116 GUTE IMMOBILIENGESCHÄFTE, DIE TROTZDEM FÜR PRIVATANLEGER KEIN GEEIGNETES ZIEL SIND

Meine Empfehlung aus dem vorigen Abschnitt lautete, ausschließlich in bestehende Wohnimmobilien zu investieren. Das soll nicht heißen, dass es keine anderen Möglichkeiten gäbe, mit Immobilien Freude zu haben und dabei angemessen zu verdienen. Allerdings handelt es sich dabei um Aktivitäten, die wegen des größeren Aufwands und der höheren Risiken besser zu Vollzeitprofis passen. Hier ein kurzer Überblick:

#117 GEWERBEIMMOBILIEN SIND KONJUNKTURANFÄLLIGES SPEZIALISTENGESCHÄFT

Gewerbeimmobilien können durchaus sehr lukrativ sein. Aber sie sind riskanter als Wohnimmobilien und nicht für private Teilzeitanleger geeignet, um damit zu starten. Auch dieses Thema haben wir bereits ausführlicher im Teil 2 besprochen, der die mit Immobilien verbundenen Risiken betraf →#89.

#118 AUFTEILERGESCHÄFT / BAUTRÄGERGESCHÄFT

Aufteiler erwerben bestehende Mehrfamilienhäuser und teilen diese grundbuchlich in Eigentumswohnungen auf, die sie anschließend einzeln verkaufen, ohne vorher umfangreichere Baumaßnahmen durchzuführen. Bauträger tun dasselbe mit Neubauten, die sie eigens dafür errichten, bzw. mit Bestandsobjekten, die sie umfangreich baulich sanieren.

Während der Durchführung von Aufteiler- und Bauträgermaßnahmen werden normalerweise keine nennenswerten Mieteinnahmen erzielt. Darin sehen die Banken berechtigterweise ein deutlich höheres Risiko und verlangen deshalb einen wesentlich größeren Eigenkapitalanteil sowie höhere Zinsen.

Bauträger leben nicht von nach oben gehebelten Mietrenditen, sondern von den Gewinnen aus Wohnungsverkäufen. Sie kaufen Wohnflächen en gros und verkaufen sie so zeitnah wie irgend möglich scheibchenweise weiter.

Dabei gehen die Einnahmen aus den Verkäufen zunächst so lange an die finanzierende Bank, bis das Darlehen weitgehend zurückgeführt ist. Erst der Verkauf der letzten Einheiten spült dem Bauträger eigene Gewinne in die Kasse.

Aufteiler und Bauträger müssen über lange Zeiträume viel Arbeit und Eigenkapital einbringen, um dann, wenn alles geklappt hat, durchaus attraktive Gewinne zu machen. Alles in allem handelt es sich dabei um ein vergleichsweise riskantes Geschäftsmodell für professionelle Immobilienunternehmen mit viel Erfahrung und reichlich Eigenkapital.

IMMOBILIENHANDEL #119

Reine Immobilienhändler kommen selten vor. Allein schon die hohen Nebenkosten beim Immobilienkauf verhindern, dass Immobilienhandel zu einem Geschäftsmodell in großem Stil wird. Üblicherweise liegen die Kaufnebenkosten bei 10% bis 15% des Kaufpreises. Bevor man also beim schnellen Durchhandeln einer Immobilie überhaupt die Gewinnzone erreicht, muss man zunächst einen Verkaufspreis erzielen, der den Einkaufspreis um 10% bis 15 % übersteigt. Um darüber hinaus noch einen Gewinn von beispielsweise weiteren 15% zu erzielen, muss man also jemanden finden, der einem die Immobilie mit mindestens 25% bis 30% Aufschlag wieder abkauft.

So etwas kommt gelegentlich vor, ergibt sich aber eher zufällig und ist kaum planbar. Auf seltenen Ausnahmegelegenheiten lässt sich kein kontinuierliches Geschäftsmodell aufbauen.

Hinzukommt, dass man als Immobilienhändler in der Regel den gesamten Kaufpreis aus Eigenkapital bezahlen muss. An kurz laufenden Finanzierungen sind die Banken für gewöhnlich nämlich nicht interessiert. Deshalb sticht auch hier die *Erste Trumpfkarte* nicht. Ohne Beleihung ist kein renditesteigernder Hebeleffekt erzielbar.

Für Aufteiler, Bauträger und Immobilienhändler gilt gleichermaßen: Sie leben vom Weiterverkauf, nicht vom Halten einer Immobilie. Deshalb stehen sie ständig unter Verkaufsdruck und Stress.

Im Vergleich dazu genießen Anleger, die langfristig in vermietete, unterbewertete Wohnimmobilien investieren ein entspanntes Leben. Das verdanken sie den stabilen Einnahmen, die ab dem Tag des Ankaufs kontinuierlich strömen. Die dabei auf längere Sicht zu erzielenden Eigenkapital-Renditen sind kaum zu überbieten.

Vermietete Bestandsimmobilien mit Wohnnutzung und langfristiger Beleihung erscheinen nicht besonders spektakulär. Aber sie bieten privaten Anlegern

DAS GÜNSTIGSTE VERHÄLTNIS ZWISCHEN

HOHE EIGENKAPITAL-RENDITEN BEI VERGLEICHSWEISE EINFACHER HANDHABUNG.

#120

DREI WICHTIGE KENNZAHLEN ZUR BEURTEILUNG VON IMMOBILIENANGEBOTEN

Auf der Suche nach *Ihrer* Wohnimmobilie werden Sie möglichst viele Angebote vergleichen und dabei mit dem geringstmöglichen Zeitaufwand die Spreu vom Weizen trennen wollen.

In einer ersten schnellen Sichtungsrunde befassen Sie sich zunächst nur mit der Papierform von Immobilienangeboten. Eine weitergehende Angebotsprüfung können Sie sich dann in allen Fällen sparen, wenn zum Beispiel eine Immobilie schon auf den Exposé-Fotos sehr verwahrlost wirkt oder wenn sie in einem Umfeld mit schlechter Infrastruktur oder mit dauerhaft starkem Bevölkerungsrückgang liegt. Oder falls sie Ihrem Bauchgefühl einfach nicht behagt - aus welchen Gründen auch immer. Von zehn Immobilienangeboten werden meist nur ein oder zwei die erste Sichtung überstehen, wenn überhaupt.

Im zweiten flotten Prüfungsschritt beziehen Sie dann schon die Zahlen ein. Um binnen ein, zwei Minuten ein gutes Gefühl für die wirtschaftliche Stärke einer Anlageimmobilie gewinnen zu können, müssen Sie Ihr Augenmerk lediglich auf drei Kennzahlen richten:

- **Kennzahl 1:** **Faktor** (Vielfaches der Jahres-Ist-Miete) →#G28
- **Kennzahl 2:** **Roh-Rendite** in % →#G27
- **Kennzahl 3:** **Kaufpreis** je Quadratmeter Mietfläche →#G7

Diese drei Kennzahlen sollten sich selbst in dürftigen Immobilienangeboten immer finden lassen. Falls nicht, können sie diese mit wenig Aufwand selbst ausrechnen. Die Formeln finden Sie im Glossar. Als Ausgangswerte für die Berechnung benötigen Sie lediglich den *Kaufpreis netto* (→#G6), die *Ist-Mieteinnahme netto-kalt* (→#G10) und die *Mietfläche*. Wenn nicht mindestens diese Ausgangswerte in einem Immobilienangebot enthalten sind, dann ist es eigentlich gar kein Angebot und es lohnt sich nicht, weiter seine Zeit damit zu vertun.

Sehr wichtig: Die Bedeutung der Kennzahlen 1 bis 3 sollte Ihnen gut vertraut sein.

Sowohl der Faktor als auch die Roh-Rendite sind geeignet, Ihnen das gewünschte erste Gefühl für die wirtschaftliche Stärke einer Anlageimmobilie zu vermitteln. Beide Kennzahlen drücken im Grunde dasselbe aus, lediglich in einer anderen Einheit. Kapitalanleger, die sich viel mit den Finanzmärkten beschäftigen, arbeiten in der Regel lieber mit der Roh-Rendite in Prozent. Reine Immobilienleute bevorzugen eher den Faktor, also das Vielfache der Jahresmiete.

Nach einiger Zeit und mit etwas Routine werden Sie immer besser abschätzen können, welche Eigenkapital-Rendite sich aus einer bestimmten Roh-Rendite bzw. aus einem bestimmten Faktor in etwa ergeben wird. Und das ist es ja, worum es bei Anlageimmobilien geht: die *Eigenkapital-Rendite* bzw. die *liquide Eigenkapital-Rendite*.

Um den Prozess der Routinegewinnung für Sie etwas abzukürzen, finden Sie im nächsten Abschnitt eine Tabelle mit *Renditekategorien*. Sobald Ihnen entweder der Faktor oder die Rohrendite einer Immobilie bekannt ist, können Sie die Eigenkapital-Rendite bequem in der Tabelle ablesen.

Doch Faktor und Rohrendite allein liefern noch kein vollständiges Bild, wenn es darum geht zu beurteilen, ob eine Immobilie wirklich preiswert ist oder nicht. Zusätzlich benötigen wir noch die Kennzahl 3, den *Kaufpreis je Quadratmeter*.

Die Quadratmeterpreise der unterbewerteten Immobilien, die wir suchen, liegen bei 60%, 40% oder sogar nur bei 20% der im Umfeld aktuell üblichen *Neubau-Herstellungskosten* →#G41.

Doch immer wieder werden Sie Objekte mit eigentlich guter Rendite, aber einem zu teuren Kaufpreis je Quadratmeter angeboten bekommen. Das bedeutet, dass hier auch der *Mietpreis pro Quadratmeter* (→#G11) sehr teuer sein muss. Bei jedem Mieterwechsel besteht insofern die Gefahr, dass der bisherige Mietpreis nicht mehr erzielbar ist und dass die Rendite einbricht. **Nur wenn eine Immobilie auch für die Kennzahl 3, den Kaufpreis je Quadratmeter, einen günstigen Wert aufweist, ist sie für uns interessant.**

In der folgenden Tabelle ist die ungefähre Bandbreite der passenden *Kaufpreise je Quadratmeter* in der jeweiligen Renditekategorie dargestellt.

#121

DIE RENDITEKATEGORIEN

Eine der beiden Kennzahlen - *Faktor* oder *Rohrendite* - genügt, um jedes Immobilienangebot einer der vier Renditekategorien zuordnen zu können. Anschließend lassen sich am unteren Ende der Tabelle die ungefähren Werte (von - bis) für *die Eigenkapital-Rendite* und *die liquide Eigenkapital-Rendite* ablesen. Ohne selbst lange rechnen zu müssen, erfahren Sie hier, was jeden Anleger am meisten interessiert: *Wieviel bekomme ich auf das von mir eingesetzte Kapital pro Jahr zurück?*

RENDITE-KATEGORIE 1 phänomenal bis sehr gut	**RENDITE-KATEGORIE 2** sehr gut bis gut	**RENDITE-KATEGORIE 3** gut bis noch okay	**RENDITE-KATEGORIE 4** eingeschränkt sinnvoll
KENNZAHL 1: Kaufpreis-Faktor (Vielfaches der Jahresmiete) →#G28			
8- bis 11-fach	11- bis 14-fach	14- bis 17-fach	über 17-fach
KENNZAHL 2: Roh-Rendite →#G27			
12,5% - 9,1%	9,1% - 7,1%	7,1% - 5,9%	unter 5,9%
KENNZAHL 3: Kaufpreis je Quadratmeter Mietfläche →#G7			
ca. 400€ - 900€	ca. 700€ - 1.300€	ca. 1.100€ - 1.600€	nach oben offen
ANFÄNGLICHE EIGENKAPITAL-RENDITE p.a. →#G30			
ca. 26% - 17%	ca. 17% - 12%	ca. 12% - 8,5%	unter 8,5%
ANFÄNGLICHE *LIQUIDE* EIGENKAPITAL-RENDITE p.a. (nach Tilgung) →#G31 **= Ihr sofortiges Zusatzeinkommen in bar**			
ca. 20% - 11%	ca. 11% - 6%	ca. 6% - 2,5%	unter 2,5%

Bei den in der Tabelle ausgewiesenen Eigenkapital-Renditen handelt es sich lediglich um Zirka-Werte. Diese können aufgrund individueller Besonderheiten einer betreffenden Immobilie nach oben oder unten abweichen. Trotzdem ist der Genauigkeitsgrad der Werte ausreichend, um Ihnen ein erstes gutes Gefühl für die Ertragsstärke einer Immobilie zu vermitteln.

Damit verfügen Sie über eine Entscheidungsgrundlage in der Frage, ob es sich lohnen könnte, ein Angebot weiter zu verfolgen oder ob Sie es lieber in den Papierkorb befördern wollen.

Im Rahmen der Berechnung der in der Tabelle ausgewiesenen Rendite-Kennzahlen 1 und 2 mussten bestimmte Ausgangswerte zugrunde gelegt werden, wie sie zum Zeitpunkt der Drucklegung dieses Buches üblich waren: Eigenkapital 25%, Beleihung 75%, Zinssatz 2,50% p.a., Zinsbindung 15 Jahre, anfängliche Tilgung 2% p.a., Kaufnebenkosten 12%, Abzug von der Ist-Miete für nicht umlagefähige Bewirtschaftungskosten 25%.

Die angenommenen Von-Bis-Werte für die Kennzahl 3 basieren auf den durchschnittlichen Neubau-Herstellungskosten (➔#G41) von ca. 2.300€/m^2. Niedriger dürften die Herstellungskosten eigentlich nirgendwo mehr sein. Das heißt, wenn Sie in Renditekategorie 3 für den Kaufpreis je Quadratmeter maximal 1.600€ ausgeben, dann liegt dieser immer noch mindestens rund 30% unter den Herstellungskosten. In Top-Cities und Top-Straßen sind die Herstellungskosten natürlich höher, allein wegen höherer Grundstückspreise und Baustandards. Das ist für uns jedoch unerheblich, weil in diesen Lagen ohnehin keine Anlageimmobilien in den Renditekategorien 1 bis 3 gehandelt werden.

DIE TABELLE DER *RENDITEKATEGORIEN* IST NUR SOLANGE WIRKLICH AKTUELL, WIE SICH DIE DARLEHENSZINSEN NICHT WESENTLICH VON 2,5% WEGBEWEGEN #122

Eine Schwachstelle dieses Buches also? Wenn Sie so wollen: JA! Andererseits blieb mir ja nichts anderes übrig, als die bei Drucklegung dieses Buches geltenden Kreditzinsen, zuzüglich einer gewissen Reserve für die Renditeermittlung, zugrundezulegen, wohlwissend, dass sich die Zinsen in der Realität früher oder später ändern werden.

Der Nutzen, den Ihnen nicht nur die Tabelle der Renditekategorien, sondern auch die anderen Beispielrechnungen des Buches trotzdem bieten, ist, dass Sie mit ihrer Hilfe ein gutes Gefühl für die wirtschaftlichen Gesetzmäßigkeiten der Immobilien-Investition entwickeln können.

Der Leitzins der Zentralbanken übt einen entscheidenden Einfluss auf die Zinssätze von Immobilienfinanzierungen aus. Ändert sich der Leitzins, ändert sich auch der Kreditzins. Daraus ergeben sich weitere Veränderungen: Zunächst bei den erzielbaren Eigenkapital-Renditen und mit etwas Verzögerung reagieren auch die Immobilienkaufpreise.

Niedrigere Kreditzinsen als heute werden wir wahrscheinlich nie mehr bekommen. Obwohl? Das dachten wir auch schon, als die Zinsen auf unter 3% gefallen waren. Besser also, man sagt niemals NIE!

Die 15-Jahres-Zinsen liegen aktuell im Bereich von 2% bis 2,1% p.a. Bei der Berechnung der Eigenkapital-Renditen der *Tabelle der Renditekategorien* wurde allerdings ein Darlehenszinssatz von 2,5% p.a. zugrunde gelegt, in den bereits eine Reserve für Zinsanstiege eingerechnet ist.

Nur bei genau diesen Kreditzinsen von 2,5%, wird ein Objekt mit Faktor 17-fach die für Kategorie 3 vorgegebene Mindest-Eigenkapital-Rendite von rund 8,5% p.a. erwirtschaften, bzw. die *liquide* Eigenkapital-Rendite von rund 2,5%. Bei niedrigeren Zinssätzen ergäben sich höhere Renditen, bei höheren Zinssätzen niedrigere Renditen.

#123 WIE KOMMEN DIE VORGABEN FÜR DIE MINDEST-EIGENKAPITAL-RENDITE IN RENDITEKATEGORIE 3 ZUSTANDE?

In Renditekategorie 3 wird mit Faktor 17-fach die unterste Grenze der Rentabilität vorgegeben, die man bei einer Anlageimmobilie aktuell akzeptieren sollte. Dies hat mit den Mindest-Reserven zu tun, die wir von Anlageobjekten erwarten.

Bei 2,5% Kreditzins und Faktor 17-fach ergibt sich eine *liquide Eigenkapital-Rendite* um die 2% bis 2,5%, *nachdem alle* Ausgaben, einschl. Zins und Tilgung aus den Mieteinnahmen bezahlt wurden. Die liquide Eigenkapital-Rendite bestimmt also Ihr liquides Zusatzeinkommen in bar – solange alles planmäßig läuft.

Nun zu den Reserven: Wenn Sie etwas weiter hinten einmal in die *Bierdeckel-Kalkulation des Beispielobjektes 6* (→#140) reinschauen, werden Sie sehen, dass die *Ist-Miete* dort um etwa 10% bis 11% einbrechen dürfte, bevor der *liquide Jahresüberschuss* letztlich bei null ankommt. Weitere 3% Mietausfallwagnis sind außerdem in den *zwölfprozentigen Abzug für nicht umlegbare Kosten* bereits enthalten. **Das heißt, die Ist-Miete könnte bei Renditekategorie 3, Faktor 17-fach, insgesamt um 13% bis 14% einbrechen, bevor Ihr liquides Zusatzeinkommen erst einmal weg wäre.** Aber selbst dann wären Sie immerhin noch in der Lage, Zins und Tilgung (IHR Geld! ➔#G21) vollständig aus der Miete zu bezahlen.

Aus meiner Sicht ist es vernünftig, nur Anlageimmobilien zu erwerben, deren liquider Jahresüberschuss wenigstens 10% bis 15% Reserve bietet. Um dies zu gewährleisten, muss bei einem Darlehenszinssatz von 2,5% der schwächste zulässige Faktor in Renditekategorie 3 mit etwa 17-fach gewählt werden. Und dieser Faktor ist dann anzupassen, wenn sich der Zinssatz zu weit von der 2,5%-Grenze weg bewegt.

Würden die Finanzierungszinsen beispielsweise auf 3,3% ansteigen, dann würde die Eigenkapital-Rendite eines Objektes, das zum 17-fachen der Jahresmiete gekauft wird, nur noch ca. 6% betragen und die liquide Eigenkapital-Rendite läge in etwa bei null. In diesem Fall wäre keine Liquiditätsreserve mehr gegeben. Schon bei geringen Mieteinbrüchen müsste Geld aus anderen Quellen zugeschossen werden, um den Kapitaldienst erbringen zu können.

Bei einem auf 3,3% gestiegenen Darlehenszins dürfte der Kaufpreis maximal das 14,5- bis 15-fache der Jahresmiete betragen, damit die Vorgaben für die Liquiditäts-Reserve in Renditekategorie 3 noch erfüllt werden könnten.

Sollten Sie tatsächlich irgendwann von den Banken nur noch Zinssätze angeboten bekommen, die über den in der Tabelle der Renditekategorien zugrunde gelegten 2,5% liegen, dann können Sie die veränderten Eigenkapital-Renditen jedoch ziemlich einfach selbst ausrechnen. Die Formeln dafür finden Sie im Glossar.

Oder Sie laden sich von der Website **www.immoEinmaleins.de** die *Ankaufskalkulation* als Excel-Tabelle herunter. Dort sind alle Formeln bereits einprogrammiert. Es wird Sie kaum mehr als zwei Minuten kosten, die spezifischen Eckdaten einer betreffenden Immobilie in den Tabellenrohling einzusetzen. Anschließend können Sie einmal testweise mit unterschiedlichen *Zinssätzen* spielen und beobachten, wie sich die Renditewerte dadurch verändern.

Sobald Sie dem Ankauf einer guten Immobilie ernsthaft näher treten wollen, werden Sie dafür ohnehin eine eigene *Ankaufskalkulation* (*Anhang Hilfsmittel* →#H2) mit dem dann geltenden genauen Zinssatz erstellen.

#124 ZIELIMMOBILIEN: NUR IN DEN RENDITEKATEGORIEN 1 BIS 3

ALLE Immobilien innerhalb der Renditekategorien 1 bis 3 - die einen mehr, die anderen weniger - erfüllen unsere eingangs besprochenen, vorrangigen Immobilienziele →#114:

- **Zusatzeinkommen in bar ab dem Tag des Ankaufs**
- **langfristiger Vermögensaufbau**
- **Inflationsschutz**

Immobilien der teuersten Kategorie 4 sind hingegen nur *eingeschränkt sinnvoll*, das heißt nur für eine ganz bestimmte Anlegerklientel.

Die Argumente, die für oder gegen eine jeweilige Renditekategorie sprechen, werden wir nun einmal genauer betrachten.

WELCHE RENDITEKATEGORIE IST DIE RICHTIGE FÜR SIE?

#125

Welche Renditeziele streben Sie an? Vielleicht denken Sie jetzt: *Was soll die Frage? Logischerweise suche ich eine Anlageimmobilie mit möglichst hoher Rendite. Am liebsten also Renditekategorie 1 / Faktor 8-fach!* Klar - klingt irgendwie logisch.

Doch meine Frage nach Ihren Zielen betrifft gar nicht das obere Ende, nicht das, was Sie sich idealerweise wünschen. Wichtig ist, dass Sie eine exakte Vorgabe für das untere Ende machen:

- es geht um ihr MINDEST-RENDITEZIEL!
- Wie hoch ist die Ertragskraft, die Sie *mindestens* von Ihrer Anlageimmobilie erwarten?
- Mit welcher Rendite können Sie gerade noch leben?

Besser laufen darf es später natürlich immer. Wenn Renditekategorie 3 / Faktor 16-fach Ihre Mindestanforderungen erfüllt und Ihnen im Rahmen der Immobiliensuche dann ein besseres Objekt der Kategorie 2 / Faktor 13,5-fach begegnet, werden Sie dieses gewiss nicht verschmähen.

Die Festlegung Ihres Mindest-Renditeziels bildet die Grundlage für Ihr gesamtes weiteres Vorgehen im Rahmen der Immobiliensuche.

Sie wundern sich immer noch und fragen sich: *Warum sollte sich jemand entscheiden, sein Geld in Immobilien der schwächeren Renditekategorien 4 oder 3 zu investieren, wenn es doch die viel lukrativeren Kategorien 2 und 1 gibt?*

Diese Frage ist berechtigt und persönlich befasse ich mich tatsächlich ausschließlich mit Anlageobjekten der Renditekategorie 1, mit einem Kaufpreis-Faktor nicht über dem 10- oder 11-fachen der Jahres-Ist-Miete. Gegenüber privaten Teilzeitinvestoren, die tagsüber einem anderen Beruf nachgehen, genieße ich aber auch den Vorteil, dass ich mich vollzeit dieser Aufgabe widmen kann.

Der größte Haken an Immobilien der Renditekategorie 1 ist folgender: Sie sind am schwersten zu finden.

Außerdem muss man etwas genauer hinschauen, sobald man mit erhöhtem Suchaufwand eine Kategorie-1-Immobilie entdeckt hat. In dieser Kategorie trifft man tendenziell häufiger auf grundsätzliche Probleme mit der Bausubstanz, dem Umfeld oder dergleichen.

Das soll nicht heißen, dass es keine ordentlichen Objekte der Renditekategorie 1 zu finden gäbe. Wie schon gesagt, befasse ich mich ausschließlich mit diesen. Aber der mit Kategorie 1 verbundene Aufwand ist in der Regel eben ein Stück höher. Man muss mehr Zeit und Geduld mitbringen, um ein gutes Objekt zu finden und zu erwerben. Denn schließlich wollen wir ja keine Immobilie kaufen, nur weil sie billig ist →#49 *Nicht jede billige Immobilie ist unterbewertet.* Was wir wirklich suchen, sind sehr *preiswerte* Immobilien, deren inneres Potenzial wesentlich größer ist, als der Kaufpreis dies widerspiegelt → ab #25.

In Fällen, in denen das gelingt, besitzt man eine phänomenal lukrative Kapitalanlage, die wegen der hohen Einnahme-Reserven weniger Risiken birgt als jede andere Anlage.

Die alte Anlegerweisheit *Je höher die Rendite, desto höher das Risiko* gilt in Bezug auf gut ausgewählte Immobilien der Renditekategorien 1 oder 2 somit nicht →#110. Dank ihrer hohen Reserven müssten sie schon sehr weit abstürzen, um dort unten anzukommen, wo die vermeintlich *sicheren* Anlagealternativen von Beginn an sind.

Nach der Jahrtausendwende konnte man sogar in der Bundeshauptstadt Berlin für mehrere Jahre regelmäßig gute Immobilien der Renditekategorie 1 finden →#31, die sich innerhalb von 5 bis 10 Jahren phänomenal entwickelt haben, was den Abbau der Leerstände, die Mieteinnahmen und die Objektwerte anbelangt. Die günstigen Zeiten für antizyklische Anleger sind in Berlin allerdings bis auf Weiteres vorbei. Dieser Tage wird Berlin wieder von Immobilienkäufern überrannt.

Aber irgendwo in Deutschland gibt es immer vielversprechende, unterbewertete Immobilienmärkte. Fragt sich nur: Wo? **→#40**

DIE VERFÜGBARKEIT GUTER ANLAGEIMMOBILIEN NIMMT AB, JE HÖHER SIE IHRE RENDITEZIELE STECKEN.

Gute Immobilien der Renditekategorie 1 zu finden, ist grundsätzlich am mühsamsten. Aber es ist jederzeit möglich. Allerdings nicht überall. Sie müssen besonders flexibel sein, was den Ort Ihrer Suche anbetrifft und etwas mehr Geduld mitbringen. Dafür genießen Sie, wenn es dann geklappt hat, auf Jahrzehnte hinaus die Früchte einer phänomenal lukrativen Kapitalanlage. Bei Immobilien der Kategorie 2 wird die Angebotsauswahl schon größer. Bei Kategorie 3 noch größer. Immobilien der teuren Kategorie 4 finden Sie an jeder Ecke.

#126 Die geringere Verfügbarkeit guter Immobilien der lukrativsten Renditekategorie 1 ist der praktische Grund, warum nicht alle Anleger immer nur auf diese Immobilien ausgerichtet sind.

Der Umkehrschluss dazu lautet:
Wenn Sie Ihre Renditeziele nicht ganz so hoch stecken, dann werden Sie sich leichter tun, eine passende Immobilie zu finden.

Aus voriger Tabelle der Renditekategorien (➔#121) ergibt sich, dass durchaus ALLE Immobilien der Renditekategorien 1 bis 3 schon sehr anspruchsvolle Kapitalanlagen sind, die allesamt unsere wichtigsten Immobilienziele (➔#114) erfüllen – einige in höherem, andere in geringerem Maße. Auch *jede* Anlageimmobilie der nicht so starken Renditekategorie 3 - „gut" bis „noch okay" - erwirtschaftet bereits ab dem Tag des Ankaufs deutlich höhere Überschüsse als die anderen Anlagealternativen.

Die Klassifizierung „noch okay" mag sich erstmal nicht gerade prickelnd anhören, aber bedenken Sie: Diese Wertung ist *relativ*. Was für unsere hohen Erwartungen und Möglichkeiten in Verbindung mit Immobilien gerade „noch okay" erscheint, wäre für die Konkurrenzanlagen schon „brillant".

Sogar die niedrigste für den Ankauf empfohlene Renditekategorie 3 liefert wirtschaftliche Ergebnisse, von denen Sparkonto, Lebensversicherung & Co. nur träumen können: Eigenkapital-Rendite aus Cashflow (laufenden Einnahmen) anfänglich ca. 8,5% bis 12%, liquide Eigenkapital-Rendite anfänglich 2,5% bis 6% p.a.

Im Lauf der Jahre wird die Eigenkapital-Rendite aus Cashflow ➔#G30 regelmäßig steigen, weil die Zinsbelastung bei langfristigen Immobilienkrediten Jahr für Jahr abnimmt ➔#G21, und weil die Mieten mittel- bis langfristig *immer* steigen. Einen guten Überblick über die langfristige Entwicklung bietet die *15-Jahres-Planung* ➔#H3 / #H5.

In die Berechnung dieser Ergebnisse der Renditekategorie 3 sind übrigens noch keinerlei Wertsteigerungsgewinne oder Effekte aus Nachbeleihung eingeflossen. Es ging ausschließlich um die von Beginn an real zur Verfügung stehende Rendite aus Cashflow.

JE HÖHER IHRE RENDITEZIELE SIND,
UMSO GRÖSSER MUSS IHRE BEREITSCHAFT SEIN, DEN SUCHRADIUS AUSZUWEITEN

#127 LEBEN SIE, WO SIE LEBEN WOLLEN, ABER INVESTIEREN SIE, WO DIE ZAHLEN SINN MACHEN

Der typische Privatanleger erwirbt eine Immobilie mit Vorliebe in seiner Nachbarschaft. Und vielleicht haben Sie ja tatsächlich Glück und Sie wohnen zufälligerweise in einer Stadt oder Region, die momentan allgemein unterbewertet und somit der ideale Ort für einen Immobilienkauf ist →#44 / #45. Aber selbst wenn Ihr Umfeld derzeit eher zu den teuren gehört, kann es trotzdem vorkommen, dass Sie dort an eine individuell stark unterbewertete Immobilie geraten →#48. In beiden Fällen können Sie dann direkt vor Ort in Ihrer Heimat investieren.

Doch eine Ausgangssituation wie diese wird sicherlich nicht der Normalfall sein. **Die Mehrheit derer, die in eine gute Anlageimmobilie investieren wollen, wird sich dafür mehr oder weniger weit von ihrem vertrauten Lebensumfeld entfernen müssen.**

Dabei ist die Wahl der richtigen Lage natürlich enorm wichtig. Immobilien sind immobil, deshalb lässt sich ein Fehler bei der Wahl der Lage nie wieder gutmachen. Sie kennen das Mantra, das Fachleute, wie auch Hobbyanleger ständig vor sich hin beten: LAGE, LAGE, LAGE...! Die „*gute Lage*" ist ein Mythos. Doch was ist eine gute Lage?

Hüten Sie sich vor dem üblichen Fehler, die *gute Lage* mit der *guten Adresse*, im Sinne von Prestige-Adresse, gleichzusetzen. Oder mit der angesagten Trendlage, auf die sich aktuell die gesamte Anlegerherde stürzt. Meiden Sie sowohl elitäre 1A-Lagen als auch angesagte Trendlagen. Beide sind unverhältnismäßig teuer, das heißt *überbewertet*.

Ein Geheimnis erfolgreicher Immobilienanleger ist es, dass sie niemals der Herde folgen, sondern *antizyklisch* investieren. Die Anlegermassen erwerben ihre Immobilien zwischen 9 Uhr und 3 Uhr auf der Uhr des *Immobilienzyklus* (→#39). Wer im Gegensatz dazu das Selbstvertrauen und die Kenntnisse hat, seine Immobilie in der idealen Kaufzone zwischen 4 Uhr und 8 Uhr zu kaufen, der wird weniger Mitbewerber haben und eine viel lukrativere Kapitalanlage erwerben. Voraussetzung dafür ist, nicht auf ein bestimmtes Umfeld fixiert zu sein, sondern dahin zu gehen, wo es aktuell gute unterbewertete Immobilien gibt. Was Sie suchen, ist nicht die gefragte Lage von heute, sondern die von morgen.

In B- und C-Lagen finden Sie das beste Preis-Leistungsverhältnis **#128**
→#94 / #G3 - #G5. Für wirtschaftlich denkende Immobilienkäufer sind dies die *guten* Lagen. In gutbürgerlichen, zentralen B-Lagen und in den etwas einfacheren C-Lagen leben 70% bis 80% der Bevölkerung. Dort gibt es auf Dauer die stabilste Nachfrage nach Wohnraum und das attraktivste Angebot an lukrativen Kaufgelegenheiten. Lagen wie diese bedecken den größten Teil unserer Städte und Gemeinden und beginnen in der zweiten Reihe, oft nur 100m-Luftlinie neben den Prestige-Adressen.

Aber auch für B- und C-Lagen gilt: Sie sind keinesfalls *immer* gut, sondern nur *manchmal*. Neben dem *Ort* spielt auch die *Zeit* eine bedeutende Rolle. Natürlich unterliegen die Immobilienpreise auch in B- und C-Lagen zyklischen Schwankungen →#39. Dort schwanken sie sogar deutlich stärker als in den Prestige-Lagen. Genau diese stärkeren Schwankungen wollen wir ja für besonders günstige Immobilienkäufe nutzen.

Damit kehren wir nochmal zur Fragestellung von vorhin zurück:
WELCHE RENDITEKATEGORIE IST DIE RICHTIGE FÜR SIE? →#125
Die Antwort darauf müssen Sie sich selbst geben, nachdem Sie sich zuvor zwei Zwischenfragen beantwortet haben. Die erste haben wir eingangs angesprochen - das war die Frage nach der Mindest-Rendite: *Wie hoch ist die Ertragskraft, die Sie mindestens von Ihrer Anlageimmobilie erwarten, bzw. mit welcher Rendite können Sie gerade noch leben?* Die zweite Frage leitet sich aus dem Thema der vorigen Seiten ab: *Wieviel Zeit und Engagement wollen bzw. können Sie im Rahmen der Immobiliensuche einbringen und wie weit würden Sie sich dafür nötigenfalls durchs Land bewegen?*

So oder so werden Sie natürlich *immer* mit den Renditekategorien 1 oder 2 als Ziel vor Augen durchstarten. Womöglich kommen Sie ja mit überschaubarem Aufwand zu einem Erfolg ohne allzu weite Wege gehen zu müssen. Nur für den Fall, dass Ihnen dies nicht in dem Zeitraum gelingt, den Sie sich vorstellen, sollten Sie ein *Mindest-Renditeziel* festgelegt haben. Wir haben ja vorhin bereits festgestellt, dass auch jede Kategorie-3-Immobilie schon Ergebnisse liefert, von denen die Anlagealternativen nur träumen können →#126.

#129 ANLEGERTYPEN

Um Ihnen im Rahmen der Entscheidungsfindung, welche Renditekategorie die richtige für Sie sein könnte, noch einige Denkanstöße mit auf den Weg zu geben, schauen wir uns nachfolgend einige typische Vertreter der jeweiligen Kategorien an. Dabei gehen wir in umgekehrter Reihenfolge vor und beginnen mit der schwachen Renditekategorie 4.

#130 ANLEGERTYP DER RENDITEKATEGORIE 4

In der Tabelle der Renditekategorien wird Kategorie 4 als *eingeschränkt sinnvoll* bezeichnet. Dies bezieht sich natürlich allein auf die Ertragskraft der dazugehörigen Immobilien, nicht auf den baulichen Charme der Objekte, der häufig sehr hoch ist.

Unter wirtschaftlichen Gesichtspunkten, gibt es eigentlich niemanden, dem ich Anlageimmobilien der Kategorie 4 empfehlen würde. Dennoch gibt es einen kleinen Kreis von Anlegern, für den Kategorie 4 zumindest eingeschränkt sinnvoll ist. Für diese Anleger ist unser Immobilienziel Nummer 1 (→#114) - *Zusatzeinkommen in bar* - nicht besonders wichtig. Auch unser Ziel Nummer 2 - *langfristiger Vermögensaufbau* - steht bei ihnen nicht im Vordergrund.

Dieser Anlegertyp verfügt bereits über ein erhebliches Vermögen sowie über sehr gut auskömmliche Einnahmen. Er ist also schon wohlhabend, hat in der Regel aber keine Zeit, sich intensiv um die Optimierung seiner Kapitalanlagen zu kümmern. Häufig gerät er an die falschen Berater. Konkrete Vertreter dieses Anlegertypus wären zum Beispiel der erfolgreiche Unternehmer, der Medienstar, der Profifußballer, die Erben größerer Vermögen usw.

Das vorrangige Motiv, weshalb sie in Immobilien investieren, ist, dass sie Kapital, welches anderswo herstammt, inflationssicher *parken* wollen. Werterhalt hat oberste Priorität. Tatsächlich lässt sich unser Immobilienziel Nummer 3 – *Inflationsschutz* - zumindest mit den besseren Immobilien der Renditekategorie 4 durchaus erreichen.

Bevor man aber mit Immobilien, die man zum 24-, 28- oder gar 32-fachen der Jahres-Ist-Miete erwirbt einmal erwähnenswerte liquide Überschüsse erzielen wird, muss man sehr viele Jahre Anlaufzeit in Kauf nehmen. Allerdings wären liquide Überschüsse für die betreffende Anlegerklientel ohnehin nur ein willkommener Zusatznutzen, aber keine Grundvoraussetzung für die Investition.

Anleger der Renditekategorie 4 sind es gewohnt, wegen des niedrigen Cashflows dieser Objekte einen höheren Eigenkapital-Anteil einbringen zu müssen und von den Segnungen des Hebeleffektes allenfalls in geringem Maße zu profitieren. Sie sind sogar bereit (und in der Lage), in den Anfangsjahren mit dem erheblichen Risiko zu leben, eigenes Geld für Zins und Tilgung ihrer kleineren Darlehen zuschießen zu müssen. Bei den hohen Kaufpreis-Faktoren beinhaltet die Ist-Mieteinnahme eigentlich keine Reserven für eventuelle Mietausfälle.

Der praktische Vorteil an Immobilien der renditeschwachen Kategorie 4 ist der, dass immer ein großes Angebot zur Verfügung steht. Zumindest Objekte ab Faktor 24- / 25-fach aufwärts sind ziemlich bequem zu finden, ohne dass man weite Wege dafür gehen muss. Dessen ungeachtet gibt es auch in Kategorie 4 in wirtschaftlicher Hinsicht immer bessere und schlechtere Objekte. Auch hier verlangt jeder Verkäufer, was er will →#36. Mit etwas Immobilienwissen wäre es auch hier möglich, ohne riesigen Mehraufwand zumindest die besseren Immobilien zu erwerben.

Gleichwohl richtet sich dieses Buch vorrangig an Anleger, die höhere Erwartungen an eine Anlageimmobilie haben, bzw. haben *müssen*. Deshalb werden wir uns im weiteren Verlauf des Buches bis auf die noch folgende Bierdeckel-Kalkulation eines Beispielobjektes (→#141) nicht eingehender mit Renditekategorie 4 befassen.

Eines noch: Leider landen sehr viele Anleger, die eigentlich nicht dorthin gehören, bei Renditekategorie 4. Sie sind nicht von Haus aus vermögend und verlieren oft wesentliche Teile ihrer Ersparnisse indem sie, angesteckt von der Euphorie der Anlegerherde, in überteuerte Geheimtipp-Trendlage-Immobilien investieren. Es würde mich freuen, wenn dieses Buch dazu beiträgt, dass künftig weniger Anleger, die eigentlich auf zuverlässige Einnahmen angewiesen sind, in diese Falle tappen.

#131 ANLEGERTYP DER RENDITEKATEGORIE 3

Der typische Anleger, welcher Renditekategorie 3 als sein *Mindestziel* betrachtet, verfügt momentan ebenfalls über ein ausreichendes Einkommen, um seinen Lebensunterhalt daraus zu bestreiten. Aber er möchte und muss auf eigene Faust für seine Zukunft weitere Einnahmequellen aufbauen, um sich zu verbessern, bzw. um den Einkommensrückgang im Ruhestand auszugleichen.

Zwar ist der Kategorie-3-Anleger nicht sofort auf ein hohes Zusatzeinkommen in bar aus seiner Immobilie angewiesen, trotzdem erwartet er, wenn er sein Geld investiert, von Beginn an deutlich höhere Bar-Überschüsse als beim Sparkonto. Außerdem möchte er mithilfe eines Darlehensvolumens von mindestens 70% bis 80% einen ordentlichen Hebeleffekt erzielen. Gleichzeitig legt er noch Wert auf ein Mindestmaß an Einnahme-Reserven, das dafür sorgt, dass Zins und Tilgung allein aus dem *Cashflow* seiner Immobilie beglichen werden können →#140 *Bierdeckel-Kalkulation*.

Sein vorrangiges Anlageziel aber ist es, dass seine Immobilie ihre Ertragskraft und in der Folge ihren Wert nach und nach immer weiter steigert. Spätestens nach 10, 15 Jahren soll sie ein anständiges Zusatzeinkommen für seinen Lebensunterhalt abliefern und dabei auch negative Inflationseffekte ausgleichen →#H3 (*15-Jahres-Planung*). Da der typische Anleger in Kategorie 3 noch voll berufstätig ist, kann er sich nur begrenzt der Immobiliensuche widmen.

Falls diese Voraussetzungen und Immobilienziele ungefähr mit Ihren übereinstimmen, dann wäre ein Anlageobjekt der Renditekategorie 3 mit einem Kaufpreis in Höhe des 16- bis 17-fachen der Jahresmiete durchaus in Ordnung für Sie: Anfängliche Eigenkapital-Rendite rund 8% bis 9%, anfängliche liquide Eigenkapital-Rendite rund 2% bis 3% p.a.

Nicht vergessen: Es geht nur darum, eine *Mindest-Renditekategorie* festzulegen, mit der Sie gegebenenfalls schon ganz gut leben könnten. Besser laufen, darf es immer.

Mit etwas Anlegerglück leben Sie ja in einem Umfeld, das irgendwo günstig zwischen 4 Uhr und 8 Uhr auf der Immobilienuhr (→#40) angesiedelt ist. Dann können Sie vielleicht sogar ganz in Ihrer Nähe preiswerte, unterbewertete Objekte der Renditekategorie 2 oder sogar der Kategorie 1 finden. In diesem Fall greifen Sie natürlich zu und das Thema Kategorie 3 hat sich damit für Sie erledigt.

ANLEGERTYP DER RENDITEKATEGORIE 2 #132

Es mag aber auch sein, dass Sie sich aktuell in einer Situation befinden, in der Ihre Immobilienanlage von Beginn an höhere Überschüsse liefern soll bzw. muss, als dies in Kategorie 3 möglich wäre. Vielleicht haben Sie die Auszahlung einer mäßig verzinsten Lebensversicherung erhalten, in die Sie jahrzehntelang einbezahlt haben. Nun steht Ihnen zwar eine höhere Geldsumme zur Verfügung, diese allein reicht aber nicht für einen langen Ruhestand.

Ihr Ziel ist es, das Kapital aus Ihrer Lebensversicherung so geschickt in einer Immobilie anzulegen, dass es von Beginn an ein bestimmtes, vorgegebenes Zusatzeinkommen in bar für Sie erwirtschaftet. Dabei streben Sie eine *liquide* Eigenkapital-Rendite von anfänglich etwa 8% p.a. an, die sich in der Zukunft immer weiter steigern soll.

Ihnen ist klar, dass gute Objekte mit dieser hohen Ertragskraft nicht an jeder Ecke zu finden sind. Aber Sie wären bereit, sich die erforderliche Zeit zu nehmen.

Unter diesen Ausgangsvoraussetzungen müssten Sie Ihr *Mindest-Renditeziel* im mittleren Bereich der Renditekategorie 2 festlegen: Faktor ca. 12,5-fach. Beispielobjekt →#136 *Bierdeckel-Kalkulation*.

Noch umfangreichere Zahlen, vor allem zur langfristigen Entwicklung des Beispielobjektes finden Sie im Anhang →#114 / #115 *ausführliche Ankaufsberechnung* und *15-Jahres-Planung*.

#133 **ANLEGERTYP DER RENDITEKATEGORIE 1**

Womöglich sind Ihre Mindest-Renditeziele aber noch anspruchsvoller. Aus welchen Gründen auch immer.

Das setzt voraus, dass Sie ein noch höheres Maß an Zeit, Elan und Spaß an der Aufgabe mitbringen, um intensiv auf die Suche gehen zu können und viele Angebote auszuwerten.

Falls Sie nicht zufällig in einer deutlich unterbewerteten Ecke des Landes wohnen, wird es für Sie in der Regel den größten Aufwand mit sich bringen, wenn Sie das Ziel haben, Objekte der Renditekategorie 1 aufzuspüren. Sobald es dann aber geklappt hat, wird es sich auch in besonders hohem Maße lohnen.

In jedem Fall stellt Renditekategorie 1 die höchsten Ansprüche an den *Immobiliendetektiv* in Ihnen →#30.

Im nachfolgenden Abschnitt finden Sie ein Beispielobjekt der Renditekategorie 1, Faktor 9,5-fach: Anfängliche Eigenkapital-Rendite rund 20%, anfängliche liquide Eigenkapital-Rendite rund 15% p.a. →#135 *Bierdeckel-Kalkulation*.

#134

BEISPIELOBJEKTE

Wie zuvor schon erwähnt: Je mehr Immobilienangebote Sie anfordern, um dann im Schnellverfahren die interessanteren Objekte herauszufiltern, desto größer ist Ihre Chance, eine wirkliche Perle aufzuspüren. Durchsuchen Sie systematisch alle verfügbaren Angebotsquellen: Internet-Portale, Makler-Webseiten, Inserate in Printmedien usw.

Fordern Sie auch Angebote zu Objekten an, deren Kaufpreise bis zu 30% über Ihren aktuellen Möglichkeiten liegt, bzw. Objekte, deren Faktoren bis zu 30% ungünstiger sind, als der von Ihnen angestrebte Mindest-Faktor. Speziell in unterbewerteten Lagen sind Kaufpreise immer verhandelbar. Oft senken die Verkäufer von sich aus nach und nach die Preise von Immobilien, die sich längere Zeit nicht verkaufen lassen.

Sortieren Sie alle vorliegenden Angebote nach Lage, Faktor und Kaufpreisvolumen und führen Sie dann eine Vorauswahl durch →#120.

Für interessantere Objekte, die nach der Vorauswahlphase noch für mich in Frage kommen, mache ich mir eine schnelle Bierdeckel-Kalkulation. Diese Methode der ersten, überschlägigen Berechnung kennen Sie schon aus der *Zweiten Trumpfkarte*. Mithilfe der Bierdeckel erfährt man ohne viel Aufwand genug über die Ertragskraft einer Immobilie, um entscheiden zu können, welches Immobilienangebot nun doch im Papierkorb landet, welches man erst einmal zur Seite legt und welches direkt die nächste Runde erreicht.

Zur Seite lege ich die Angebote, die mir ganz interessant aber noch zu teuer erscheinen, sodass ich erst einmal abwarte, ob nicht nach einigen Wochen ein aktualisiertes Angebot mit gesenktem Kaufpreis bei mir ankommt.

Jede Investition in der großen Welt der Immobilie führt uns durch eine Parallelwelt voll kleiner Zahlen. **Die Amerikaner haben dafür das Motto: *Do the math, and the math will tell you what to do. Auf Deutsch in etwa: Beschäftigen Sie sich mit den Zahlen und die Zahlen werden Ihnen sagen, was zu tun ist* (Anm.: oder was nicht).**

Nachfolgend werden sieben Beispielobjekte innerhalb der Renditekategorien 1 bis 4 vorgestellt. Alle Beispiele basieren auf konkreten Immobilienangeboten, die mir bei der Erstellung des Buchmanuskripts vorlagen. Allerdings habe ich die Zahlen teilweise etwas geglättet. Gelegentlich habe ich sie auch modifiziert, wenn es dabei half, einen Sachverhalt deutlicher herauszuarbeiten, auf den ich Sie aufmerksam machen möchte.

Für die Kaufpreisvolumen habe ich absichtlich eine große Spannweite zwischen 40.000€ und 1 Million gewählt. Im einen Fall benötigen Sie lediglich 10.000€ Eigenkapital im anderen rund 250.000€. An diesen beiden Beispielen lässt sich gut nachvollziehen, dass die Prinzipien nach denen man die Ertragskraft von Anlageimmobilien beurteilt völlig unabhängig von der Kaufpreishöhe sind. Es geht um Renditen in Prozent, nicht um absolute Eurobeträge.

Lassen Sie uns einmal so tun, als lägen Ihnen mit den nachfolgenden Beispielen sieben Immobilienangebote vor, deren Wirtschaftlichkeit Sie mit Hilfe der Bierdeckel-Kalkulationen kurz überprüfen wollen. Der deutlichen Mehrheit der Exposés werden Sie die dafür benötigten Ausgangsdaten entlocken können.

Die Kaufnebenkosten (12%), die nicht auf die Miete umlegbaren Kosten (25%), den Zinssatz (2,5%) und die anfängliche Tilgung (2%) nehmen wir in allen Berechnungen gleich an. Der Eigenkapitalanteil beträgt immer 25%, außer im letzten Beispiel der Renditekategorie 4. Dort werden wegen der schwachen laufenden Einnahmen 50% Eigenkapital benötigt. Die Berechnungsformeln zu den Bierdeckel-Kalkulationen sowie die Erklärungen sämtlicher dort auftauchender Begriffe finden Sie bei Bedarf im Glossar.

Zu jedem einzelnen Bierdeckel könnte ich drei weitere Seiten mit Erläuterungen verfassen. Stattdessen liefere ich Ihnen aber nur eine Reihe von Stichwörtern, Hinweisen und Denkanstößen. An dieser Stelle des Buches angekommen, haben Sie mittlerweile so viel über die Welt der Immobilie erfahren, dass Sie damit beginnen können, sich selbstständig darin zu bewegen.

Gewöhnen Sie sich an, bei jedem Bierdeckel als ersten Schritt die wesentlichen Kennzahlen zu überfliegen:

- **Faktor**
- **Rohrendite**
- **Kaufpreis je Quadratmeter**
- **Eigenkapital-Rendite**
- **liquide Eigenkapital-Rendite**

Vergleichen Sie die sieben Bierdeckel untereinander und zwar zunächst nur anhand dieser fünf Kennzahlen. Diese allein sagen eine Menge über die wirtschaftliche Stärke einer Anlageimmobilie aus und sind von der absoluten Höhe des Objektkaufpreises unabhängig.

Überlegen Sie, welche Argumente für oder gegen eine jeweilige Immobilie sprechen und ob diese Immobilie zu guter Letzt Ihren Vorstellungen entsprechen würde oder nicht.

BEISPIEL 1 **#135**

RENDITEKATEGORIE 1 MITTE / FAKTOR 9,5-FACH

MIETSHAUS, 15 WHG., ges. 1.343m²

Faktor: 9,5-fach / Rohrendite: 10,53%

Exposé-Preis	750.000€	559€/m²
Kaufnebenkosten ca. 12%	90.000€	
Kaufpreis brutto	**840.000€**	

Ist-Miete netto-kalt, 4,90€ je m²	**78.947€**
Abzug nicht umlegbare Kosten 25%	19.736€
Netto-Reinertrag vor Zinsen p.a.	**59.211€**

EK 25% = 210.000€ / **Darlehen 75% = 630.000€**

Abzug Zinsen (15 Jahre) 2,50% p.a.	15.750€
Jahresüberschuss nach Zinsen	**43.461€**
Eigenkapital-Rendite p.a.	20,70%
Abzug anfängl. Tilgung 2%	12.600€
liquider Jahresüberschuss p.a.	**30.861€**
liquide Eigenkapital-Rendite	14,70%

- Faktor 9,5-fach / liquide Eigenkapital-Rendite 14,70%; das ist natürlich phänomenal lukrativ
- Solch eine Immobilie – in ordentlichem Zustand und zukunftsfähigem Umfeld - findet man nicht alle Tage, aber immer mal wieder, wenn man viel Angebote und Lagen recherchiert
- Wie weit müsste die Ist-Miete n.-k. einbrechen, bis der liquide Jahresüberschuss bei null ankommt? Erst dann könnten Sie als Eigentümer Zins und Tilgung nicht mehr voll bezahlen
- Vergleichen Sie die Reserven, die hier im Jahresüberschuss stecken einmal mit denen des Objektes mit Faktor 28-fach →#141
- Eine Immobilie, die Sie zu einem so günstigen Quadratmeterpreis übernehmen, hat hohe Wertsteigerungspotenziale.
- Vergleichen Sie einmal alle Bierdeckel: Je niedriger der Faktor, desto höher die Rendite

#136 BEISPIEL 2
RENDITEKATEGORIE 2 MITTE / FAKTOR 12,5-FACH

4 EIGENTUMSWOHNUNGEN, ges. 292m²

Faktor: 12,5-fach / Rohrendite: 8,00%

Exposé-Preis	250.000€	856€/m²
Kaufnebenkosten ca. 12%	30.000€	
Kaufpreis brutto	**280.000€**	

Ist-Miete netto-kalt, 5,70€ je m²	**19.980€**
Abzug nicht umlegbare Kosten 25%	4.995€
Netto-Reinertrag vor Zinsen p.a.	**14.985€**

EK 25% = 70.000€ / **Darlehen 75% = 210.000€**

Abzug Zinsen (15 Jahre) 2,50% p.a.	5.250€
Jahresüberschuss nach Zinsen	**9.735€**
Eigenkapital-Rendite p.a.	13,91%
Abzug anfängl. Tilgung 2%	4.200€
liquider Jahresüberschuss p.a.	**5.535€**
liquide Eigenkapital-Rendite	7,91%

- Mit 70.000€ Eigenkapital bekommen Sie hier 4 Wohnungen, was weniger riskant ist als eine einzige große Wohnung; wenn ein Mieter auszieht, haben Sie dann nicht gleich 100% Mietausfall →#91
- Ab dem Tag des Ankaufs beträgt Ihr Zusatzeinkommen in bar (liquide Eigenkapital-Rendite) rund 450€ *pro Monat*
- Der Käufer der Wohnung zum 28-fachen →#141 erzielt nur 436€ - und zwar *pro Jahr*! Und dafür muss er auch noch mehr als das doppelte Eigenkapital einbringen
- Zu diesem Objekt finden Sie im Anhang eine ausführliche 15-Jahres-Planung →#H5; schauen Sie dort nach, wie sich das liquide Zusatzeinkommen in 5, 10, 15 Jahren entwickelt
- In der 15-Jahres-Planung ist auch gut nachzuvollziehen, wie sich der Tilgungsbetrag (Ihr Vermögensaufbau) jedes Jahr steigert und wie die Zinsbelastung zurückgeht.

BEISPIEL 3 #137
RENDITEKATEGORIE 2 MITTE / FAKTOR 12,5-FACH

1 KLEINE EIGENTUMSWOHNUNG, 42m²

Faktor: 12,5-fach / Rohrendite: 8,00%

Exposé-Preis	36.000€	857€/m²
Kaufnebenkosten ca. 12%	4.320€	
Kaufpreis brutto	**40.320€**	

Ist-Miete netto-kalt, 5,71€ je m²	**2.880€**
Abzug nicht umlegbare Kosten 25%	720€
Netto-Reinertrag vor Zinsen p.a.	**2.160€**

EK 25% = 10.320€ / Darlehen 75% = 30.000€

Abzug Zinsen (15 Jahre) 2,50% p.a.	750€
Jahresüberschuss nach Zinsen	**1.410€**
Eigenkapital-Rendite p.a.	13,66%
Abzug anfängl. Tilgung 2%	600€
liquider Jahresüberschuss p.a.	**810€**
liquide Eigenkapital-Rendite	7,85%

- Die 4 Wohnungen des vorigen Objektes wurden vom Verkäufer auch einzeln angeboten; dies hier ist die kleinste davon, die Ihnen mit 10.000€ Eigenkapital einen Start als Immobilienanleger ermöglicht
- Auf dem Sparkonto bekommen Sie dafür max. 50€ Zinsen p.a.
- Grade eben hatten wir zwar noch gesagt, eine einzige Wohnung sei zu riskant, doch diese hier ist eben eine sehr kleine; die absoluten Beträge, um die es geht, sind überschaubar; Wieviel Geld müssten Sie pro Monat für Zins und Tilgung aufbringen, wenn der Mieter auszieht?
- Eine kleine Eigentumswohnung ist immerhin ein Anfang, bei dem Sie alle Abläufe und Vorgänge des Immobilienerwerbs kennenlernen – es muss ja nicht bei einer bleiben
- Eines Tages ist das Darlehen abbezahlt, die Mieteinnahmen sind gestiegen und Sie erhalten aus 10.000€ Eigenkapital eine monatliche Zusatzrente von 300€ oder 400€; alternativ können Sie sogar selbst in die Wohnung einziehen.

#138 BEISPIEL 4
RENDITEKATEGORIE 3 MITTE / FAKTOR 15,5-FACH

MIETSHAUS, 8 WHG., ges. 582m²

Faktor: 15,5-fach / Rohrendite: 6,45%

Exposé-Preis	714.000€	1.227€/m²
Kaufnebenkosten ca. 12%	86.000€	
Kaufpreis brutto	**800.000€**	

Ist-Miete netto-kalt, 6,60€ je m²	**46.065€**
Abzug nicht umlegbare Kosten 25%	11.516€
Netto-Reinertrag vor Zinsen p.a.	**34.548€**

EK 25% = 200.000€ / **Darlehen 75% = 600.000€**

Abzug Zinsen (15 Jahre) 2,50% p.a.	15.000€
Jahresüberschuss nach Zinsen	**19.548€**
Eigenkapital-Rendite p.a.	9,77%
Abzug anfängl. Tilgung 2%	12.000€
liquider Jahresüberschuss p.a.	**7.548€**
liquide Eigenkapital-Rendite	3,77%

- Immer noch sehr gute Rendite-Kennzahlen! Sie setzen 200.000€ Eigenkapital ein und bekommen pro Jahr fast 20.000€ Jahresüberschuss zurück
- Ihr *liquides* Zusatzeinkommen ab dem Tag des Ankaufs beträgt etwas über 600€ pro Monat; der Rest des Überschusses fließt in Ihren Vermögensaufbau durch Tilgung →#G21
- Die Zusatzrente, die Ihnen ein einziges Objekt dieser Art nach 20, 30 Jahren liefert, übertrifft die Durchschnittsrente der meisten Deutschen; erstellen Sie einmal selbst eine 15-Jahres-Planung: Tabellenrohling unter **www.immoEinmaleins.de**
- Welche Kostenpositionen stecken in den nicht auf die Miete umlegbaren Kosten? →#G14
- Passt die Höhe der Ist-Miete n.-k. zu dieser Renditekategorie? (Die Antwort auf diese Frage ergibt sich aus meinen Anmerkungen zum nachfolgenden Objekt).
- Woraus setzen sich die 12% Kaufnebenkosten zusammen? →#G9

BEISPIEL 5
RENDITEKATEGORIE 3 MITTE / FAKTOR 15,5-FACH

5-FAMILIENHAUS, ges. 361m²

Faktor: 15,5-fach / Rohrendite: 6,45%

Exposé-Preis	632.000€	1.751€/m²
Kaufnebenkosten ca. 12%	76.000€	
Kaufpreis brutto	**708.000€**	

Ist-Miete netto-kalt, 9,40€ je m²	**40.774€**
Abzug nicht umlegbare Kosten 25%	10.194€
Netto-Reinertrag vor Zinsen p.a.	**30.580€**

EK 25% = 178.000€ / **Darlehen 75% = 530.000€**

Abzug Zinsen (15 Jahre) 2,50% p.a.	13.250€
Jahresüberschuss nach Zinsen	**17.330€**
Eigenkapital-Rendite p.a.	9,73%
Abzug anfängl. Tilgung 2%	10.600€
liquider Jahresüberschuss p.a.	**6.730€**
liquide Eigenkapital-Rendite	3,78%

- Gleicher Faktor und gleiche Roh-Rendite wie beim vorigen Objekt; gleiche Eigenkapital-Rendite und gleiche liquide Eigenkapitalrendite;
- Trotzdem passt dieses Objekt nicht richtig zu Renditekategorie 4 →#121: Warum nicht?
- Weil der Kaufpreis pro Quadratmeter mit 1.751€ für Kategorie 3 unüblich hoch ist!
- Wenn der Kaufpreis je m² passt, ist der Mietpreis je m² immer okay
- Wenn der Kaufpreis hoch ist, ist immer auch die Miete hoch
- In konkretem Fall müssen Sie herausfinden, wie hoch die Mieten im Umfeld sind; liegen diese noch ein gutes Stück über den 9,40€/m² dieses Objektes, was eher die Ausnahme wäre, dann können Sie sich erst einmal weiter mit dem Objekt befassen
- Bei Faktor 15,5-fach erscheint es aber wahrscheinlicher, dass das Mietpreis-Niveau im Umfeld deutlich unter 9,40€/m² liegen wird; Daraus ergibt sich folgendes Risiko: Mietrückgang bei jedem Mieterwechsel!

#140 BEISPIEL 6
RENDITEKATEGORIE 3 UNTEN / FAKTOR 17-FACH

MIETSHAUS, 10 WHG., ges. 596m²

Faktor: 17-fach / Rohrendite: 5,88%

Exposé-Preis	900.000€	1.510€/m²
Kaufnebenkosten ca. 12%	108.000€	
Kaufpreis brutto	**1.008.000€**	

Ist-Miete netto-kalt, 7,40€ je m²	**52.941€**
Abzug nicht umlegbare Kosten 25%	13.235€
Netto-Reinertrag vor Zinsen p.a.	**39.706€**

EK 25% = 252.000€ / **Darlehen 75% = 756.000€**

Abzug Zinsen (15 Jahre) 2,50% p.a.	18.900€
Jahresüberschuss nach Zinsen	**20.806€**
Eigenkapital-Rendite p.a.	8,26%
Abzug anfängl. Tilgung 2%	15.120€
liquider Jahresüberschuss p.a.	**5.686€**
liquide Eigenkapital-Rendite	2,26%

- mit 17-fach der höchste Faktor, der durch Renditekategorie 3 noch abgedeckt wird. Ertragskraft: *noch okay* →#123
- *Noch okay* ist relativ! Für das Sparkonto & Co. wären 8,26% *EK-Rendite* und 2,26% *liquide EK-Rendite* schon ziemlich großartig – Immobilienanleger sind hingegen renditeverwöhnt
- Eine Immobilie zum 17-fachen ist immer noch eine vergleichsweise sehr rentable Anlage, die über die Jahre immer besser wird: 15-Jahres-Planung →#H3, Anlegertyp der Kategorie 3 →#131
- Reserven: Die Ist-Miete n.-k. müsste um etwa 10% bis 11% einbrechen, bevor der liquide Jahresüberschuss bei null ankommt; darüber hinaus sind weitere 3% Mietausfallwagnis in den *nicht umlegbaren Kosten* enthalten →#G14. Insgesamt könnte das Objekt also einen Einbruch der Ist-Miete um 13% bis 14% aushalten, bevor Zins und Tilgung nicht mehr vollumfänglich bedient werden könnten.

BEISPIEL 7 #141
RENDITEKATEGORIE 4 / FAKTOR 28-FACH

1 EIGENTUMSWOHNUNG, 78m²

Faktor: 28-fach / Rohrendite: 3,57%

Exposé-Preis	275.000€	3.526€/m²
Kaufnebenkosten ca. 12%	33.000€	
Kaufpreis brutto	**308.000€**	

Ist-Miete netto-kalt, 10,50€ je m²	**9.821€**
Abzug nicht umlegbare Kosten 25%	2.455€
Netto-Reinertrag vor Zinsen p.a.	**7.366€**

EK 50% = 154.000€ / Darlehen 50% = 154.000€

Abzug Zinsen (15 Jahre) 2,50% p.a.	3.850€
Jahresüberschuss nach Zinsen	**3.516€**
Eigenkapital-Rendite p.a.	2,28%
Abzug anfängl. Tilgung 2%	3.080€
liquider Jahresüberschuss p.a.	**436€**
liquide Eigenkapital-Rendite	0,28%

- Eine teure Immobilie, dennoch mit Faktor 28-fach und 3.528€/m² immer noch deutlich „günstiger“ als die noch unrentableren 1A-Objekte, die mir Tag für Tag zum 35-fachen und mehr angeboten werden; Viele davon sind tolle Immobilien für Liebhaber – aber sie sind nichts für jemanden, der von den Erträgen seiner Immobilie auch leben muss
- Der Käufer setzt 154.000€ Eigenkapital ein (50% anstatt 25%!), um damit ein Zusatzeinkommen von 436€ *pro Jahr* zu erzielen
- Liquide Eigenkapital-Rendite fast null, Reserven fast null; Reale Wertsteigerungspotenziale vergleichsweise gering; Inflationsausgleich kann je nach Lage und Objekt noch gelingen
- Vergleichen Sie die Objekt-Kennzahlen mit den vorigen Beispielen
- Was passiert, wenn der einzige Mieter auszieht oder nicht bezahlt?
- Objekte dieser Art sind nur für eine sehr kleine vermögende Anlegergruppe ein kleines bisschen sinnvoll →#130.

#142

ZUSAMMENFASSUNG DIE VERMIETETE ANLAGEIMMOBILIE

Der zurückliegende Abschnitt des Teils 3 vertieft einige Aspekte, die speziell die Anlageimmobilie betreffen. Dabei baut er auf den allgemeinen Immobiliengrundlagen auf, um die es in den ersten beiden Teilen dieses Buches geht. Teil 1 dreht sich um die besonderen Vorteile von Immobilien, Teil 2 um die wesentlichen Immobilienrisiken.

Alle drei Teile zusammen ergeben das ganze Bild, das wir hier noch einmal kurz Revue passieren lassen wollen:

TEIL 1 - TRUMPFKARTEN

Die Erste Trumpfkarte: Vernünftig ausgewählte Anlageimmobilien liefern zuverlässige und hohe laufende Einnahmen. Deshalb werden sie von den Banken zu einzigartig günstigen Bedingungen beliehen, sodass es möglich wird, einen renditesteigernden Hebeleffekt zu erzielen →#1.

Die Zweite Trumpfkarte: Bei Immobilien können Sie mit überschaubarem Aufwand selbst herausfinden, wie viel diese in etwa wert sind. Indem Sie die Magie des Immobilienzyklus nutzen, können Sie gezielt günstige Anlageobjekte suchen und erwerben →#24.

Die Dritte Trumpfkarte: Bei Immobilien können Sie sich persönlich aktiv in die Betreuung einbringen und dadurch den wirtschaftlichen Erfolg absichern und auch steigern →#51.

Die Vierte Trumpfkarte: Bei Immobilien können Sie Wertsteigerung durch Nachbeleihung in Bargeld verwandeln, ohne Ihr bestes Pferd verkaufen zu müssen →#56.

Die Joker: Steuervorteile begünstigen Immobilien in vielerlei Hinsicht. Gleichsam aber gilt: Kein Steuervorteil ist so groß, dass er aus einer schlechten Immobilie eine gute macht →#69.

TEIL 2 - IMMOBILIENRISIKEN

Jede Rose hat ihre Dornen: Auch Immobilien sind nicht frei von Nachteilen und Risiken. Aber unter den verfügbaren Alternativen stellen sie die mit Abstand beste Wahl für den langfristigen Vermögensaufbau dar. Es ist möglich, die Risiken weitgehend zu beherrschen →#81.

TEIL 3 - IMMOBILIENZIELE – ZIELIMMOBILIEN: ANLAGEIMMOBILIE

Die vier Renditekategorien liefern einen Rahmen, innerhalb dessen Sie die Mindest-Renditeziele festlegen können, die Sie mit einer Anlageimmobilie verfolgen. Darüber hinaus kann anhand weniger Kennzahlen jede Immobilie einer Renditekategorie zugeordnet werden, um dadurch festzustellen, ob sie Ihren Anforderungen an eine Zielimmobilie entspricht. →#114

Auf der folgenden Seite finden Sie abschließend noch einen *Steckbrief Zielimmobilie*. Dieser stellt gewissermaßen die Essenz aller bis hierher vermittelten Grundlagen bezüglich der Auswahl einer lukrativen Anlageimmobilie dar. Hier wird nach oben und unten der Rahmen abgesteckt, innerhalb dessen sich ein vernünftiges Anlageobjekt bewegen sollten.

#143

STECKBRIEF ZIELIMMOBILIE

ANLAGEIMMOBILIE MIT WOHNNUTZUNG

lieber drei kleine, als eine einzige große Eigentumswohnung →#91
lieber ein kleines Mietshaus, als viele Eigentumswohnungen →#92
Wohn- und Geschäftshaus: Gewerbeanteil höchstens ca. 25% →#89
Keine Einfamilienhäuser, Doppelhäuser, Reihenhäuser o. ä. →#90

UNTERBEWERTETE IMMOBILIE – IM IDEALFALL SOGAR DOPPELT

ALLGEMEIN UNTERBEWERTETE LAGE →#30 / #32 / #45 / #94 / #95:

nicht die Trendlage von heute, sondern die von morgen;
Ankauf zwischen 4 und 8 Uhr auf der Immobilienuhr →#39 - #44

INDIVIDUELL UNTERBEWERTETES EINZELOBJEKT:

aus persönlichen Gründen auf Verkäuferseite →#32 / #48

RENDITEKATEGORIE 1 BIS 3 →#121 - #128

Kaufpreis-Faktor 8- bis 17-fach / Rohrendite ca. 12% - 6%
Eigenkapital-Rendite ca. 26% bis 8,5%
liquide Eigenkapital-Rendite ca. 20% bis 2,5%
BESTIMMEN SIE IHR *MINDEST-RENDITEZIEL!* →#125

GÜNSTIGER KAUFPREIS PRO QUADRATMETER

mind. 30% unter den zum Kaufzeitpunkt üblichen
Herstellungskosten für Neubauten →#120

GÜNSTIGER MIETPREIS PRO QUADRATMETER →#138 / #139

dadurch wird gewährleistet, dass bei Nachvermietung infolge von
Mieterwechsel mind. dieselbe Mieteinnahme wieder erzielbar ist

LEERSTAND: 5% BIS 20% GERNE GESEHEN

daraus ergeben sich Reserven bzw. Mietsteigerungspotenziale →#97

BAUZUSTAND: ORDENTLICHES MITTELMASS GENÜGT →#98

Objekt muss keine Neubauperle sein, aber ohne wesentliche Mängel,
d. h. ohne größeren Investitionsbedarf zum Zeitpunkt des Ankaufs;
der übliche jährliche Instandhaltungs-Etat (→#G42) soll ausreichen,
um mind. die anfängliche Mieteinnahme dauerhaft erzielen zu können

LANGFRISTIGE FINANZIERUNG ZU FESTEM ZINSSATZ →#101

Eigenkapitalanteil ca. 25%, Darlehensvolumen ca. 75%
Zinsfestschreibung mind. 15 Jahre, Tilgung bis 2%;
ein optimal ausgehandelter Zinssatz steigert EK-Rendite

DIE SELBST GENUTZTE WOHNIMMOBILIE #144

AUCH DAS PRIVATE WOHNHAUS, BZW. DIE EIGENTUMSWOHNUNG, STELLT, VERNÜNFTIG AUSGEWÄHLT, EINE PHÄNOMENAL LUKRATIVE KAPITALANLAGE DAR. AUCH ERSPARTE MIETE IST RENDITE! ALS MIETER TILGEN SIE DIE SCHULDEN IHRES VERMIETERS, ALS EIGENHEIMBESITZER IHRE EIGENEN.

Laut aktueller Studie einer deutschen Großbank betrachten 65% der Deutschen das selbst genutzte Eigenheim als die beste Form der Altersvorsorge, obwohl weniger als die Hälfte der Bundesbürger ein Eigenheim besitzt. Es besteht also ein zigmillionenfaches Potenzial an Mietern, die völlig zu Recht mit dem Eigenheimkauf liebäugeln.

WENN KAUFEN GÜNSTIGER ALS MIETEN IST #145

Ob das Eigenheim eine wirtschaftlich sinnvolle Investition darstellt, wird auch unter Fachleuten immer wieder gegensätzlich diskutiert. Dabei kann diese Frage anhand einer einfachen Betrachtung objektiv geklärt werden: Wenn der Kauf eines Eigenheims zumindest auf mittlere bis längere Sicht finanziell günstiger ist als die Miete für vergleichbaren Wohnraum, dann macht der Kauf Sinn.

In diesem Zusammenhang möchte ich gleich vorausschicken: Angesichts der aktuell extrem niedrigen Zinssätze ist der Erwerb eines Eigenheims in der Mehrzahl aller Fälle wirtschaftlich sinnvoll. Tatsächlich geben die meisten Eigenheimkäufer dieser Tage von Beginn an sehr viel weniger Geld für Zinsen und sonstige Fixkosten aus als sie an Miete für vergleichbaren Wohnraum bezahlen müssten. Und nach dem Erwerb bleibt die finanzielle Belastung der Käufer über lange Finanzierungszeiträume von 15 oder 20 Jahren unverändert, während die Mieter mit regelmäßigen Mieterhöhungen leben müssen. Das bedeutet, dass der Vorteil der Eigenheimbesitzer über die Jahre stetig weiter wächst.

Angesichts des extrem niedrigen Zinsniveaus würde es sich momentan sogar noch lohnen, wenn Sie sich erst um den Ruhestand herum ein Eigenheim anschaffen. Eventuell fordert die finanzierende Bank dann einen etwas höheren Eigenkapitalanteil, doch zumindest müssen Sie als Eigennutzer dann nicht mehr mit dem Risiko leben, früher oder später von ausufernden Mietkosten überfordert zu werden.

Die übergeordneten Immobilienziele, die wir zu Beginn des dritten Teils besprochen haben als es um die Anlageimmobilie ging, gelten grundsätzlich auch für das selbst genutzte Eigenheim ➔#114: *Zusatzeinkommen in bar ab sofort, langfristiger Vermögensaufbau* sowie *Inflationsschutz*. Wobei im Falle des Eigenheims das *Zusatzeinkommen in bar* in Form von *ersparter Miete* erwirtschaftet wird. Außerdem kommt beim Eigenheim noch ein weiteres wichtiges Ziel hinzu, nennen wir es einfach: *Wohnen im Wunschzuhause*.

#146 LEBEN SIE, WO SIE LEBEN WOLLEN...

...aber investieren Sie, wo die Zahlen Sinn machen? Diese alte Immobilienweisheit haben Sie in Verbindung mit der Anlageimmobilie bereits kennengelernt. Es geht darum, die Magie des *Immobilienzyklus* (➔#39) zu nutzen und Anlageimmobilien idealerweise nur an Orten zu erwerben, die auf der Immobilienuhr gerade im Bereich des Preistiefs angesiedelt sind.

Wäre es nicht ratsam, diesen Grundsatz auch auf die von Ihnen selbst genutzte Immobilie anzuwenden und diese ebenfalls als wirtschaftlich ausgerichtete Kapitalanlage zu betrachten? Einerseits ja. Trotzdem würde ich nicht so weit gehen, dass ich Ihnen einen weiten Umzug empfehle, nur weil in einer anderen Ecke des Landes womöglich viel günstigere Wohnimmobilien zum Verkauf stehen. Es sei denn, Ihnen kommt ein Umzug ohnehin gelegen. In der Regel aber werden Sie eine ganz genaue Idee davon haben, wo Sie wohnen wollen und dabei wird es Ihnen nicht um die Belange des Immobilienzyklus gehen. Üblicherweise sucht man sein Eigenheim so aus, dass man sich dadurch nicht zu weit von seinem bisherigen sozialen Umfeld entfernt: vom Arbeitsplatz, von den Schulen der Kinder, vom Wohnort der Freunde und Verwandten usw.

Trotzdem lohnt es sich, regelmäßig, zumindest ein, zwei Kilometer neben der *Ideal-Lage* zu suchen. Manchmal genügen schon ein paar

hundert Meter. Vielleicht lässt es sich dort genauso gut leben, aber die Immobilienpreise sind in diesem Umfeld noch deutlich günstiger. Der Aufpreis für Prestige- und Trendadressen ist in jedem Fall immer unangemessen hoch, darüber haben wir im Teil 2 ausführlich gesprochen →#94.

Was sich allerdings nie lohnen wird, ist es, sich auf ein Leben als Pendler mit langen Fahrtwegen einzulassen. Lange Anfahrten sind vertane Lebenszeit. Anstatt täglich viel Zeit und Geld für weite Wege zu opfern, können Sie genauso gut in einen etwas höheren Immobilienpreis investieren oder zunächst noch Mieter bleiben. Auf längere Sicht liefern auch etwas teurere Eigenheime in Bezug auf das investierte Eigenkapital noch vernünftige Renditen. Beispiele dazu werden wir uns gleich genauer anschauen. Im Gegensatz dazu sind Fahrtkosten einfach *immer* hinausgeworfenes Geld. Mit 200€ aus ersparten monatlichen Fahrtkosten können Sie, bei 2,5% Zinssatz und 2% Tilgung (IHR Geld! →#G21) den zusätzlichen Kapitaldienst für einen rund 53.000€ höheren Eigenheimkaufpreis bezahlen, Ihre Finanzierungskosten sind dann auf 15 oder 20 Jahre hinaus gedeckelt. Die Kraftstoff- und Fahrzeugkosten werden in dieser Zeit hingegen weiter deutlich steigen.

BEIM EIGENHEIMKAUF GEHT ES NICHT NUR UM VERNUNFT (ABER AUCH!) #147

Im Vergleich zum Kauf einer Anlageimmobilie ist der Erwerb eines Eigenheims ein viel emotionalerer Vorgang. Kein vernünftiger Investor kauft eine Kapitalanlage nur weil er sich in sie verliebt hat. Dagegen ist beim Kauf der eigenen vier Wände das Verliebtsein durchaus eine der kaufentscheidenden Voraussetzungen. ***Etwas* mehr auszugeben, als es auf den ersten Blick vernünftig wäre, kann aufgrund des derzeitigen niedrigen Zinsniveaus gegebenenfalls verkraftet werden, solange Sie nicht übertreiben.** Nach 10 bis 15 Jahren werden Sie als Eigenheimkäufer in der Regel immer deutlich besser dastehen als die Mehrzahl der Mieter.

Im Grunde geht es bei der Wahl des Eigenheims darum, ein Gleichgewicht zwischen Wohntraum und Wirtschaftlichkeit zu finden. Neben den im vorigen Abschnitt angesprochenen Lagemerkmalen sind es vor allem die Größe und Ausstattung eines Eigenheims, die dessen Wirtschaftlichkeit beeinflussen. Diesbezüglich haben die momentan sehr niedrigen Zinsen etwas Verführerisches. Oft werden zu große oder zu teuer ausgestattete Eigenheime ausgesucht, nur weil man sich aufgrund der Minizinsen mehr leisten kann. Dabei könnte man den Zinsvorteil zumindest teilweise auch dafür nutzen, um im Vergleich zur Mietwohnung von Beginn an Geld zu sparen, welches man als Bar-Reserve zur Seite legen oder sinnvoll investieren könnte.

Wie auch immer – Wohnen ist etwas sehr persönliches und wenn es um den Eigenheimkauf geht, ist Wirtschaftlichkeit gewiss nicht das einzige Auswahlkriterium. Dennoch gehört sie untrennbar dazu. Wer wirtschaftlich handelt und das Beste aus den ihm gegebenen Möglichkeiten macht, gewinnt an finanzieller Unabhängigkeit.

Leben Sie, *wo* und *wie* Sie leben wollen. Aber bemühen Sie sich beim Eigenheimkauf ganz bewusst darum, die emotionalen, die praktischen und die wirtschaftlichen Aspekte so gut wie möglich unter einen Hut zu bringen. Dann wird aus dem erträumten Zuhause gleichsam eine wirtschaftlich nachhaltige Kapitalanlage, die ihren Beitrag für höheren Wohlstand in Ihrer Zukunft leisten wird.

In jedem Fall wird es sich auch beim Eigenheimkauf lohnen, möglichst viele Angebote zu vergleichen und im betreffenden Umfeld, egal, wo dieses aktuell auf der Immobilienuhr (→#40) angesiedelt ist, unter allen in Frage kommenden Objekten, jenes eine aufzuspüren, das - aus welchen Gründen auch immer - *individuell* unterbewertet ist →#48.

7 GUTE GRÜNDE FÜR DEN KAUF EINES EIGENHEIMS

#148

Unterm Strich spricht viel mehr für als gegen die eigenen vier Wände, egal ob in Form einer Eigentumswohnung oder eines Hauses. Persönlich wohne ich seit Langem in meinem eigenen Haus. Doch obwohl ich mich beruflich mit Anlageimmobilien befasse, habe ich mein Privathaus bisher nie wirklich durch die Brille des Kapitalanlegers betrachtet. Vielmehr muss ich ehrlich zugeben, dass auch mir erst beim Schreiben dieses Buches und beim genauen Durchrechnen der wirtschaftlichen Aspekte richtig klar wurde, wie gut ein selbst genutztes Eigenheim als Kapitalanlage tatsächlich sein kann.

Auf den nachfolgenden Seiten lernen Sie die sieben wesentlichen Gründe kennen, die für den Kauf eines Eigenheims sprechen. Im bisherigen Verlauf des Buches wurde verschiedentlich schon der eine oder andere dieser Gründe angesprochen, die nachfolgend einmal im Zusammenhang vorgestellt werden. Hier zunächst ein Überblick:

- Eigenheimbesitzer leben in ihrem unkündbaren Wunschzuhause und genießen größere Freiheiten als Mieter →#149
- Historisch niedrige Zinsen erleichtern den Einstieg →#150
- Sinkende Wohnkosten beim Eigenheim anstatt Mietenexplosion. Auch ersparte Miete ist Rendite! →#153
- Der Hebeleffekt macht auch selbst genutzte Immobilien phänomenal lukrativ und sorgt sogar im Rahmen von Inflation für reales Vermögenswachstum →#158
- Eigenheimbesitzer tilgen Ihre eigenen Schulden und bauen Vermögen auf. Mieter tilgen die Schulden ihres Vermieters und bauen nichts auf →#165
- Das abbezahlte Eigenheim als Sparkasse für den Ruhestand: Erneute Beleihung bei Bedarf →#166
- Verkaufsgewinne beim selbst genutzten Eigenheim sind steuerfrei →#168

#149 EIGENHEIMBESITZER LEBEN IN IHREM WUNSCHZUHAUSE UND GENIESSEN GRÖSSERE FREIHEITEN ALS MIETER

Als Eigentümer können Sie in und mit Ihrer Immobilie tun und lassen, was Sie wollen. Sie können Ihr Eigenheim nach Ihren eigenen Wünschen gestalten und nutzen. Bei Umbauten bzw. Renovierungen können Sie Leistungen selbst erbringen und dabei Kosten sparen. Übrigens sind Immobilien, die der Eigentümer selbst bewohnt, durchschnittlich gepflegter als Mieteinheiten, wodurch Werterhalt und Wertsteigerung begünstigt werden.

In Ihrem Eigenheim bleiben Sie wohnen, solange Sie wollen. Kein Vermieter wird Ihnen jemals eine Eigenbedarfskündigung schicken. Und vor allem wird kein Vermieter Sie mit Mieterhöhungen nerven. Wenn Sie Ihr Eigenheim vernünftig auswählen, dann werden Sie in der Zukunft mit viel geringeren Wohnkosten zu rechnen haben, was sich ebenfalls positiv auf die Freiheit Ihres Lebensstils auswirkt.

#150 HISTORISCH NIEDRIGE ZINSEN ERLEICHTERN DEN EINSTIEG

Das derzeit historisch niedrige Zinsniveau ist, wie schon weiter vorne im Buch besprochen, des einen Leid und des anderen Freud. Die Festzinssparer sparen sich arm. Im Gegensatz dazu profitieren Immobilienkäufer in erheblichem Maße von den Minizinsen, die sie sich für lange Zeiträume vertraglich sichern können.

Darlehen mit 15- und 20-jähriger Zinsbindung bekommt man derzeit für Zinssätze zwischen 2,0% und 2,5% pro Jahr. Verglichen mit den Zeiten, in denen die Zinsen bei 5%, 7% oder gar 10% lagen, ist die Zinsbelastung für Eigenheimkäufer momentan sensationell günstig.

Die Gründe für das sehr niedrige Zinsniveau und warum es bis auf Weiteres dabei bleiben dürfte, haben wir u.a. im Teil 2 besprochen. Beim Kauf eines vernünftigen Eigenheims fällt die Zinsbelastung momentan wesentlich günstiger aus als die Miete für vergleichbaren Wohnraum. Selbst der Betrag für Zins und Tilgung zusammen liegt - häufig schon im

Jahr des Eigenheimerwerbs - unter den Mietkosten. Ideale Zeiten für den Immobilienkauf! ➔#21 / #22 *Gute Schulden - schlechte Schulden*

Übrigens wurde früher für *Miete* häufiger der Begriff *Mietzins* verwendet. Der Eigenheimbesitzer bezahlt Kreditzins an die Bank. Der Mieter bezahlt Mietzins an den Vermieter. Die Frage, ob Kaufen oder Mieten wirtschaftlich sinnvoller ist, lässt sich einfach auf rechnerischem Weg beantworten.

Wenn Sie momentan noch Mieter sind und pro Quadratmeter Wohnfläche beispielsweise 6,00€ monatlich netto-kalt an Miete bezahlen, entspricht das den Zinsen auf ein Darlehen von 3.000€.

Wenn Sie eine Wohnung zum Preis von 2.500€/m² erwerben, dann beträgt Ihre Zinsbelastung 5,00€/m² im Monat. Das ist sehr viel weniger, als Sie für eine Wohnung in diesem Kaufpreissegment bei Neuanmietung derzeit an Miete bezahlen müssten. Vor 10 Jahren lagen die Zinssätze übrigens noch etwa beim Doppelten. Das bedeutet, Sie hätten damals beim gleichen Kaufpreis mehr als 10€ pro Quadratmeter für Zinsen ausgeben müssen.

#151

Kaufpreis inkl. NK	2,4% Zinsen p.a.	Zinsen pro Monat
4.000€/m²	96,00€/m²	8,00€/m²
3.000€/m²	72,00€/m²	6,00€/m²
2.500€/m²	60,00€/m²	5,00€/m²
2.000€/m²	48,00€/m²	4,00€/m²
1.500€/m²	36,00€/m²	3,00€/m²
1.000€/m²	24,00€/m²	2,00€/m²

Darlehen: 2,4% Zinsen p.a., 15-jährige Zinsbindung

Wenn Sie zufällig in einem Umfeld wohnen, in dem Sie für einen Quadratmeter Wohnfläche (Bestandsobjekt) aktuell nur 1.500€/m² bezahlen müssen, dann liegt Ihre Zinsbelastung sogar bei lediglich 3,00€/m² pro Monat. Die Netto-Kalt-Miete für vergleichbaren Wohnraum dürfte mindestens 4,50€ bis 5,00€/m² liegen.

Bisher haben wir die Tilgung außer Acht gelassen, weil nur die *Darlehenszinsen*, wie auch der *Mietzins*, *verlorenes Geld* darstellen. Tilgung ist und bleibt hingegen IHR Geld ➔#G21. Trotzdem stellt Tilgung jeden Monat eine liquiditätsmäßige Belastung dar, die man erst einmal aufbringen muss. Deshalb wollen wir uns nun einmal anhand eines Vergleichs am Beispiel einer Wohnung, deren Kaufpreis netto etwas über 2.300€/m^2 beträgt, das komplette Bild anschauen:

#152 **VERGLEICHSRECHNUNG: KAUFEN ODER MIETEN?**
MITTLERES PREISSEGMENT

MIETWOHNUNG 108m^2		**EIGENTUMSWOHNUNG (ETW) 108m^2**	
ANMIETUNG	**JAHR 1**	**ANKAUF**	**JAHR 1**
		Kaufpreis netto:	250.000€
Miete pro Monat:	**8,50€m^2**	**Kaufpreis netto je m^2:**	**2.315€**
	netto-kalt	Kaufnebenkosten, ca. 12%:	30.000€
		Kaufpreis brutto, inkl. NK.:	280.000€
		Eigenkapital (EK) 18%:	**50.000€**
		Darlehen, Zinsbindg. 15 Jahre:	230.000€
		Zinssatz p. a.:	2,4%
		anfängl. Zinskosten pro Jahr:	**5.520€**
		Instandhaltung + Verwaltung p.a.:	1.680€
anfängl. Miete p.a.:	11.016€	Kosten ges.=Zins+Insth.+Verwltg.:	7.200€
anfängl. Miete p.m.:	918€	Kosten (Z+I+V) gesamt pro Monat:	600€
Miete übersteigt Kosten der		**Einsparung vergl. m. Miete p.m.:**	**318€**
Eigentumswohnung um 53%		Einsparung vergl. mit Miete p.a.:	3.816€
		Eigenkapital-Rendite* p.a.:	**7,63%**
		* EK-Rendite aus 50.000€ Eigenkapital und aus 3.816€ Einsparung pro Jahr;	
		Tilgung = Sparkapital, 2% pro Jahr:	4.600€
		Tilgung = Sparkapital, pro Monat:	**383€**
		(Tilgung bleibt IHR Geld = Schuldenabbau)	
liquid. Gesamtbelastung p. m.		liquid. Gesamtbelastung pro Monat	
anfängl. Miete p.m.:	**918€**	**Zins + Tilgung + Insth. + Verwltg.:**	**983€**
		Mehrbelastung vergl. mit Miete:**	**65€**
		** rein liquiditätsmäßige Mehrbelastung, da in der Gesamtbelastung auch die Vermögens-ansparung durch Tilgung in Höhe von 383€ enthalten ist	

Obwohl für das Beispiel absichtlich kein Schnäppchen am unteren Ende des Preissegments gewählt wurde, sparen Sie sogar mit dieser Eigentumswohnung bereits ab dem Jahr des Ankaufs Geld.

Die Darlehenszinsen liegen 5.496€ unter dem Mietzins der Mietwohnung. Die Einsparung reicht locker aus, um die Tilgung von 4.600€ abzudecken. Allerdings müssen Sie als Eigentümer jeden Monat auch noch Rücklagen für *Instandhaltungskosten* (→#G42) von rund 110€ einplanen, sowie die Kosten für die Wohnungseigentumsverwaltung von rund 30€ (zusammen rund 1.680€ p.a.). Liquiditätsmäßig tragen Sie deshalb im Jahr 1 noch eine geringe Mehrbelastung von 65€ pro Monat. Da in der monatlichen Gesamtbelastung jedoch auch 383€ Tilgung (IHR Vermögensaufbau!) enthalten sind, machen Sie trotzdem von Beginn an einen Gewinn von 318€ im Monat, bzw. von 3.816€ im Jahr. **Die Kosten des Mieters übersteigen die des Käufers um 53% im ersten Jahr. Im konkreten Beispielfall ist Kaufen also deutlich günstiger als Mieten.**

Als Eigenheimkäufer binden Sie 50.000€ Eigenkapital in Ihrer Immobilie und sparen mithilfe dieser Investition pro Jahr 3.816€ an Mietkosten. Auch ersparte Miete ist Rendite! In diesem Fall sind es schon im ersten Jahr 7,63% Eigenkapital-Rendite. Würden Sie kein Eigenheim erwerben, sondern Mieter bleiben, könnten Sie Ihr Eigenkapital natürlich anderweitig anlegen. Dann müssten Sie, um mit dem Käufer gleichzuziehen, mit den anderen Anlagen dieselbe Rendite von 7,63% erzielen: *Nach Steuern* wohlgemerkt! Denn Miete ist aus versteuertem Einkommen zu bezahlen. Mit jedem weiteren Jahr wächst der finanzielle Vorteil zugunsten des Eigenheimbesitzers weiter. Nachfolgend ein Blick auf die 15 Jahre nach dem Immobilienkauf.

SINKENDE WOHNKOSTEN BEIM EIGENHEIM ANSTATT MIETENEXPLOSION #153

Mit dem Kauf Ihrer eigenen vier Wände, in Verbindung mit einer langfristigen Finanzierung, können Sie Ihre Wohnkosten über 15 oder 20 Jahre auf dem Niveau von heute deckeln. Steigende oder gar explodierende Mietpreise aufgrund anziehender Wohnraumnachfrage bzw. Inflation sind für Sie dann bedeutungslos. Ihr monatlicher Kapitaldienst aus der Finanzierung (*Annuität* →#G19) wird über die gesamte Laufzeit exakt gleich bleiben. Der darin enthaltene Zinskostenanteil wird sogar Jahr für Jahr sinken, der Tilgungsanteil (IHR Ansparkapital!) wird hingegen steigen →#G21.

Im Gegensatz zu Wohnungsmietern können Sie als Eigenheimbesitzer der Zukunft ziemlich gelassen entgegensehen. Wann auch immer Ihr Darlehen eines Tages vollständig abbezahlt sein wird, geht Ihre finanzielle Belastung aus der Finanzierung sogar auf null zurück.

Wir werden nun die Vergleichsrechnung aus dem vorigen Abschnitt weiterführen und dabei einen Blick auf die nach dem Eigenheimkauf folgenden 15 Jahre werfen. Dies tun wir in 5-Jahres-Schritten und gehen dabei von einer moderaten Teuerungsrate aus:

- **die Mieten steigen durchschnittlich um 2% p.a.**
- **die Immobilienpreise steigen ebenfalls um 2% p.a.**

Für das Verständnis der folgenden Tabellen ist es sehr wichtig, dass Ihnen das Prinzip vertraut ist, wonach beim Annuitäten-Darlehen mit langfristiger Zinsbindung jedes Jahr der Tilgungsanteil größer und der Zinskostenanteil kleiner wird →#G21 *Tilgungsgrafik* im Glossar.

#154 **KAUFEN ODER MIETEN?**

FORTSCHREIBUNG DER VORIGEN VERGLEICHSRECHNUNG →#152

MIETWOHNUNG 108m²		**EIGENTUMSWOHNUNG (ETW) 108m²**	
	JAHR 5		**JAHR 5**
		gesunkene Zinskosten pro Jahr:	**5.062€**
Miete pro Monat:	9,38€m²	Instandhaltung + Verwaltung p.a.:	1.680€
erhöhte Miete p.a.:	**12.163€**	Kosten ges.=Zins+Insth.+Verwltg.:	6.742€
erhöhte Miete p.m.:	**1.014€**	**Kosten (Z+I+V) gesamt p.m.:**	**562€**
Miete übersteigt Kosten der		**Einsparung vergl. mit Miete p.m.:**	**452€**
Eigentumswohnung um 80%		Einsparung vergl. mit Miete p.a.:	5.424€
		Eigenkapital-Rendite* p.a.:	**10,85%**
		* EK-Rendite aus 50.000€ Eigenkapital und aus 5.424€ Einsparung pro Jahr.	
		gestiegene Tilgung, pro Jahr:	5.058€
		Tilgung = Sparkapital, pro Monat:	**421€**
liquid. Gesamtbelastung p. m.		liquid. Gesamtbelastung pro Monat	
erhöhte Miete p.m.:	**1.014€**	**Zins + Tilgung + Insth. + Verwltg.:**	**983€**
		Minderbelastung vergl. mit Miete:**	**45€**
		** hinzukommt die Vermögensansparung durch Tilgung in Höhe von 421€!	
		aktueller Immobilienwert, ca.:	**276.000€**
		aktuelle Restschuld Darlehen:	206.000€
		Nettovermögen Ende Jahr 5:	**70.000€**

#155

MIETWOHNUNG 108m²

	JAHR 10
Miete pro Monat:	10,36€m²
erhöhte Miete p.a.:	**13.428€**
erhöhte Miete p.m.:	**1.119€**

Miete übersteigt Kosten der Eigentumswohnung um 120%

liquid. Gesamtbelastung p. m.

erhöhte Miete p.m.:	**1.119€**

EIGENTUMSWOHNUNG (ETW) 108m²

	JAHR 10
gesunkene Zinskosten pro Jahr:	**4.425€**
Instandhaltung + Verwaltung p.a.:	1.680€
Kosten ges.=Zins+Insth.+Verwltg.:	6.105€
Kosten (Z+I+V) gesamt p.m.:	**509€**
Einsparung vergl. mit Miete p.m.:	**610€**
Einsparung vergl. mit Miete p.a.:	7.320€
Eigenkapital-Rendite* p.a.:	**14,64%**

* EK-Rendite aus 50.000€ Eigenkapital und aus 7.320€ Einsparung pro Jahr.

gestiegene Tilgung, pro Jahr:	5.695€
Tilgung = Sparkapital, pro Monat:	**474€**

liquid. Gesamtbelastung pro Monat

Zins + Tilgung + Insth. + Verwltg.:	**983€**
Minderbelastung vergl. mit Miete:**	**136€**

** hinzukommt die Vermögensansparung durch Tilgung in Höhe von 474€!

aktueller Immobilienwert, ca.:	**305.000€**
aktuelle Restschuld Darlehen:	179.000€
Nettovermögen Ende Jahr 10:	**126.000€**

#156

MIETWOHNUNG 108m²

	JAHR 15
Miete pro Monat:	11,44€m²
erhöhte Miete p.a.:	**14.826€**
erhöhte Miete p.m.:	**1.236€**

Miete übersteigt Kosten der Eigentumswohnung um 175%

liquid. Gesamtbelastung p. m.

erhöhte Miete p.m.:	**1.236€**

EIGENTUMSWOHNUNG (ETW) 108m²

	JAHR 15
gesunkene Zinskosten pro Jahr:	**3.709€**
Instandhaltung + Verwaltung p.a.:	1.680€
Kosten ges.=Zins+Insth.+Verwltg.:	5.389€
Kosten (Z+I+V) gesamt p.m.:	**449€**
Einsparung vergl. mit Miete p.m.:	**787€**
Einsparung vergl. mit Miete p.a.:	9.444€
Eigenkapital-Rendite* p.a.:	**18,88%**

* EK-Rendite aus 50.000€ Eigenkapital und aus 9.444€ Einsparung pro Jahr.

gestiegene Tilgung, pro Jahr:	6.411€
Tilgung = Sparkapital, pro Monat:	**534€**

liquid. Gesamtbelastung pro Monat

Zins + Tilgung + Insth. + Verwltg.:	**983€**
Minderbelastung vergl. mit Miete:**	**253€**

** hinzukommt die Vermögensansparung durch Tilgung in Höhe von 534€!

aktueller Immobilienwert, ca.:	**336.000€**
aktuelle Restschuld Darlehen:	148.000€
Nettovermögen Ende Jahr 15:	**188.000€**

Die Tabellen haben uns wieder in die nüchterne Welt der kleinen Zahlen zurück gebracht. Doch diese Zahlen haben es wirklich in sich! Nachfolgend eine Zusammenstellung der Erkenntnisse, die sich aus der Abfolge der vorigen Tabellen gewinnen lassen.

Die Entwicklung des Eigenheims gegenüber der Mietwohnung stellt sich hier wirklich phänomenal lukrativ dar. Dabei wurde, wie gesagt, im Beispiel weder eine Wohnung zum Schnäppchen-Kaufpreis gewählt, noch eine überzogene Mieten- bzw. Wertsteigerung angesetzt. Der Kaufpreis von 2.315€ je m² für Bestandswohnungen und eine Teuerungsrate von 2% sind üblicher Durchschnitt.

#157 ERLÄUTERUNGEN ZU DEN VORIGEN TABELLEN → ab #152

- die Zinskosten des Eigenheimkäufers sinken von 5.520€ im Jahr 1 auf 3.709€ im Jahr 15
- die gesamten Kosten des Eigenheimkäufers (einschl. Instandhaltung und Wohnungseigentumsverwaltung) sinken von 7.200€ im Jahr 1 auf 5.389€ im Jahr 15
- die Mietzahlung des Mieters erhöht sich von 11.016€ im Jahr 1 bis auf 14.826€ im Jahr 15 (bei 2% durchschnittlicher Teuerung p.a.); Darlehenszins und Mietzins entwickeln sich somit gegenläufig. Die Zinskosten fallen, die Mietpreise steigen. Die Einsparung des Eigenheimkäufers aus dem Verhältnis Darlehenszins zu Mietzins wird mit jedem Jahr größer. Nachher werden wir noch ein Beispiel betrachten, in dem nach Ablauf von 15 Jahren im Rahmen der Anschlussfinanzierung deutlich gestiegene Zinssätze bezahlt werden müssen →#169
- die Einsparung des Eigenheimkäufers, verglichen mit der Miete, beträgt im ersten Jahr 3.816€, im Jahr 15 sind es schon 9.444€
- um Einsparungen dieser Höhe erzielen zu können, setzt der Eigenheimkäufer 50.000€ Eigenkapital ein. Auf dieses Eigenkapital erzielt er in Folge der Einsparungen eine Rendite von fast 8% im Jahr 1, die bis zum Jahr 15 auf fast 19% anwächst. Wäre er Mieter geblieben, müsste er, um mit dem Käufer gleichzuziehen, mit anderen Anlagen sogar eine noch deutlich höhere Rendite erzielen, um dann, nach Versteuerung der Gewinne, die höheren Mietkosten bezahlen zu können

- Das Nettovermögen des Wohnungskäufers beträgt im Jahr 1 zum Zeitpunkt des Immobilienkauf 50.000€ (Eigenkapital). Im Jahr 15 ist sein Nettovermögen in Folge von Tilgung und Wertsteigerung (2% p.a.) auf 188.000€ angewachsen. Nach Abzug des Eigenkapitals ergibt sich Vermögenszuwachs von 138.000€
- Falls Sie die angenommene Wertsteigerung von 2% p.a. für unrealistisch halten, dann tun wir einfach mal so, als ob der Immobilienwert über 15 Jahre gar nicht gestiegen wäre. In diesem Fall ergibt sich beim Wohnungsbesitzer dank der Tilgung trotzdem ein höheres Nettovermögen, das von ursprünglich 50.000€ Eigenkapital auf nunmehr 102.000€ gestiegen ist (= 250.000€ unveränderter Objektwert *minus* 148.000€ Restschuld Ende Jahr 15)
- Was die reine Liquidität anbelangt, hat der Wohnungskäufer im Jahr 1 noch eine Unterdeckung von 65€ pro Monat im Vergleich zum Mieter, weil der Käufer jeden Monat noch 383€ in seinen *Tilgungssparplan* einzahlt; doch schon im Jahr 5 hat sich dies umgekehrt und im Jahr 15 hat der Wohnungskäufer jeden Monat 253€ mehr Bargeld in der Tasche als der Mieter und spart zusätzlich 534€ monatlich durch Tilgung an.

Die dargestellten Ergebnisse sprechen enorm für den Eigenheimkauf. In Anbetracht der historisch niedrigen Zinsen ist die selbst genutzte Immobilie von Beginn an stark und wird mit jedem Jahr stärker. Sie erinnern sich an das Zitat Mark Twains: *Warten Sie nicht damit Immobilien zu kaufen. Kaufen Sie Immobilien und warten Sie!*

Natürlich wird das Eigenheim wirtschaftlich noch viel lukrativer, wenn Sie eines finden, das deutlich weniger als die angesetzten rund 2.300€/m^2 kostet, oder, wenn im konkreten Umfeld die Mieterhöhungen künftig mehr als die kalkulierten 2% p.a. ausmachen.

Aber neben all diesen wirtschaftlichen Vorteilen sollten wir die anderen nicht vergessen: Der Wohnungskäufer wohnt entspannt in seinem Wunschzuhause, in welchem er alleine bestimmt und sich mit keinem Vermieter auseinandersetzen und auch nicht mit einer Kündigung rechnen muss.

MIETWOHNUNG

- Mietzins steigt auf längere Sicht immer

BELIEHENES EIGENHEIM

- Darlehenszins von Beginn an niedriger als Miete
- Kapitaldienst bleibt 15 -20 Jahre gleich
- der Zinsanteil sinkt sogar jährlich
- der Tilgungsanteil (Ihr Vermögen) wird mit jedem Jahr größer
- hervorragender Inflationsschutz

DER HEBELEFFEKT MACHT AUCH SELBST GENUTZTE IMMOBILIEN PHÄNOMENAL LUKRATIV

#158

Sogar die relativ durchschnittliche Eigentumswohnung, die wir in den vorigen Beispielrechnungen betrachtet haben, beschert ihrem Besitzer eine ansehnliche Rendite auf das von ihm eingesetzte Eigenkapital. Dies verdankt auch sie dem Hebeleffekt, den wir gleich in der *Ersten Trumpfkarte* exklusiv gewürdigt haben.

Voraussetzung für die Erzielung eines Hebeleffektes ist, dass die betreffende Immobilie beliehen sein muss, und dass der Gewinn, den man vor Zinsen mit der Immobilie erwirtschaftet, die Darlehenszinsen ein gutes Stück weit übersteigt. Somit wird, nachdem Sie dann die Zinsen bezahlt haben, noch ein Teil des Gewinns für Sie übrig sein.

Der Gewinn und somit auch die Eigenkapital-Rendite können sich wiederum aus zwei möglichen Quellen speisen: aus *Cashflow* und aus *Wertsteigerung* →#7. Nicht nur bei Anlageimmobilien, sondern auch beim Eigenheim sind beide Arten von Gewinn erzielbar und üblich.

Dies ist mit Blick auf den Gewinn aus *Wertsteigerung* leicht *nachvollziehbar*, denn natürlich kann nicht nur der Wert von Anlageimmobilien, sondern auch der von Eigenheimen steigen.

Aber wie kann ein Eigenheim auch noch Gewinne aus *Cashflow* erzielen, wenn es doch gar niemanden gibt, der Miete *bezahlt?* Nun, es gibt immerhin jemanden, der Miete *spart!* Als Käufer einer *Anlageimmobilie* setzen Sie Eigenkapital ein, um Mieteinnahmen zu erzielen. Als Käufer eines *Eigenheims* setzen Sie Eigenkapital ein, um Mietausgaben einzusparen.

Wenn Sie ein Eigenheim beleihen und dabei Ihre gesamte Belastung aus Darlehenszins und sonstigen Kosten jeden Monat geringer ausfällt als der Mietzins für vergleichbaren Wohnraum, dann beschert Ihnen diese eingesparte Summe eine bestimmte Rendite auf das von Ihnen eingesetzte Eigenkapital.

Der Kauf eines Eigenheims ist somit nur dann wirtschaftlich sinnvoll, wenn er Sie nicht mehr kostet, als Sie alternativ an Miete bezahlen müssten. Insofern war in unserem vorigen Vergleich zwischen einer Eigentumswohnung und einer Mietwohnung die Ausgangslage günstig für den Wohnungskauf. Hier noch einmal ein Auszug aus der Tabelle betreffend das Jahr des Ankaufs:

#159

MIETWOHNUNG 108m²		EIGENTUMSWOHNUNG (ETW) 108m²	
ANMIETUNG	**JAHR 1**	**ANKAUF**	**JAHR 1**
		Kaufpreis netto:	250.000€
Miete pro Monat:	**8,50€m²**	**Kaufpreis netto je m²:**	**2.315€**
	netto-kalt	Kaufnebenkosten, ca. 12%:	30.000€
		Kaufpreis brutto, inkl. NK.:	280.000€
		Eigenkapital (EK) 18%:	**50.000€**
		Darlehen, Zinsbindg. 15 Jahre:	230.000€
		Zinssatz p. a.:	2,4%
		anfängl. Zinskosten pro Jahr:	**5.520€**
		Instandhaltung + Verwaltung p.a.:	1.680€
anfängl. Miete p.a.:	11.016€	Kosten ges.=Zins+Insth.+Verwltg.:	7.200€
anfängl. Miete p.m.:	918€	Kosten (Z+I+V) gesamt pro Monat:	600€
Miete übersteigt Kosten der Eigentumswohnung um 53%		**Einsparung vergl. m. Miete p.m.:**	**318€**

Die gesamten Kosten des Käufers (= Zinsen + Instandhaltung + Wohnungseigentumsverwaltung) betragen 7.200€ pro Jahr bzw. 600€ pro Monat. Der Mietzins, den der Mieter zu bezahlen hat, liegt bei 11.016€ pro Jahr bzw. bei 918€ im Monat. Die Gesamtkosten der Eigentumswohnung liegen somit weit unter den Mietkosten.

Damit ist die Grundvoraussetzung für die Erzielung eines starken, positiven Hebeleffektes sehr gut erfüllt.

Anhand der beiden nachfolgenden Beispielrechnungen lässt sich gut nachvollziehen, wie der Hebeleffekt auch beim Eigenheim in Verbindung mit einer Beleihung eine enorme Wirkung entfalten kann. Die erste Tabelle betrachtet erneut die uns bereits bekannte Eigentumswohnung, allerdings in noch unbeliehener Form. In der zweiten Tabelle kommt dann die Beleihung hinzu. In beiden Fällen wird zunächst nur die Rendite aus Cashflow ermittelt, die sich im Falle selbst genutzter Immobilien aus ersparten Mietausgaben ergibt.

RENDITE AUS CASHFLOW
EIGENTUMSWOHNUNG OHNE BELEIHUNG

#160

Wenn Sie mit 280.000€ Eigenkapital eine Eigentumswohnung für 280.000€ erwerben, mit der Sie gegenüber einer Mietwohnung 9.336€ pro Jahr an Kosten einsparen, dann entspricht das einer Rendite aus Cashflow von 3,33% p.a.

EIGENTUMSWOHNUNG aus Tabelle → #159

Kaufpreis brutto, einschl. NK (Gesamtinvestition):	**280.000€**
Ersparte Mietzahlung pro Jahr 1 = 108m² x 8,50€/m²:	11.016€
Abzug der Kosten für Instandhaltung, Hausverwaltung usw.:	1.680€
Einsparung gesamt p.a. (muss nicht versteuert werden):	**9.336€**

ohne Beleihung gilt: Gesamtkapital = Eigenkapital

Eigenkapital-Rendite p.a.:

$$\frac{\text{Einsparung gesamt p.a.}}{\text{1\% des Kaufpreis brutto}} = \frac{9.336€}{2.800€} = \mathbf{3{,}33\%\ p.a.}$$

RENDITE AUS CASHFLOW
EIGENTUMSWOHNUNG MIT BELEIHUNG

#161

Wenn Sie mit 50.000€ Eigenkapital und mit 230.000€ von der Bank eine Eigentumswohnung für 280.000€ erwerben, mit der Sie gegenüber einer Mietwohnung 3.816€ pro Jahr an Kosten einsparen, dann entspricht das einer Rendite aus Cashflow von 7,63% p.a.

EIGENTUMSWOHNUNG aus Tabelle → #159

Kaufpreis brutto, einschl. NK (Gesamtinvestition): **280.000€**
davon 230.000€ Darlehen und 50.000€ Eigenkapital

Ersparte Mietzahlung pro Jahr 1 = 108m² x 8,50€/m²:	11.016€
Abzug der Zinsen, 2,4% p.a. auf 230.000€:	5.520€
Abzug der Kosten für Instandhaltung, Hausverwaltung usw.:	1.680€
Einsparung gesamt p.a. (muss nicht versteuert werden):	**3.816€**

Eigenkapital-Rendite p.a.:

$$\frac{\text{Einsparung gesamt p.a.}}{\text{1\% des Eigenkapitals}} = \frac{3.816€}{500€} = \mathbf{7{,}63\%\ p.a.}$$

Im Beispiel der Eigentumswohnung ohne Beleihung liegen die 3,33% Rendite, die Sie auf das hohe erforderliche Eigenkapital von 280.000€ erzielen, immerhin schon weit über den aktuellen Sparzinsen.

Doch im Beispiel mit Beleihung fällt die Eigenkapital-Rendite mit 7,63% sogar mehr als doppelt so hoch aus. Mithilfe Ihrer Bank haben Sie ein Eigenheim erworben, mit dem Sie bereits im Jahr des Ankaufs viel mehr Mietkosten einsparen, als Sie für Zinsen und andere Fixkosten ausgeben müssen.

Sie bringen 50.000€ Eigenkapital in eine Eigentumswohnung mit 108m² Wohnfläche ein und sparen dadurch im Vergleich zum Mieter pro Jahr 3.816€. Und zwar gleich im ersten Jahr. Aufgrund der in jedem Folgejahr sinkenden Zinsbelastung und mit jeder Mieterhöhung, die dem Mieter ins Haus flattert, fällt das Ergebnis zugunsten Ihrer Eigentumswohnung noch besser aus.

Sogar bei dem nicht gerade supergünstigen Kaufpreis der Beispielwohnung, der mit 2.315€/m² schon über dem Bundesdurchschnitt für Bestandswohnungen liegt, ergibt sich aus der Beleihung ein kräftiger Hebeleffekt. Dieser bewirkt eine Steigerung der Eigenkapital-Rendite aus Cashflow (ersparte Mietkosten) von 3,33% auf 7,63% im Jahr 1. Nach 15 Jahren sind es dann fast 19% EK-Rendite →#156.

Doch neben der Möglichkeit der Erzielung eines Hebeleffektes, bringt die gute Beleihbarkeit vernünftiger Immobilien noch einen weiteren Vorteil mit sich: Sie müssen vor dem Kauf nicht erst jahrelang warten, bis Sie den vollen Kaufpreis zusammengespart haben. Im aktuellen Beispiel genügen 50.000€, um Ihnen den Umzug in Ihre eigenen vier Wände zu ermöglichen. Auf diese 50.000€ Eigenkapital erzielen Sie in der Folge eine viel höhere Rendite, als wenn Sie den gesamten Bruttokaufpreis von 280.000€ mit eigenem Geld bezahlt hätten. Eine Beleihung ist somit doppelt sinnvoll.

Sollte Ihnen bereits mehr Eigenkapital zur Verfügung stehen, als Sie für den Eigenheimkauf benötigen, dann kaufen Sie noch eine Anlageimmobilie dazu – natürlich in Verbindung mit einer Beleihung. Sie erinnern sich: *Es gibt gute Schulden und schlechte Schulden. Gute Schulden machen uns wohlhabender...* →#21.

Nun wollen wir noch einen Blick auf die Entwicklung der Eigenkapital-Rendite in Verbindung mit Wertsteigerung werfen. Zwar richtet sich beim selbst genutzten Eigenheim wie auch bei der Anlageimmobilie das Interesse vernünftiger Anleger zunächst vorrangig auf die Rendite aus Cashflow: *Was man hat, hat man!* Nichtsdestotrotz kann auch Rendite aus Wertsteigerung einen äußerst positiven Beitrag im Rahmen einer langfristig ausgerichteten Immobilienstrategie leisten.

Um die mit Wertsteigerung verbundenen Gesetzmäßigkeiten und Zusammenhänge ging es bereits sehr ausführlich in der *Ersten Trumpfkarte* →#13 bis #19: *Wertsteigerung lässt die Rendite beliehener Immobilien explodieren*. Dort werden auch die beiden möglichen Ursachen für Wertsteigerung genau erläutert: ***Reale*** **Wertsteigerung entsteht aufgrund anziehender Nachfrage (zunehmender Knappheit),** ***nominale*** **Wertsteigerung aufgrund allgemeiner Inflation.** Weiterhin wird das Phänomen erklärt, weshalb die Besitzer langfristig beliehener Kapitalanlagen im Rahmen von Inflation zu den großen Gewinnern gehören: Je höher die Inflation ausfällt, desto mehr steigen ihre Mieteinnahmen, bzw. ihre Mieteinsparungen und umso mehr verlieren ihre Schulden an Wert.

Im schlimmsten denkbaren Fall, in der Hyperinflation, bei welcher ein Pfund Butter irgendwann eine Milliarde kostet, würden die Schulden des durchschnittlichen Immobilienbesitzers auf einen Wert zusammenschrumpfen, der nicht einmal mehr einem Gramm Butter entspricht. In Zeiten, in denen alle Staaten hoch verschuldet sind, bleibt diesen nur die Inflation in Verbindung mit einem darunter liegenden Leitzins als einziger Ausweg, um den öffentlichen Schuldenberg nach und nach abzubauen. Im Rahmen von Inflation profitieren dann allerdings nicht nur die Staatskassen, sondern insgesamt alle langfristigen Schuldner. Wie gesagt, wurde dies bereits ausführlicher in der *Ersten Trumpfkarte* beschrieben, sodass wir hier auf umfangreichere Wiederholungen verzichten können.

Nachfolgend schauen wir uns zwei konkrete Beispielrechnungen an und klären dabei folgende Fragen: **Welche Wirkung hat Wertsteigerung auf die Rendite unbeliehener Immobilien? Und was passiert, wenn mit der Beleihung von Immobilien zusätzlich der Hebeleffekt ins Spiel kommt?**

#162 **RENDITE AUS 50% WERTSTEIGERUNG DER IMMOBILIE**
EIGENTUMSWOHNUNG OHNE BELEIHUNG

Wenn Sie mit 280.000€ Eigenkapital eine Eigentumswohnung für 280.000€ erwerben ohne diese zu beleihen, dann entspricht ein Wertzuwachs von 140.000€ in 20 Jahren einer Rendite aus Wertsteigerung von 2,5% p.a.

EIGENTUMSWOHNUNG aus Tabelle →#159

Kaufpreis brutto, einschl. NK (=Gesamtinvestition):			**280.000€**
50% reale Wertsteigerung:	140.000€	=	50% des EK

ohne Beleihung gilt: Gesamtkapital = Eigenkapital

Eigenkapital-Rendite: $\frac{\textbf{50\% EK-Zuwachs}}{\textbf{20 Jahre}}$ = **2,5% p.a. steuerfrei!**

#163 **RENDITE AUS 50% WERTSTEIGERUNG DER IMMOBILIE**
EIGENTUMSWOHNUNG MIT BELEIHUNG

Wenn Sie mit 50.000€ Eigenkapital und mit 230.000€ von Ihrer Bank eine Eigentumswohnung für 280.000€ erwerben, dann entspricht ein Wertzuwachs von 140.000€ in 20 Jahren einer Rendite aus Wertsteigerung von 14% p.a.

EIGENTUMSWOHNUNG aus Tabelle →#159

Kaufpreis brutto, einschl. NK (=Gesamtinvestition):			**280.000€**
davon 230.000€ Darlehen und 50.000€ Eigenkapital (EK)			
50% reale Wertsteigerung:	140.000€	=	280% des EK

Eigenkapital-Rendite: $\frac{\textbf{280\% EK-Zuwachs}}{\textbf{20 Jahre}}$ = **14% p.a. steuerfrei!**

50% Wertsteigerung in 20 Jahren bewirken bei der unbeliehenen Eigentumswohnung eine Eigenkapital-Rendite von 2,5% p.a. In Verbindung mit der Beleihung werden daraus 14%. Ein enormer Unterschied, der uns einmal mehr deutlich macht, welch mächtige Wirkung der Hebeleffekt zu entfalten vermag. Dies verhält sich beim Eigenheim nicht anders als bei der Anlageimmobilie.

Sogar wenn es sich um eine rein *nominale*, inflationär bedingte Wertsteigerung handeln sollte, gewinnen Sie als Besitzer einer beliehenen Immobilie an ganz *realem* Vermögen, das heißt an Kaufkraft, hinzu. Dies hat damit zu tun, dass Ihre Darlehensschuld im Gegensatz zum Immobilienwert eben *nicht* mit der Inflation mitwächst. **#164**

Eine Beispielrechnung dazu, wie die Inflation die Besitzer langfristig beliehener Immobilien zu Gewinnern macht, haben Sie in der *Ersten Trumpfkarte* kennengelernt →#18. In der dortigen Beispielrechnung ging es zwar um eine beliehene Anlageimmobilie, doch das dargestellte Prinzip gilt gleichermaßen für das Eigenheim.

EIGENHEIMBESITZER TILGEN IHRE EIGENEN SCHULDEN UND BAUEN VERMÖGEN AUF - MIETER TILGEN DIE SCHULDEN IHRES VERMIETERS UND BAUEN NICHTS AUF #165

Vernünftige Käufer von Anlageimmobilien erwerben nur unterbewertete Objekte, die ihnen ab dem Tag des Ankaufs ein Zusatzeinkommen in bar liefern. Weiter vorn im Buch wurde die dazu gehörige Anlage-Strategie ausführlich besprochen. Dieses Zusatzeinkommen in bar ist der *liquide Jahresüberschuss* →#G17, den man übrig behält, wenn man von der Ist-Mieteinnahme sämtliche nicht umlagefähigen Kosten sowie die Zinsen und auch die Tilgung abzieht.

Obwohl Tilgung eigentlich einen Teil des Gewinns darstellt (→#G21), steht sie dem Anleger nicht unmittelbar als Liquidität zur Verfügung. Würde er eine Immobilie erwerben, deren Einnahmen nicht auch die Tilgung voll abdecken, müsste er Monat für Monat Geld aus anderen Einnahmequellen zuschießen. Damit würde er sich selbst unter erheblichen Druck bringen.

Bei nahezu allen Anlageimmobilien wird aus den Mieteinnahmen immer auch die Tilgung mitbezahlt und sei es nur, weil die Bank den Darlehensrahmen so klein gehalten hat, dass eine entsprechend kleinere Tilgungsrate grade noch durch die Miete mit abgedeckt werden kann. Im Umkehrschluss bedeutet dies, dass Sie als Mieter immer die kleineren oder größeren Darlehensschulden Ihres Vermieters tilgen und dadurch sein Vermögen aufbauen.

Doch da die Zinsen seit Längerem so spektakulär niedrig sind, war es nie leichter, die Seite zu wechseln. Indem Sie ein Eigenheim erwerben, werden Sie gewissermaßen zu Ihrem eigenen Vermieter. Mag sein, dass Ihre liquiditätsmäßige Belastung im Vergleich zu Ihrer früheren Miete anfangs noch minimal höher ist, so wie dies auch in unserem vorigen Beispiel der Fall war →#152. Doch dies wird sich nach wenigen Jahren ändern. Ein erheblicher Teil der Finanzierungsraten fließt ohnehin von Beginn an in die Tilgung Ihres Darlehens und somit in IHREN EIGENEN Vermögensaufbau.

#166 DAS ABBEZAHLTE EIGENHEIM ALS SPARKASSE FÜR DEN RUHESTAND: ERNEUTE BELEIHUNG BEI BEDARF

Vielleicht geht es Ihnen ja wie vielen Deutschen und es macht Sie stolz, sagen zu können: *Mein Haus ist abbezahlt* (oder *weitgehend abbezahlt*)! Der Stolz auf diese Leistung ist in vollem Umfang berechtigt. Sie befinden sich in der angenehmen Situation, im Ruhestand keine Finanzierungsraten mehr bezahlen zu müssen. Insofern steht Ihnen ein größerer Teil Ihrer Ruhestandsbezüge für Ihre übrigen Ausgaben zur Verfügung.

Aber was tun, wenn Sie eines Tages feststellen müssen, dass das geschrumpfte Niveau der Renten- oder Lebensversicherung doch nicht so recht reicht? Eigentlich würden Sie gerne mal wieder verreisen, oder Sie brauchen einen größeren Betrag für eine medizinische Behandlung, oder Sie möchten einfach Tag für Tag ein bisschen besser leben. In diesem Fall haben Sie, im Gegensatz zum Mieter, immerhin noch ein schuldenfreies Haus, das Sie beleihen können.

Nehmen wir einmal an, Sie haben in den 70er-Jahren für 100.000€ (ca. 200.000DM) ein Haus gebaut, das Sie heute für etwa 300.000€ verkaufen könnten. Allerdings möchten Sie überhaupt nicht verkaufen. Dann stellt sich die Frage: Müssen Sie unbedingt ein komplett schuldenfreies Haus hinterlassen? Ihre Kinder freuen sich bestimmt auch über ein Erbe im Netto-Wert von 150.000€ oder 200.000€. Über Jahrzehnte haben Sie Sparkapital in Form von Tilgung in Ihr selbstgenutztes Heim eingebracht. Sie haben nicht nur angenehm darin gewohnt, sondern gleichzeitig eine inflationsgeschützte Sparkasse für die Zukunft angefüllt. Nichts spricht dagegen, heute die Früchte Ihres früheren Fleißes zu ernten. Zu diesem Zweck können Sie Ihr Haus einmalig oder in Abständen beleihen.

Ein Darlehen auf Ihre Immobilie werden Sie immer zu viel günstigeren Konditionen erhalten, als jede andere, unbesicherte Form von Ratenkredit. Allerdings müssen Sie die Banken danach fragen! Ich hatte einmal mit einem Fall zu tun, bei dem die Bank einem langjährigen Kunden im Ruhestand immer wieder teure Ratenkredite andrehte (höflicher kann man es hier kaum formulieren), obwohl sie sogar noch eine Grundschuld im Grundbuch seines schuldenfreien Hauses eingetragen hatte. Die Grundschuld war nach dem Auslaufen der ehemaligen Baufinanzierung nicht gelöscht worden. Das Risiko der Bank hätte also ohne großen Aufwand über die Immobilie abgesichert werden können. Trotzdem nahm sie lieber die höheren Zinsen für unbesicherte Kredite. Schließlich hatte der Kunde ja nicht nach einem viel zinsgünstigeren Immobiliendarlehen gefragt.

Doch gibt es auch kundenfreundliche Banken. Einige bieten sogar speziell auf Ruheständler zugeschnittene Eigenheim-Beleihungsmodelle an. Bei dem angenommenen Wert Ihres Hauses von rund 300.000€, dürfte ein Darlehensrahmen von 100.000€ bis 150.000€ für die Bank kein Problem darstellen. Sie können das Haus, je nach Bedarf, in Stufen beleihen oder einmalig einen Kredit aufnehmen.

Es wäre zu umfangreich, hier alle denkbaren Beleihungsvarianten zu betrachten. Lassen Sie uns einmal ein einfaches Beispiel durchspielen, damit Sie ein Gefühl für die Größenordnungen bekommen: Sie leihen sich auf Ihr abbezahltes Haus 50.000€ von der Bank auf 10 Jahre zu 2,0% Zinsen p.a., tilgungsfrei. Während der gesamten 10 Jahre benötigen Sie somit 20% bzw. 10.000€ für Zinsen. Am besten legen Sie diesen Betrag gleich anfangs zur Seite, obwohl Sie dafür nur unattraktive Habenzinsen bekommen. Doch dann können Sie weiterhin gut schlafen, weil Sie nicht wegen der Zinszahlungen unter Druck geraten werden. Es verbleiben 40.000€, die Sie zur freien Verfügung haben. Diese können Sie für größere Einmalausgaben verwenden oder für Reisen oder für eine Zusatzrente zur Steigerung Ihrer täglichen Lebensqualität. Die Zusatzrente läge dann 10 Jahre lang bei rund 4.000€ pro Jahr, bzw. rund 330€ pro Monat. In diesem Fall würden Sie den Darlehensrahmen am besten in Etappen in Anspruch nehmen, dadurch wird die Zinsbelastung geringer.

Aber was machen Sie mit diesem 10-Jahres-Darlehen am Ende der Laufzeit? Ihre Rente wird bis dahin wahrscheinlich nur leicht gestiegen sein, der Wert Ihres Hauses in vernünftiger Lage eventuell deutlicher und sei es nur durch Inflation. Im Verhältnis dazu hätte Ihr Darlehen dann an Wert verloren. Wenn der Wert Ihres Hauses nun bei 350.000€ oder 400.000€ liegt, steht einer weiteren Beleihung gegebenenfalls nichts im Wege.

Vielleicht hat sich aber Ihre Lebenssituation in der Zwischenzeit ohnehin geändert. Eigentlich ist Ihnen das Haus schon lange zu groß und macht zusammen mit dem Garten zu viel Arbeit. Womöglich ziehen Sie lieber in eine halb so große Eigentumswohnung mit Aufzug. Der Kaufpreis würde nur 180.000€ einschl. der Kaufnebenkosten betragen.

Wenn Sie Ihr Haus beispielsweise für 350.000€ verkaufen, bleiben nach Ablösung des 50.000€ Darlehens noch 300.000€ für Sie übrig. Davon bezahlen Sie zunächst den Kaufpreis der neuen Wohnung, die dann wiederum schuldenfrei (und beleihbar) ist. Mit der kleineren Wohnung werden Sie zukünftig eine deutlich geringere Belastung aus Betriebskosten, einschl. Instandhaltung haben. Darüber hinaus steht Ihnen eine neue Bar-Reserve in Höhe von 120.000€ zur Verfügung.

In jedem Fall stellt ein Haus, dessen Darlehensbelastung Sie über viele Jahre abbezahlt haben, die beste vorstellbare Sparkasse mit

integriertem Inflationsschutz dar. Gehen Sie, in Abhängigkeit von Ihrer aktuellen Lebensphase, flexibel mit Immobilien um. Beleihen Sie sie bei Bedarf erneut oder ziehen Sie in eine andere um, wenn die bisherige zu groß geworden ist. Darauf kommen wir gleich noch einmal zurück.

Natürlich könnten Sie das neue Darlehen von 50.000€ auch als Eigenkapital beim Kauf einer unterbewerteten Anlageimmobilie einbringen, die bis etwa 200.000€ kosten könnte. Im Ruhestand haben Sie mehr Zeit denn je, um nach einem optimalen Rendite-Objekt zu suchen. Damit erzielen Sie von Beginn an ein ansehnliches Zusatzeinkommen in bar und bauen durch die Tilgung, die Sie aus den Mieteinnahmen bezahlen weiteres Vermögen auf.

DAS EIGENHEIM IST WIRKLICHER BESITZ #167

Sie erinnern sich: im englischsprachigen Raum werden Immobilien treffenderweise als *real estate*, als *wirklicher Besitz*, bezeichnet.

Wenn Sie Aktien, Fondsanteile, Anleihen, eine Lebensversicherung oder Festgelder besitzen, dann haben Sie in einer Phase, in der diese Anlagen schlecht laufen rein gar nichts davon.

Wenn Ihr Eigenheim schlechter läuft als hier im Buch beschrieben, können Sie immer noch darin wohnen. Selbst wenn Sie gegenüber dem Mieter einige Zeit lang kein Geld sparen sollten, selbst wenn Ihre private Immobilie ihren Wert nicht übermäßig steigern sollte (für den Inflationsausgleich reicht es eigentlich immer!), so handelt es sich immerhin um *wirklichen* Besitz und nicht nur um Zahlen auf bedrucktem Papier. Neben den großen wirtschaftlichen Potenzialen, die ein Eigenheim mit sich bringt, können Sie es ganz praktisch benutzen.

EIN GROSSER VORTEIL
DER EIGENTUMSWOHNUNG BZW.
DES PRIVATEN WOHNHAUSES:

IN DIESER ART VON KAPITAL-
ANLAGE LÄSST ES SICH VIEL

SCHÖNER WOHNEN

ALS IN EINER AKTIE, EINER ANLEIHE
ODER AUF DEM SPARKONTO

VERKAUFSGEWINNE BEIM SELBST GENUTZTEN EIGENHEIM SIND STEUERFREI

#168

Einen eventuellen Gewinn, den Sie beim Verkauf eines bis dahin selbst genutzten Eigenheims erzielen, müssen Sie nicht versteuern. Die diesbezüglichen steuerlichen Rahmenbedingungen haben wir im Abschnitt *Die Joker* (→ #78) bereits besprochen.

Allerdings muss man Immobilien nicht immer gleich verkaufen, um Wertgewinne in Bargeld zu verwandeln. Im Gegensatz zu Aktien kann man Immobilien nachbeleihen. Aber manchmal gibt es eben doch gute Gründe, die für den Verkauf eines Eigenheims sprechen. Beachten Sie auch beim Eigenheimkauf die in den Teilen 1 und 2 des Buches verschiedentlich gegebenen Hinweise zur Lageauswahl, um sicherzustellen, dass Ihr Zuhause sich bei Bedarf wieder gut verkaufen lässt.

Ein häufiger Verkaufsgrund ist, dass die Kinder aus dem Haus sind, welches somit zu groß geworden ist. Das soll nicht heißen, dass *alle* Eigenheimbesitzer diesen Anlass als günstige Gelegenheit nutzen, sich zu verändern. Eher das Gegenteil ist der Fall. Wohl die Mehrzahl bleibt lieber in ihrem üppigen Familienzuhause wohnen. Sehr viele Eigenheime, die einmal für Familien konzipiert waren, werden mittlerweile nur noch von Ehepaaren oder von Einzelpersonen, deren Partner verstorben ist, bewohnt.

Das ist in doppelter Hinsicht ungünstig. Erstens, weil die großen Wohneinheiten den jungen Familien, die sie nötiger brauchen könnten nicht zur Verfügung stehen. Zweitens, weil das im Haus verbliebene Ehepaar, bzw. der Single, einen Großteil seines Ruhestandes damit verbringt, eine unnötig große Immobilie zu hüten und zu pflegen. Manche Räume betreten sie nur alle paar Wochen und die Wohnnebenkosten verschlingen unnötig viel Geld.

Machen Sie es besser, falls Sie sich in dieser Situation befinden. Das einzig Beständige im Leben ist der Wandel. Verkaufen Sie Ihr zu groß gewordenes Haus, bzw. Ihre zu große Wohnung und kaufen Sie sich ein kleineres Objekt, das besser zu Ihren neuen Wohnanforderungen passt.

Vielleicht sogar an einem Ort, der Ihnen in dieser Lebensphase besser gefällt. **Nur Immobilien sind von Natur aus immobil. Wir Menschen sind es nicht!**

Nach dem steuerfreien Verkauf Ihres Familienheims und nach dem Kauf eines kleineren Häuschens oder einer kleineren Wohnung werden Sie noch Geld übrig haben.

Investieren Sie dieses Geld zum Teil in eine lukrative Anlageimmobilie und legen Sie den Rest als Bar-Reserve zur Seite. Die aus der Anlageimmobilie fließenden, zusätzlichen Einnahmen werden, zusammen mit den deutlich niedrigeren Wohnnebenkosten und der Bar-Reserve, Ihren künftigen finanziellen Spielraum deutlich erweitern.

#169 RISIKO(?): DIE ZINSEN SIND ZUM ENDE DES ERSTEN FINANZIERUNGSZEITRAUMS DEUTLICH GESTIEGEN

Seit der Nachkriegszeit ist das Niveau der Leitzinsen kontinuierlich gesunken, im selben Maße wie die Schuldenberge der Staaten rund um den Globus angestiegen sind. Wir haben dieses Thema bereits erörtert.

Die momentane wirtschaftliche Verfassung der Länder des Euro-Raums lässt Zinserhöhungen auf ein Niveau oberhalb der Inflationsrate bis auf Weiteres nicht zu.

Die Beibehaltung eines negativen Realzinses (Leitzins unterhalb der Inflationsrate) ist die aktuell einzige Chance der Regierungen, ihre immense Staatsverschuldung abzubauen. Die größten Schuldner weltweit sind die Staaten. Deshalb werden die Zinsen eher später als früher wieder anziehen.

Trotzdem wollen wir einmal so tun, als ob der Tag drastischer Zinserhöhungen nun gekommen wäre und zwar genau in dem Moment, in dem die langfristige Zinsbindung Ihrer Eigenheimfinanzierung ausläuft. Wir bleiben bei der Beispielwohnung, die wir in den Abschnitten weiter vorn bereits genauer betrachtet haben (ab →#152) und steigen zum Ende des Jahres 15 noch einmal mit unseren Überlegungen ein:

#170

MIETWOHNUNG 108m^2	**ENDE JAHR 15**	**EIGENTUMSWOHNUNG (ETW) 108m^2**	**ENDE JAHR 15**
		gesunkene Zinskosten pro Jahr:	**3.709€**
Miete pro Monat:	11,44€m^2	Instandhaltung + Verwaltung p.a.:	1.680€
erhöhte Miete p.a.:	**14.826€**	Kosten ges.=Zins+Insth.+Verwltg.:	5.389€
erhöhte Miete p.m.:	**1.236€**	**Kosten (Z+I+V) gesamt p.m.:**	**449€**
Miete übersteigt Kosten der		**Einsparung vergl. mit Miete p.m.:**	**787€**
Eigentumswohnung um 175%		Einsparung vergl. mit Miete p.a.:	9.444€
		Eigenkapital-Rendite* p.a.:	**18,88%**
		* EK-Rendite aus 50.000€ Eigenkapital und aus 9.444€ Einsparung pro Jahr.	
		gestiegene Tilgung, pro Jahr:	6.411€
		Tilgung = Sparkapital, pro Monat:	**534€**
liquid. Gesamtbelastung p. m.		liquid. Gesamtbelastung pro Monat	
erhöhte Miete p.m.:	**1.236€**	**Zins + Tilgung + Insth. + Verwltg.:**	**983€**
		Minderbelastung vergl. mit Miete:**	**253€**
		** hinzukommt die Vermögensansparung durch Tilgung in Höhe von 534€!	
		aktueller Immobilienwert, ca.:	**336.000€**
		aktuelle Restschuld Darlehen:	148.000€
		Nettovermögen Ende Jahr 15:	**188.000€**

Die Darlehensschuld auf Ihrer Eigentumswohnung hat sich in den 15 Jahren seit dem Kauf durch Tilgung von 230.000€ auf 148.000€ verringert. So viel neues Vermögen haben Sie also aufgebaut.

Die Netto-Kalt-Miete des Mieters hat sich im selben Zeitraum durchschnittlich um 2% pro Jahr auf nunmehr 14.826€ erhöht.

Dieser Betrag stellt die *Messlatte* dar. Erst, wenn Sie ab dem Jahr 16 mehr als 14.826€ für *Zinsen und Betriebskosten* (Instandhaltung, Wohnungseigentumsverwaltung etc.) ausgeben müssten, würden Sie gegenüber dem Mieter einen finanziellen Verlust machen.

Wenn wir von diesen 14.826€ (Messlatte) rund 2.000€ gestiegene Betriebskosten abziehen, dann stehen anschließend noch ca. 12.800€ für Zinsen zur Verfügung. Das entspricht 8,56% p.a. bezogen auf die restliche Darlehensschuld von 148.000€ nach 15 Jahren. Sollten die Zinsen im Jahr der Anschlussfinanzierung wirklich oberhalb 8,56% p.a. liegen, hätten Sie als Wohnungsbesitzer ab diesem Moment im Verhältnis zum Mieter höhere Kosten. Die etwa 3.000€ p.a. an Liquidität für die Tilgung müssten Sie in diesem Fall schon zusätzlich aufbringen, wenngleich getilgte Beträge natürlich IHR Geld darstellen →#G21.

Doch aus folgendem Grund handelt es sich bei dieser Art der Betrachtung ohnehin um eine Milchmädchenrechnung: Das Niveau der Kreditzinsen wird nämlich überhaupt nur dann deutlich steigen, wenn dem Anstieg eine entsprechende Inflation vorauseilt!

Sollten sich die Kreditzinsen bis zum Ende des Jahres 15 tatsächlich auf über 8% nach oben entwickelt haben, dann wäre die in unseren Berechnungen angesetzte durchschnittliche Mietsteigerung von lediglich 2% p.a. unrealistisch gering.

Im Rahmen allgemeiner Inflation, die der einzige Auslöser von Zinssteigerungen sein könnte, steigen mit den Löhnen und den Lebenshaltungskosten natürlich auch die Mieten. Bevor die Kreditzinsen also tatsächlich einmal bei über 8% ankommen, müsste bereits im Vorfeld die Inflationsrate entsprechend anziehen. In diesem Fall würden die Wohnungsmieten nicht nur um 2% p.a. nach oben klettern, sondern in wesentlich höherem Maße.

Demnach läge dann auch die von uns angenommene Vergleichsmiete, unsere Messlatte, nach 15 Jahren schon wesentlich höher als die errechneten 14.826€. Und unter diesen Umständen blieben Sie als Eigenheimbesitzer sogar bei Zinssätzen weit oberhalb der errechneten 8,65% p.a. gegenüber dem Mieter, genau wie bisher, deutlich im Vorteil.

Wenn in den ersten 15 Jahren nach dem Kauf Ihrer Eigentumswohnung tatsächlich eine hohe Inflation stattgefunden hätte, dann wäre Ihre *Minderbelastung* gegenüber dem Mieter schon in all diesen Jahren noch deutlich höher ausgefallen.

Die Mietsteigerungen hätten dann nämlich weit mehr als 2% p.a. betragen und Sie als Eigenheimbesitzer hätten insofern all die Jahre einen noch größeren Liquiditätsvorteil gegenüber dem Mieter gehabt als in den

Beispielrechnungen dargestellt. Denn die Mieten wären mit der stärkeren Inflation immer weiter erhöht worden, während der Kapitaldienst Ihres Darlehens, Ihre mit Abstand größte Ausgabenposition, sich über die gesamten 15 Jahre nicht verändert hätte.
Und noch ein weiterer Vorteil würde sich aus starken Mieterhöhungen in Folge hoher Inflation zu Ihren Gunsten ergeben: Natürlich würden auch die Immobilienwerte mitziehen und sich dem steigenden Preisniveau anpassen. Der Wert Ihrer Eigentumswohnung würde im Rahmen hoher Inflation entsprechend stärker wachsen, wodurch Ihre Schulden in höherem Maße entwertet würden.

KEINE ANGST ALSO VOR ANZIEHENDEN ZINSEN!
Alles in allem stellen Zinserhöhungen, von denen Sie frühestens nach 15 oder 20 Jahren getroffen werden könnten, kein nennenswertes Risiko für Sie dar. Im Gegenteil. **Zinserhöhungen ergeben sich immer im Kielwasser von Inflation.** Inflation wiederum ist für Sie als Besitzer eines langfristig beliehenen Eigenheims kein Risiko, sondern eher der Idealfall – Sie gewinnen nicht trotz, sondern gerade wegen der Inflation an realem Vermögen hinzu.

Inflation lässt die Immobilienwerte steigen, entwertet gleichzeitig Ihre Schulden und lässt außerdem Ihren Liquiditätsvorteil gegenüber dem Mieter immer weiter anwachsen. Deshalb werden Sie, selbst wenn zum Ende einer langen Finanzierungsperiode die Zinsen deutlich gestiegen sein sollten, im Vergleich zum Mieter nach wie vor deutlich im Vorteil sein.

#171 RISIKO(?): VERDIENSTAUSFALL DES EIGENHEIMBESITZERS INFOLGE VON ARBEITSLOSIGKEIT ODER KRANKHEIT

Wenn Sie eine Immobilie selbst bewohnen, gibt es keinen Mieter, der die Finanzierungskosten für Sie bezahlt. Sie ganz alleine haben dafür aufzukommen. Das ist tatsächlich ein Risiko. Wenn Sie Ihre Arbeit verlieren oder für längere Zeit krank werden, können Sie in Zahlungsprobleme geraten. In diesem Zusammenhang stellen sich aber zwei Fragen.

Frage Eins: Wäre Ihr Risiko denn kleiner, wenn Sie weiterhin Mieter blieben? Die Antwort lautet: Nein. Denn auch der Mieter wird seine Wohnung nicht lange halten können, wenn er die Miete nicht mehr bezahlen kann.

Frage Zwei: Wer von beiden, Eigentümer oder Mieter, hat die größeren finanziellen Belastungen zu tragen? Dieser wäre dann auch dem größeren Risiko ausgesetzt, in Krisentagen seine Zahlungsverpflichtungen nicht mehr vollständig erfüllen zu können. Für die Beantwortung dieser Frage kehren wir ein letztes Mal zu unserem Vergleich *Eigentumswohnung / Mietwohnung* zurück:

#172 **JAHR 1 → #152**

Mietwohnung:		
monatlicher Mietzins	=	**918€**
Eigentumswohnung:		
Zinsen und Betriebskosten = 600€ + Tilgung 383€	=	gesamt **983€**

JAHR 5 → #154

Mietwohnung:		
monatlicher Mietzins (nach 2% Erhöhung p.a.)	=	**1.014€**
Eigentumswohnung:		
Zinsen und Betriebskosten = 562€ + Tilgung 421€	=	gesamt **983€**

Die Verbrauchskosten für Heizung, Wasser, Strom usw. lassen wir weiterhin außen vor, weil sie für Mieter und Eigentümer in etwa gleich ausfallen. Wir vergleichen nur jene Ausgabenpositionen, die sich unterscheiden. Die für die Eigentumswohnung ausgewiesenen Betriebskosten betreffen Hausverwaltung und Instandhaltung. Das sind Kosten, welche Mieter nicht zu tragen haben.

Im Jahr 1 ist die Gesamtbelastung des Eigenheimbesitzers mit 983€ noch etwas höher als die des Mieters, der 918€ für Miete ausgibt. Nach 5 Jahren kehrt sich das Verhältnis dann aber schon um. Und wenn Sie noch einmal in die vorigen Tabellen zurückblättern, werden Sie sehen, dass der Eigenheimbesitzer im Jahr 10 schon 136€ weniger pro Monat aufbringen muss als der Mieter. Bis zum Jahr 15 werden daraus 253€ monatlich. Die Belastung des Eigentümers bleibt 15 Jahre lang weitgehend unverändert, während die Belastung des Mieters durch Mieterhöhungen regelmäßig steigen wird. Im Vergleich zum Eigentümer trägt der Mieter somit ein größeres und stetig wachsendes Risiko, seine Verpflichtungen eines Tages nicht mehr vollständig erfüllen zu können.

Dabei wäre noch zu beachten, dass in der Gesamtbelastung des Eigentümers jeweils auch die Tilgung, das heißt, sein eigener Vermögensaufbau enthalten ist. Es gibt wohl kaum eine Bank, die einen Eigennutzer aus seinem Heim herausklagen würde, solange er die Zinsen immer ordentlich bezahlt und nur mit der Tilgung einige Zeit in Rückstand gerät.

Vor diesem Hintergrund sieht der Vergleich nochmal anders aus: Wenn man nur die *zwingend zu bezahlenden* Kosten betrachtet, wären das im Jahr 1 beim Mieter 918€ monatlich, beim Eigenheimkäufer (ohne Tilgung) aber lediglich 600€. **Das bedeutet, dass schon im ersten Jahr die zwingenden Zahlungsverpflichtungen des Eigentümers rund 50% unter denen des Mieters liegen.** Und mit jedem neuen Jahr nimmt infolge der laufend sinkenden Zinsbelastung das Risiko des Eigenheimbesitzers im Verhältnis zu dem des Mieters sogar noch weiter ab.

Es bleibt also festzuhalten, dass, unter anderem aufgrund des aktuell sehr niedrigen Zinsniveaus, das Risiko eines teilweisen Zahlungsausfalls beim Eigenheimkäufer geringer ist als beim Mieter.

Trotzdem wäre es empfehlenswert, dass Sie bereits beim Kauf eines Eigenheims über gewisse Reserven verfügen oder sich zumindest nach und nach welche ansparen, um wenigstens ein halbes Jahr Arbeitslosigkeit oder Krankheit überbrücken zu können.

#173

ZUSAMMENFASSUNG
DAS SELBST GENUTZTE EIGENHEIM

AUCH DAS PRIVATE WOHNHAUS BZW. DIE EIGENTUMSWOHNUNG STELLT, VERNÜNFTIG AUSGEWÄHLT, EINE PHÄNOMENAL LUKRATIVE KAPITALANLAGE DAR.

Als Eigenheimbesitzer wohnen Sie in ihrem Wunschzuhause und genießen eine größere persönliche Freiheit. Sie können in und mit Ihrer Immobilie tun und lassen, was sie wollen und können nicht wegen Eigenbedarf gekündigt werden. Gleichzeitig sorgt das *richtige* Eigenheim dafür, dass Ihre laufenden finanziellen Belastungen geringer sind als die Mietkosten für vergleichbaren Wohnraum.

Angesichts der historisch niedrigen Zinssätze ist der Erwerb eines Eigenheims heutzutage in der Mehrzahl der Fälle wirtschaftlich sinnvoll.

Mithilfe einer langfristigen Beleihung deckeln Sie Ihre Wohnkosten auf 15 bis 20 Jahre. Ihre Zinskosten schrumpfen infolge der Tilgung (IHR Geld!) dann sogar von Jahr zu Jahr. Als Eigenheimbesitzer tilgen Sie Ihre eigenen Schulden und bauen dadurch Vermögen auf. Als Mieter tilgen Sie die Schulden Ihres Vermieters und bauen nichts auf.

Als Mieter verlieren Sie regelmäßig durch steigende Mieten, können aber nicht von steigenden Immobilienpreisen profitieren. Als Besitzer einer selbst genutzten Immobilie haben Sie in der Regel nicht nur geringere Kosten, sondern gewinnen noch zusätzlich, sobald die Immobilienpreise anziehen. Miete muss aus versteuertem Geld bezahlt werden. Das heißt, ein Mieter, der eine Mieterhöhung über 100€ erhält, benötigt zum Ausgleich theoretisch eine Gehaltserhöhung um 150€ oder 200€, je nach persönlichem Steuersatz.

Der Hebeleffekt, der Traum aller Kapitalanleger, entfaltet seine enorme Wirkung nicht nur bei Anlageimmobilien, sondern ebenso bei selbst genutzten Immobilien. Sofern die Kreditzinsen, wie schon seit Längerem der Fall, ein gutes Stück unter den alternativen Mietkosten liegen, kann der Käufer eines vernünftigen Eigenheims von Beginn an eine hohe Rendite auf sein Eigenkapital erzielen. Auch ersparte Miete ist Rendite! Tatsächlich belohnt der Hebeleffekt den Eigenheimbesitzer sogar dreifach: Die Eigenkapital-Rendite steigt mit den kontinuierlich sinkenden Zinskosten, sowie mit jeder Mieterhöhungsrunde und mit jedem Anstieg der Immobilienpreise.

Ein Eigenheim, das weitgehend abbezahlt ist, können Sie im Ruhestand erneut günstig beleihen. Und falls Sie es einmal verkaufen möchten, zum Beispiel weil die Kinder nun aus dem Haus sind, dann unterliegt der Verkaufsgewinn keiner Besteuerung.

Nur weil die Zinsen extrem niedrig sind, heißt das aber noch lange nicht, dass *jeder* Immobilienkauf sinnvoll ist:

- Leben Sie wo Sie leben wollen, aber kaufen Sie nicht unbedingt in einer überhitzten Superlage. Der Aufpreis für Prestige- und Trendlagen ist immer unangemessen hoch. Oft liegen zwischen einem überteuerten und einem preislich vernünftigen Standort nur wenige hundert Meter.
- Lassen Sie sich für Ihren Traum vom Eigenheim nicht auf ein Leben als Pendler ein. Lange Anfahrten sind vertane Lebenszeit und Fahrtkosten sind grundsätzlich hinausgeworfenes Geld. Dieses Geld können Sie genauso gut in einen etwas höheren Immobilienpreis, in einer Lage, die Ihnen besser passt, investieren.
- Erwerben Sie keine unnötig große oder zu speziell ausgestattete Immobilie. Lila Marmorböden und barocke Wasserhähne kauft Ihnen später niemand mehr ab.
- Die Kaufpreise vergleichbarer Immobilien bewegen sich immer auf einer gewissen Bandbreite von zu teuer bis sehr günstig. Jeder Verkäufer hat seine eigene Vorstellung vom Wert seiner Immobilie und verlangt, was er will. Mit der angemessenen Sorgfalt werden Sie unter vielen Angeboten das günstigste in Ihrem Wunschumfeld finden.
- Bringen Sie beim Kauf mindestens 15% bis 20% Eigenkapital ein. Wählen Sie eine Zinsbindungsfrist von mindestens 15 Jahren. Danach liegt Ihre Restschuld nur noch zwischen 60% und 65% der ursprünglichen Kreditsumme. Selbst wenn die Zinsen bis dahin kräftig gestiegen sind, wird Ihre Belastung aus der Anschlussfinanzierung dann weiterhin deutlich unter den alternativen Mietkosten liegen.
- Bemühen Sie sich beim Eigenheimkauf darum, die emotionalen, praktischen und wirtschaftlichen Aspekte so gut wie möglich unter einen Hut zu bringen. Dann wird aus dem erträumten Zuhause gleichsam eine wirtschaftlich nachhaltige Kapitalanlage, die einen guten Beitrag für höheren Wohlstand in Ihrer Zukunft leisten wird.

ANHANG

GLOSSAR

Hier finden Sie die wichtigsten Fachbegriffe für das Verständnis der Buchinhalte. Ein vollumfassendes Immobilienwörterbuch würde den Rahmen dieses Ratgebers sprengen. Die Gliederung der Begriffe erfolgt vorwiegend nicht alphabetisch, sondern in Begriffsgruppen, die inhaltlich einen Zusammenhang bilden. Begriffe, die im Haupttext des Buches ausführlich behandelt werden, werden hier nur stichwortartig mit Verweis auf die entsprechende Textstelle erwähnt.

DIVERSE BEGRIFFE (alphabetisch)

IMMOBILIEN

#G1 IMMOBILIENBEGRIFF: IMMOBILIEN / REAL ESTATE

Zusammengenommen bringen es der deutsche Begriff „Immobilie“ und der englische Begriff „Real Estate“ auf den Punkt: es geht um wirklichen Besitz, *real estate*, der aber nicht mobil ist. Es geht um gebaute, immobile Objekte. Diese stellen, im Gegensatz zu Geldscheinen, Anleihen und Aktien, nicht nur ein Wertversprechen auf bedrucktem Papier dar, sondern sind überaus real und lösen sich nicht über Nacht in Luft auf, wobei selbst in diesem Fall noch ein Grundstück übrig bliebe.

Immobilien können Sie anfassen, benutzen, bewohnen, vermieten. Ein Großteil unseres Lebens spielt sich in diesen massiven Objekten ab. Dass sie nicht mobil aber real sind, hat einen erheblichen Einfluss auf die Eigenheiten von Immobilien als Kapitalanlage sowie auf die Art und Weise, wie wir mit ihnen umgehen sollten.

#G2 IMMOBILIENKATEGORIEN

In Bezug auf die Nutzungsart wird vorrangig in wohnwirtschaftlich und gewerblich genutzte Immobilien unterschieden. Gewerbeimmobilien sind konjunkturanfälliges Spezialistengeschäft →#89. Für private Kapitalanleger sind Wohnimmobilien mit allenfalls geringem Gewerbeanteil allerdings am besten geeignet →#115.

Alle nachfolgenden Begriffserklärungen beziehen sich, soweit nicht anders erwähnt, auf Wohnimmobilien, bzw. auf Wohn- und Geschäftshäuser mit maximal ca. 25% Gewerbeanteil.

Die gängigen Gebäudetypen mit Wohnnutzung sind Mehrfamilienhäuser, Einfamilienhäuser, Doppelhäuser und Reihenhäuser. Als Kapitalanlage sind jedoch allein Mehrfamilienhäuser bzw. Eigentumswohnungen in Mehrfamilienhäusern empfehlenswert →#115 / #90. Einfamilienhäuser, Doppelhäuser und Reihenhäuser bleiben Eigennutzern vorbehalten.

LAGE, LAGE, LAGE

Weil Immobilien immobil sind, ist die Lage so wichtig

LAGEKATEGORIEN **#G3**

Es gibt keine einheitlich gültigen Regeln bezüglich der Unterscheidung von Lagekategorien. Mir erscheint eine Unterscheidung in vier Kategorien ausreichend: A-, B-, C- und D-Lagen.

A-Lagen:

- Die Toplagen, die Prestigeadressen im jeweiligen Immobilienmarkt
- Die obersten 10% bis 15% des Immobilienbestandes
- Innerhalb der A-Lagen wird das obere Ende wiederum als 1A-Lage bezeichnet

B- und C-Lagen:

- Obere bis untere Mittelklasse
- 70% - 80% des Immobilienbestandes
- Hier wohnt die breite Mittelschicht der Bevölkerung, hier gibt es das größte Angebot und die größte Nachfrage nach Wohnraum

D-Lagen:

- die einfachsten Lagen
- die untersten 10% bis 15% des Immobilienbestandes
- Randlagen mit schlechter Infrastruktur, Regionen mit schwacher Wirtschaftskraft, Lagen mit dauerhaft starkem Bevölkerungsschwund, Lagen am Ende der Flughafenstartbahn, neben der Müllverbrennungsanlage usw.

Die Übergänge zwischen A-, B-, C- und D-Lagen sind gleitend.

LAGEEINSTUFUNG **#G4**

Der Einstufung von Lagen kann sich auf einzelne Straßen, Quartiere, Stadtteile, Städte oder auch ganze Regionen beziehen. Und zum Beispiel gibt es innerhalb größerer B-Regionen wiederum A-, B-, C-, D-Städte und dort wiederum A-, B-, C-, D-Stadtteile mit A-, B-,C-, D-Straßen.

Die Qualität von Lagen kann sich im Laufe der Zeit nach oben bzw. unten verschieben. Auslöser dafür sind Veränderungen im Bereich der Infrastruktur, der Wirtschaftskraft, der politischen Gegebenheiten o. ä.

Im Übrigen ist die Einstufung von Lagen ein rein subjektiver Vorgang. Oft stuft die breite Masse der Immobilienkäufer eine Lagequalität völlig anders ein als die Minderheit vorausschauender, antizyklisch handelnder Käufer. Für die letzteren ergeben sich hieraus gute Kaufgelegenheiten →#39 *Immobilienzyklus.*

#G5 WAS IST EINE GUTE LAGE?

Wenn man diese Frage stellt, muss man zunächst fragen: FÜR WEN? Und um welche Ziele geht es? Gut ist relativ. Es ist ein weit verbreiteter Fehler, die *gute Lage* generell mit der *guten Adresse*, im Sinne von Prestige-Adresse bzw. 1A-Lage gleichzusetzen →#94 *Lage, Lage, Lage: Der Mythos von der guten Lage.*

Meiden Sie elitäre 1A-Lagen und aktuelle Trendlagen.
Dies sind keine guten Lagen für ertragsorientierte Kapitalanleger, die bereits ab dem Tag des Immobilienkaufs hohe laufende Einnahmen erzielen wollen. Und es sind auch keine guten Lagen für Eigenheimkäufer, die ihren Mieterstatus unter anderem deshalb verlassen wollen, um mit einem Eigenheim auch wirtschaftlich besser dazustehen als vorher.

In B- und C-Lagen finden Sie das beste Preis-Leistungsverhältnis. Für wirtschaftlich denkende Immobilienkäufer sind dies die guten Lagen. In gutbürgerlichen, zentralen B-Lagen und den etwas einfacheren C-Lagen leben 70% bis 80% der Bevölkerung, also die überwiegende Mehrheit. Der Rest wohnt an exotischen Extrem-Standorten, in elitären A- oder in schwachen D-Lagen, die beide für vernünftige Immobilienerwerber uninteressant sind.

Im breiten Mittelfeld der B- und C-Lagen gibt es auf Dauer die stabilste Nachfrage nach Wohnraum und das attraktivste Angebot an lukrativen Kaufgelegenheiten. Diese Lagen bedecken den größten Teil unserer Städte und Gemeinden und beginnen gleich in der zweiten Reihe, oft nur 100m-Luftlinie neben den Prestige-Adressen.

Innerhalb der B- und C-Lagen suchen wir aktuell *unterbewertete* Lagen, in denen die Kaufpreise niedrig und die Renditen hoch sind. Dort haben sowohl die Kaufpreise als auch die Renditen das Potenzial, sich im Verlauf kommender Jahre deutlich zu steigern. Die günstigen Konditionen kommen zustande, weil diese Lagen von der Anlegerherde zum momentanen Zeitpunkt schwach eingestuft werden, obwohl absehbar ist, dass sie früher oder später in der Gunst der Massen (*Nachfrage*) wieder aufsteigen werden. Beispiel Berlin nach der Jahrtausendwende →#31. Kluge Immobilienkäufer suchen nicht die Top- oder Trendlage von heute, sondern die von morgen.

Das Thema Lage ist außerordentlich wichtig und wird in diesem Buch umfangreich behandelt, siehe u. a. →#39-#49 *Zweite Trumpfkarte* / →#93-#95 *Jede Rose hat ihre Dornen.*

KAUFPREIS UND KAUFNEBENKOSTEN

KAUFPREIS NETTO / NETTO-KAUFPREIS **#G6**

Das ist der Kaufpreis, der sich aus dem Kaufvertrag ergibt. Im Rahmen des Ankaufsprozesses kommen dann noch die Kaufnebenkosten dazu.
Aus dem *Kaufpreis netto* und der *Ist-Miete netto-kalt p.a.* wird der *Kaufpreis-Faktor* errechnet →#G28.

KAUFPREIS JE QUADRATMETER MIETFLÄCHE **#G7**

Wichtige Kennzahl zur Beurteilung eines Immobilienangebotes. Der *Kaufpreis je m^2* bezieht sich immer auf den *Kaufpreis* netto.

$$\textbf{Kaufpreis je m}^2 = \frac{\text{Kaufpreis netto}}{\text{Mietfläche in m}^2}$$

Wichtige Kennzahl! Indem man den *Kaufpreis je Quadratmeter* mit den derzeit üblichen *Herstellungskosten für Neubauten* (→#G41) sowie mit den Quadratmeterpreisen anderer Immobilienangebote im betreffenden Umfeld vergleicht, kann man beurteilen, ob ein Angebot teuer oder preiswert ist.

Wenn Sie jene unterbewerte, renditestarke Anlageimmobilie finden, die das Ziel Ihrer Träume darstellt und Sie diese für nur 60%, 40% oder 20% der Neubau-Herstellungskosten erwerben können, dann sollten Sie natürlich keine perfekte Neubauqualität erwarten. Aber auch keine Bauruine: →#G43 *Instandhaltungsrückstau* / →#98 *Checken Sie den Bauzustand, aber übertreiben Sie nicht.*

KAUFPREIS BRUTTO / BRUTTO-KAUFPREIS / GESAMT-INVESTITION **#G8**

In den Kaufpreis brutto sind alle Kaufnebenkosten eingerechnet:

Kaufpreis brutto = Kaufpreis netto + Kaufnebenkosten

#G9 KAUFNEBENKOSTEN

Die Kaufnebenkosten betragen In der Regel zwischen 10% und 15% des Kaufpreises netto:

Maklerprovision, bis zu 6% + MwSt.:	bis zu 7,14%
Gebühren für Notar und Grundbuchamt, bis zu:	1,5%
Grunderwerbsteuer, je nach Bundesland:	5% - 6,5%
sonstige Kaufnebenkosten, i. d. R. bis zu:	1%

Sollten Sie eine Immobilie nur schnell durchhandeln wollen, müssten Sie einen bis zu 15% höheren Kaufpreis erlösen, als Sie selbst bezahlt haben. Erst dann kämen Sie in die Gewinnzone →#119 *Immobilienhandel*. Bei langfristig ausgerichteten Immobilien-Investitionen, um die es in diesem Buch schwerpunktmässig geht, spielen die Kaufnebenkosten hingegen keine bedeutende Rolle.

LAUFENDE EINNAHMEN / CASHFLOW

Die zuverlässigen laufenden Mieteinnahmen, der Cashflow, sind der Hauptgrund, weshalb Anleger Immobilien erwerben und weshalb die Banken Immobilien zu so einzigartig günstigen Konditionen beleihen. Nur Mithilfe der Beleihung ergibt sich ein renditesteigernder Hebeleffekt.

#G10 IST-MIETEINNAHME NETTO-KALT / ROHERTRAG PRO JAHR

Die *Ist-Mieteinnahme netto-kalt* setzt sich aus allen Mieteinnahmen zusammen, die ein Anlageobjekt momentan tatsächlich erzielt, ohne Einberechnung der *Nebenkostenvorauszahlungen* der Mieter. Die Ist-Miete netto kalt wird auch als *Rohertrag* bezeichnet.

	IST-Miete Wohnen
+	IST-Miete Gewerbe
+	IST-Miete Kfz-Stellplätze
+	IST-Miete Lagerflächen
+	sonstige IST-Mieteinnahmen (Mobilfunkantenne o.ä.)
=	**IST-MIETE gesamt, pro Jahr**

Die Kenntnis der tatsächlich fließenden *Ist-Miete* stellt die unabdingbare Geschäftsgrundlage jedes Kaufs einer Anlageimmobilie dar.

IST-MIETEINNAHME JE QUADRATMETER PRO MONAT #G11

Wichtige Kennzahl zur Beurteilung eines Immobilienangebotes. Ist die Miete je m2 überdurchschnittlich hoch, besteht das Risiko von Einnahmerückgängen. Ist die Ist-Miete eher niedrig, sind die Chancen groß, bei Neuvermietungen höhere Mieten zu erzielen und damit die Eigenkapital-Rendite zu steigern.

$$\textbf{Ist-Miete je m}^2\textbf{ pro Monat} = \frac{\text{Ist-Miete netto kalt p.a. : 12 Monate}}{\text{Mietfläche in m}^2}$$

Wenn sich Wohn- und Gewerbeeinheiten im Mietobjekt befinden, rechnet man die Ist-Miete je m^2 für Wohnflächen und Gewerbeflächen getrennt aus.

SOLL-MIETEINNAHME #G12

Die Soll-Miete ist jene Miete, die sich theoretisch erzielen ließe, wenn ein Objekt, das teilweise leer steht, voll vermietet wäre. Oder die sich erzielen ließe, wenn aktuell niedrige Quadratmeter-Mieten durch Mietsteigerungen angehoben würden.

Das Problem bei Sollmieten-Betrachtungen ist: Sie lassen die Gegenwart außer Acht und bezieht sich auf Erfolge, die, wann auch immer, erst noch erzielt werden müssen. Beim Ankauf einer Anlageimmobilie ist für Sie nur die momentane Ist-Miete netto-kalt interessant →#97 *Lassen Sie sich nicht von Soll-Mieten blenden*.

LEERSTAND: POTENTIAL ZUR STEIGERUNG DER IST-MIETE #G13

Banken mögen Objekte mit Leerstand nicht besonders. Sie betrachten Leerstand als Makel. Persönlich erwerbe ich gerne Objekte mit 10% bis 20% Leerstand →#97, sofern ich nachvollziehen kann, dass der Leerstand auf Problemen basiert, die ich beheben kann, bzw. die sich früher oder später selbst lösen (zyklische Schwankung →#40).

Leerstand bietet ein schönes Potenzial, die Ist-Mieteinnahme und damit die Rendite früher oder später zu steigern.

BEWIRTSCHAFTUNGSKOSTEN (BWK) / BETRIEBSKOSTEN

#G14 **BEWIRTSCHAFTUNGSKOSTEN / BETRIEBSKOSTEN**
sind alle Kosten, die im Rahmen der Bewirtschaftung (Unterhaltung und Instandhaltung) einer Immobilie entstehen.

Man unterscheidet in _umlagefähige_ und _nicht umlagefähige_ Betriebskosten:

Umlagefähig auf die Wohnungsmiete sind die Kosten der laufenden Bewirtschaftung, zum Beispiel Wasserverbrauch, Abwasser, Energieverbrauch, Straßenreinigung, Müllabfuhr, Hausmeister, Hausreinigung, Versicherungen, Schornsteinfeger, Grundsteuer.
Diese Kosten werden dem Vermieter von den Mietern in Form einer monatlichen *Betriebskostenvorauszahlung* erstattet. Einmal jährlich, spätestens zum Ende des Folgejahres, erstellt jeder Vermieter, bzw. dessen Hausverwaltung, eine abschließende Nebenkostenabrechnung, in der er die aufgelaufenen Kosten exakt mit den Mietern abrechnet.

Die *nicht umlagefähigen* Bewirtschaftungskosten kann man in vier Positionen untergliedern:

- Instandhaltungskosten: ca. 10€ bis 12€ je m^2 Mietfläche pro Jahr (→#G42), daraus ergibt sich eine in etwa gleich bleibende Restnutzungsdauer der Immobilie →#G47
- Mietausfallwagnis: je nach Immobilie 3% bis 6% der Ist-Miete pro Jahr, abhängig von der Lage und dem aktuellen Vermietungsstand Immobilie
- Verwaltergebühren: 25€ bis 28€ je Nutzungseinheit pro Monat
- sonstige nicht umlegbare BWK: 1% bis 2% der Ist-Miete n. k. pro Jahr

Die Summe aller vier nicht umlagefähigen BWK-Positionen macht bei einer üblichen Anlageimmobilie mit Wohnungsnutzung in der Regel zwischen 25% und 30% der Ist-Miete netto kalt aus. Banken kalkulieren intern meist mit einem pauschalen Abzug von 25%.

Die weiteren Details werden in der *Betriebskostenverordnung* (BetrKV) geregelt. Zinsen sind übrigens keine BWK, sondern Finanzierungskosten.

NETTO-REINERTRAG / JAHRESÜBERSCHUSS

Der *Netto-Reinertrag* ergibt sich, wenn man von der *Ist-Miete netto-kalt* die *nicht umlagefähigen Bewirtschaftungskosten* abzieht. Wenn man davon auch noch die *Finanzierungskosten* abzieht, erhält man dann den *Jahresüberschuss*.

NETTO-REINERTRAG **#G15**
Gewinn nach allen Abzügen, ohne Berücksichtigung einer Beleihung

	Ist-Miete netto kalt p.a.
-	nicht umlagefähige Bewirtschaftungskosten →#G14
=	**Netto-Reinertrag p.a.**

JAHRESÜBERSCHUSS **#G16**
Gewinn nach allen Abzügen, einschl. Darlehenszinsen

	Netto-Reinertrag p.a.
-	Darlehenszinsen p.a.
=	**Jahresüberschuss p.a. vor Steuern**

Der Jahresüberschuss stellt Ihren vollständigen Gewinn nach allen Abzügen, einschl. der Zinsen dar. Aus dem Jahresüberschuss und dem eingesetzten Eigenkapital errechnet sich die *Eigenkapital-Rendite* →#G30.

Dennoch steht Ihnen der Jahresüberschuss nicht in vollem Umfang als Liquidität zur Verfügung. Sie müssen daraus noch die Tilgung bezahlen. Tilgung ist IHR Geld (→#G21). Damit zahlen Sie Schulden ab und bauen Vermögen auf.

LIQUIDER JAHRESÜBERSCHUSS **#G17**
***liquider* Gewinnanteil nach allen Abzügen, einschl. Zinsen und Tilgung**

	Jahresüberschuss p.a.
-	Tilgung (in der Regel 2% p.a. anfängl.)
=	**liquider Jahresüberschuss p.a. vor Steuern**

Wenn man vom Jahresüberschuss noch die Tilgung abzieht, bleibt der *liquide Jahresüberschuss* übrig. Das ist das Zusatzeinkommen in bar, das Sie im betreffenden Jahr mit Ihrer Immobilie erzielen und das Sie anschließend, wie jeden anderen Gewinn aus Kapitalanlagen, noch zu Ihrem persönlichen Steuersatz versteuern müssen. Offiziell gibt es den Begriff *liquider Jahresüberschuss* gar nicht, genauso wie es die Bezeichnung *liquide Eigenkapital-Rendite* (→#G31) nicht gibt. Ich habe beide für meine eigenen Betrachtungen eingeführt, weil sie anschaulich darstellen, welcher Teil des Jahresüberschusses bzw. der Eigenkapital-Rendite mir, nach Abzug der Steuern, tatsächlich zum Brötchenkaufen zur Verfügung steht.

Zwar stellt auch der mittels Tilgung angesparte Vermögenszuwachs einen Gewinn dar, aber dieser Gewinnanteil ist eben nicht sofort liquide verfügbar.

FINANZIERUNG

#G18 BELEIHUNG VON IMMOBILIEN

	Eigenkapital
+	Fremdkapital (Darlehen / Kredit)
=	**Gesamtkapital (Gesamtinvestition / Kaufpreis brutto)**

In der Regel erwarten die Banken beim Immobilienkauf zwischen 20% und 40% Eigenkapital. Je höher die Ertragskraft (Netto-Reinertrag) einer Anlageimmobilie ausfällt, bzw. je besser die Einkommensverhältnisse eines Eigenheimkäufers sind, umso weniger Eigenkapital wird die Bank verlangen.

#G19 ANNUITÄTENDARLEHEN

Die gängigste Form der Immobilienfinanzierung für langfristig ausgerichtete Anleger und Eigenheimkäufer ist das *Annuitätendarlehen*. Dabei ist der Zinssatz nicht variabel, sondern über bestimmte Zeiträume festgeschrieben, im Normalfall ab 5 Jahre aufwärts, wobei ich angesichts der historisch niedrigen Zinssätze Laufzeiten ab 15 Jahren empfehle.

Neben der Zinszahlung hat der Darlehensnehmer jedes Jahr einen bestimmten Teil der Darlehensschuld zu tilgen. Zins und Tilgung zusammen ergeben die *Annuität*, einen konstanten Gesamtbetrag pro Jahr, der in monatlichen oder vierteljährlichen Teilbeträgen an die Bank zu bezahlen ist. Der deutsche Begriff für Annuität lautet *Kapitaldienst*.

	Zinsen p.a.
+	Tilgung p.a.
=	**Annuität / Kapitaldienst p.a.**

ZINSEN #G20

Für die Überlassung des Darlehens berechnet die Bank Ihnen *Zinsen*. Zum sogenannten *Nominal-Zinssatz* kommen dann noch *Bearbeitungsgebühren* der Bank hinzu. Diese werden meist auf die Laufzeit des Darlehens umgelegt, woraus sich dann der *effektive Jahreszins* errechnet.

Bei den in diesem Buch empfohlenen Annuitäten-Darlehen mit langen *Zinsfestschreibungszeiten* von 10, 15 oder 20 Jahren, ergibt sich nur ein minimaler Unterschied zwischen nominalem und effektivem Jahreszins.

TILGUNG #G21

Im Rahmen eines *Annuitätendarlehens* ist ein *anfänglicher* Tilgungssatz von rund 2% pro Jahr üblich. Tilgung ist für viele Leute ein nebulöser Begriff. Sie denken, weil das Geld für Tilgung an die Bank geht, ist es für immer weg.

Das Wichtigste, was Sie sich zum Thema Tilgung bewusst machen müssen: TILGUNG IST IHR GELD! - auch wenn Sie es nicht sofort in bar zur Verfügung haben.

Der Tilgungsplan, den die Bank Ihnen mit dem Darlehensvertrag auferlegt, bewirkt im Grunde denselben Effekt wie ein Ratensparplan. Als Sparer erhöhen Sie mit jeder monatlichen Sparrate Ihr Guthaben auf einem Sparkonto. Als Immobilienbesitzer verringern Sie mit jeder monatlichen Tilgungsrate Ihren Schuldenstand auf einem Darlehenskonto. Jeder Euro, den Sie für Tilgung aufwenden, erhöht unmittelbar Ihr Netto-Vermögen. Monat für Monat wächst jener Anteil an der Immobilie, der Ihnen ganz alleine gehört. Tilgen und Sparen sind zwei Worte für dieselbe Sache: Beides dient unmittelbar dem Vermögensaufbau.

Und noch ein weiteres Phänomen bedarf der Erläuterung: Die Annuität ist, wie schon beschrieben, ein gleichbleibender jährlicher Betrag, der an die Bank fließt. Da in Folge der Tilgung Ihre Restschuld aber jedes Jahr abnimmt, nimmt der Zinsanteil an der Annuität ebenfalls ab. Der Tilgungsanteil steigt hingegen an. Das heißt Ihre Sparleistung durch Schuldentilgung wächst jedes Jahr weiter an.

Übrigens: Den Gewinnanteil, den Sie nach dem Immobilienkauf pro Jahr in Form von Tilgung ansparen, bekommen Sie weitgehend steuerfrei, da der Tilgungsbetrag in der Regel anfänglich durch die *Abschreibung* auf die Gebäudeanschaffungskosten (lineare AfA) in etwa kompensiert wird →#74.

Im Anhang finden Sie eine 15-Jahres-Planung in Tabellenform zu einem Beispielobjekt, aus der sich gut ablesen lässt, wie der Tilgungsanteil Jahr für Jahr zunimmt und der Zinsanteil parallel abnimmt →#H3.

ANNUITÄTEN-DARLEHEN MIT ZINSFESTSCHREIBUNG 15 JAHRE

Darlehensbetrag 100.000€, Zinssatz 2,5%, anfängliche Tilgung 2%, ANNUITÄT (Kapitaldienst) 4,5% = 4.500€ p.a.

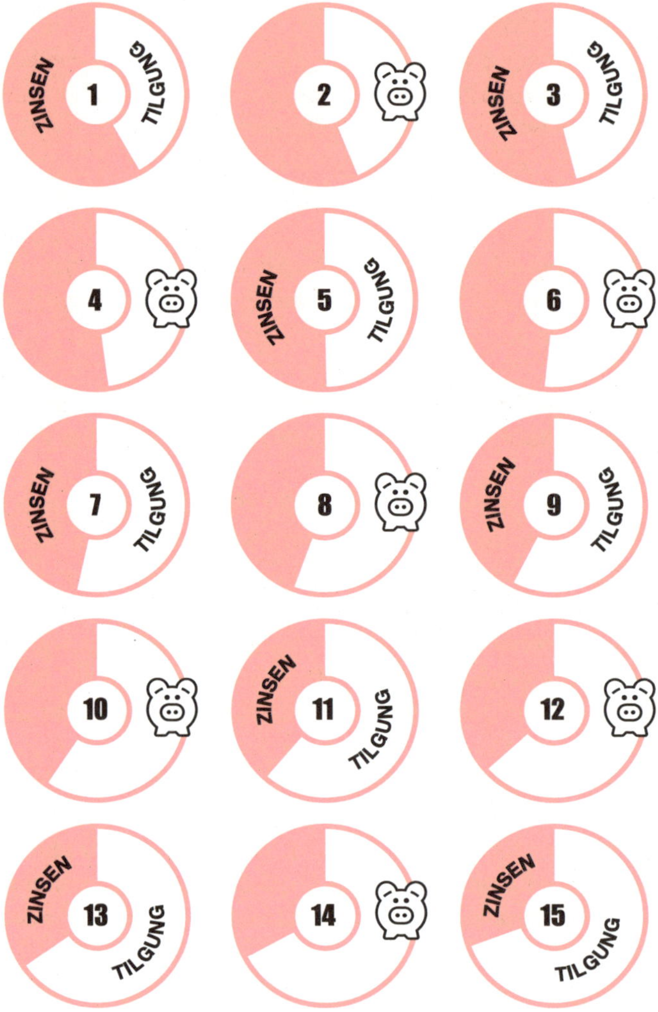

DER ZINSANTEIL NIMMT JEDES JAHR AB, DER TILGUNGSANTEIL NIMMT ZU

Jahr 1: Zinsen 2.500€ + Tilgung 2.000€ = Annuität 4.500€, Restschuld 98.000€

Jahr 15: Zinsen 1.674€ + Tilgung 2.826€ = Annuität 4.500€, Restschuld 64.000€

Die Annuität bleibt über die Jahre unverändert. Die Restschuld wird aber in Folge der Tilgung jedes Jahr geringer. Weniger Restschuld bedeutet, es müssen weniger Zinsen bezahlt werden. Somit bleibt Jahr für Jahr mehr Geld aus der Annuität für Tilgung übrig. Tilgung ist IHR Sparkapital!

ZINSFESTSCHREIBUNGSZEIT #G22

Je kürzer die Zinsfestschreibungszeit beim Annuitätendarlehen ausfällt, umso niedriger sind die Zinssätze. Aber umso früher könnten Sie auch vor dem Problem stehen, dass die Zinsen deutlich gestiegen sind, gerade dann, wenn Sie eine Anschlussfinanzierung brauchen.

Deshalb empfehle ich eine Zinsfestschreibungszeit von 15 bis 20 Jahren. Danach hat sich Ihre Restschuld durch Tilgung erheblich verkleinert, sodass Sie höhere Zinsen dann besser verkraften können →#107 *Anlageimmobilie* / #169 Eigenheim.

Selbst bei langen Zinsfestschreibungszeiten sind die Zinssätze heute spektakulär niedrig, weshalb Sie sich nicht auf kürzere Laufzeiten unter 15 Jahren einlassen müssen.

ZINSDIENSTFÄHIGKEIT / ZINSDECKUNGSQUOTE #G23

Die Fähigkeit einer Anlageimmobilie, die Zinsen zu erwirtschaften, ist die *Zinsdienstfähigkeit*. Sie wird in der *Zinsdeckungsquote* (engl.: *interest service cover ratio / ISCR*) als Zahl zum Ausdruck gebracht:

$$\textbf{Zinsdeckungsquote} = \frac{\text{Netto-Reinertrag (NRE) p.a.}}{\text{Zinsen p.a.}}$$

Hier eine Beispielberechnung zu dem uns bereits bekannten Mietshaus →#37: Kaufpreis-Faktor 14-fach, Netto-Reinertrag 38.250€, Kaufpreis 800.000€, Darlehen 600.000€, Zinssatz 2,5%, Tilgung 2%, Kapitaldienst (Annuität) 4,5%

$$\textbf{Zinsdeckungsquote} = \frac{\text{Netto-Reinertrag 38.250€ p.a.}}{\text{Zinsen 15.000€ p.a.}} = \textbf{2,55}$$

Die *Zinsdeckungsquote* gibt an, dass der Netto-Reinertrag die Zinsen um das 2,55-fache übersteigt. Das ist ein sehr ansehnlicher Wert, der die hohen Reserven widerspiegelt, die eine Immobilie bietet, deren Kaufpreis nur das 14-fache der Jahresmiete beträgt. Die Zinsen könnten sogar noch bezahlt werden, wenn der Nettoreinertrag um rund 60% einbricht.

#G24 KAPITALDIENSTFÄHIGKEIT / KAPITALDIENSTDECKUNGSQUOTE

Die Fähigkeit einer Anlageimmobilie, den gesamten Kapitaldienst (Zins und Tilgung) zu erwirtschaften, die Kapitaldienstfähigkeit, wird in der Kapitaldienstdeckungsquote (engl.: *debt service cover ratio / DSCR*) dargestellt:

$$\textbf{Kapitaldienstdeckungsquote} = \frac{\text{Netto-Reinertrag p.a.}}{\text{Kapitaldienst p.a.}}$$

Zahlenbeispiel zum selben Mietshaus wie oben in → #G23:

$$\textbf{Kapitaldienstdeckungsquote} = \frac{\text{NRE 38.250€ p.a.}}{\text{KD 27.000€ p.a.}} = \textbf{1,41}$$

Die Kapitaldienstdeckungsquote gibt an, dass der NRE den Kapitaldienst um das 1,41-fache übersteigt. Auch dies ist ein sehr ansehnlicher Wert, der die hohen Reserven der Immobilie widerspiegelt. Sie könnten die Zinsen und die Tilgung (IHR GELD!) noch in voller Höhe aufbringen, wenn der NRE um rund 30% einbricht.

#G25 RENDITE

Der englische Begriff für Rendite ist *return* und bringt anschaulicher zum Ausdruck, worum es dabei geht. Rendite ist das, was man als Gegenleistung für angelegtes Kapital pro Jahr zurück (*in return*) bekommt. Das vorrangige Motiv aller Kapitalanleger ist die Renditeerzielung.

#G26 ZWEI QUELLEN DER RENDITE

- Rendite aus Cashflow
- Rendite aus Wertsteigerung

Die Rendite von Kapitalanlagen kann sich aus zwei Quellen speisen: aus Cashflow (laufenden Einnahmen) sowie aus Wertsteigerung.

Rendite aus Cashflow (→#8) bringt regelmäßig Bargeld in den Geldbeutel. *Rendite aus Wertsteigerung* (→#13) ist ebenfalls sehr attraktiv, wird aber erst zu Geld, wenn man eine Anlage wieder verkauft, bzw. wenn man im Falle von Immobilien diese zum Ende einer Finanzierungsperiode nachbeleiht. Auf frei verfügbare Liquidität aus Wertsteigerung muss man also lange warten, ohne überhaupt wissen zu können, ob und wann genau eine Wertsteigerung eintreten wird.

Als Immobilienanleger ist man, im Gegensatz zu den meisten Aktionären, nicht auf Wertsteigerung angewiesen. Doch das Gute an soliden, unterbewertet erworbenen Immobilien ist, dass sie eben beides bieten: eine stabile Rendite aus Cashflow ab dem Tag des Ankaufs sowie Rendite aus Wertsteigerung, die mittels Nachbeleihung sogar ohne den Verkauf der Immobilie in Bargeld verwandelt werden kann →#57.

Bitte beachten: Solange nicht anders erwähnt, geht es in den nachfolgenden Absätzen zunächst ausschließlich um *Rendite aus Cashflow* und zwar in Bezug auf *Anlageimmobilien*.

Dessen ungeachtet ist es genauso gut möglich, mit dem selbst genutzten Eigenheim eine Rendite aus Cashflow zu erzielen →#160/#161. *Auch ersparte Miete ist Rendite! Sowohl die laufenden Einnahmen einer Anlageimmobilie, als auch die laufenden Einsparungen in Verbindung mit einer selbst genutzten Immobilie, sorgen dafür, dass Sie am Monatsende mehr Geld im Portemonnaie haben.*

ROH-RENDITE #G27

Die *Roh-Rendite*, auch *Brutto-Rendite* genannt, ist einfach zu ermitteln und liefert ein erstes Gefühl für die Ertragskraft einer Immobilie, bevor man in die Details einsteigt.

Die Roh-Rendite berücksichtigt weder die Kaufnebenkosten, noch die üblichen Abzüge von den Mieteinnahmen, noch die Beleihung (Hebeleffekt!) einer Immobilie. Deshalb lässt sich an der Roh-Rendite nicht ablesen, welche tatsächliche Rendite ein Immobilienanleger auf das von ihm eingebrachte Kapital mit einer betreffenden Immobilie erzielen könnte. Somit hat die Roh-Rendite nur eine beschränkte Aussagekraft. Sie ist aber durchaus nützlich, wenn es darum geht, in der Phase der Vorauswahl, eine Vielzahl von Immobilienangeboten flott zu vergleichen und die Spreu vom Weizen zu trennen.

$$\textbf{Roh-Rendite} = \frac{\text{Ist-Mieteinnahme netto-kalt}}{\text{1\% des Kaufpreis netto}}$$

Beispielobjekt aus Teil 1 →#37:

$$\textbf{Roh-Rendite} = \frac{\text{Ist-Mieteinnahme n.-k. 51.000€}}{\text{1\% v. 714.000€ KP netto}} = \textbf{7,14\% p.a.}$$

Die Ist-Mieteinnahme in Höhe von 51.000€ entspricht 7,14% des Kaufpreis netto in Höhe von 714.000€.

#G28 DER FAKTOR

Der *Faktor* und die *Roh-Rendite* sagen eigentlich dasselbe aus. Und trotzdem arbeiten Immobilienprofis lieber mit dem Faktor. Auf die Gründe kommen wir gleich zu sprechen. Für jemanden, der noch nicht viel mit Anlageimmobilien zu tun hatte, ist der Faktor zunächst ein etwas nebulös erscheinender Begriff. Hinzukommt noch, dass so viele Nebenbezeichnungen für ihn verwendet werden:

- *Kaufpreis-Faktor*
- *Vielfaches der Jahresmiete*
- *Vervielfältiger*
- *Makler-Formel*

Von mir selbst hat der Faktor noch einen weiteren Beinamen bekommen:

- *Vertrauensfaktor.*

In fast allen Makler-Exposés betreffend Anlageimmobilien wird der Faktor ausgewiesen. Er ist eigentlich nichts anderes als der Umkehrwert der Roh-Rendite. Der Faktor setzt, genau wie die *Rohrendite*, den *Kaufpreis netto* ins Verhältnis zur *Ist-Miete netto-kalt.*

Der Faktor drückt in einer Zahl, aus wie viele Jahresmieten als Kaufpreis für eine Anlageimmobilie bezahlt werden.

$$\textbf{Faktor} = \frac{\text{Kaufpreis netto}}{\text{Ist-Miete netto-kalt p.a.}}$$

Beispielobjekt aus Teil 1 →#37:

$$\textbf{Faktor} = \frac{\text{Kaufpreis netto 714.000€}}{\text{Ist-Miete n.-k. 51.000€}} = \textbf{14-fach}$$

Der Kaufpreis netto des obigen Beispiels entspricht dem 14-fachen der Ist-Mieteinnahme netto kalt. Da der Faktor und die Roh-Rendite aus denselben Ausgangswerten errechnet werden, ist es ganz einfach möglich, über den Faktor auf die Roh-Rendite zurückzurechnen und umgekehrt.

	100 : Faktor	=	Roh-Rendite
Bsp.:	**100 : 14-fach**	**=**	**Roh-Rendite 7,14%**
	100 : Roh-Rendite	=	Faktor
Bsp.:	**100 : 7,14%**	**=**	**Faktor 14-fach**

Je kleiner der Faktor, d. h. je weniger Jahresmieten für ein Objekt bezahlt werden müssen, desto größer die Roh-Rendite; je größer der Faktor, d. h. je mehr Jahresmieten für ein Objekt bezahlt werden müssen, desto kleiner die Roh-Rendite:

Faktor 8-fach	←→	Roh-Rendite	12,50%
Faktor 10-fach	←→	Roh-Rendite	10,00%
Faktor 12,5-fach	←→	Roh-Rendite	8,00%
Faktor 15-fach	←→	Roh-Rendite	6,66%
Faktor 20-fach	←→	Roh-Rendite	5,00%
Faktor 25-fach	←→	Roh-Rendite	4,00%

Sowohl der Faktor als auch die Roh-Rendite bilden die Ertragskraft einer Immobilie ab. Beide sind in der Lage, den gewünschten ersten Eindruck von der Ertragskraft einer Anlageimmobilie zu vermitteln.

Und doch kann der Faktor ein bisschen mehr. **Bei der Roh-Rendite handelt es sich um eine abstrakte Prozentangabe. Der Faktor teilt uns hingegen etwas Greifbares mit, nämlich wie viele Jahresmieten die Anleger aktuell für bestimmte Immobilien in einem bestimmten Umfeld zu bezahlen bereit sind.**

In gewisser Weise spiegelt der Faktor das momentane Vertrauen der Anleger in einen betreffenden Immobilienmarkt wieder. Deshalb nenne ich ihn für mich auch *Vertrauensfaktor*. Er zeigt uns an, ob die große Herde der Anleger derzeit pessimistisch oder optimistisch gestimmt ist.

In Immobilienmärkten, in denen man nur das 9-, 12- oder 14-fache der Jahresmiete für ein Objekt bezahlen muss, ist das Vertrauen der Anlegermassen und somit die Nachfrage entsprechend gering. In Boomlagen und Boomzeiten ist das Vertrauen euphorischer Anleger riesig, weshalb gerne auch das 25- oder 30-fache der Jahresmiete als Kaufpreis bezahlt wird.

Indem man die Entwicklung der Faktoren über längere Zeit beobachtet, kann man feststellen, ob das Vertrauen der Anleger im betreffenden Umfeld zu- oder abnimmt. Dort, wo die Faktoren steigen, steigt auch der Optimismus. Dort, wo die Faktoren fallen, breitet sich der Pessimismus weiter aus.

Die Beobachtung der Faktorenentwicklung hilft uns dabei herauszufinden, an welcher Position innerhalb des *Immobilienzyklus* (→#39) sich ein betreffendes Umfeld momentan in etwa befindet. Dies zu wissen ist für jeden wichtig, der das Ziel verfolgt, möglichst günstige, unterbewertete Immobilien zu erwerben. Genau deshalb ist der Faktor eine durchaus sinnvolle und wichtige Kennzahl.

#G29 GESAMTKAPITAL-RENDITE (engl.: *Return on Investment, ROI*)

Im Gegensatz zur Roh-Rendite bezieht die Gesamtkapital-Rendite die Kaufnebenkosten und die üblichen Abzüge von der Ist-Miete mit ein, berücksichtigt aber noch keine Beleihung.

$$\textbf{Gesamtkapital-Rendite aus Cashflow} = \frac{\text{Netto-Reinertrag p.a.} \rightarrow \#G15}{1\% \text{ des Kaufpreis brutto}}$$

Beispielobjekt aus Teil 1 →#37:

$$\textbf{Gesamtkapital-Rendite aus Cashflow} = \frac{\text{NRE } 38.250€}{1\% \text{ v. } 800.000€ \text{ KP}} = \textbf{4,78\% p.a.}$$

Der Netto-Reinertrag des Beispielobjektes, nach allen Abzügen, entspricht 4,78% des investierten Gesamt-Kapitals (Kaufpreis brutto).

Wenn der Käufer des Objektes das *gesamte Kapital* für den Kauf selbst aufbringt, erzielt er darauf eine Gesamtkapital-Rendite von 4,78% p.a. Diese liegt sehr deutlich über den aktuell üblichen Langfristzinsen von 1,7% bis 2,4%. Somit ist die Beleihung dieses Objektes höchst sinnvoll, um dadurch in Verbindung mit dem Hebeleffekt die Rendite auf das Eigenkapital zu steigern.

#G30 EIGENKAPITAL-RENDITE (engl.: *Return on Equity, ROE*)

Solange eine Immobilie nicht beliehen wird, ist keine Unterscheidung zwischen Gesamtkapital und Eigenkapital erforderlich. Die Gesamtkapital-Rendite und die Eigenkapital-Rendite sind in diesem Fall identisch.

Sobald eine Immobilie dann aber beliehen wird, gliedert sich das *Gesamtkapital in Fremdkapital* (Bankendarlehen) und *Eigenkapital* auf. Für das Fremdkapital bezahlt der Anleger Zinsen an die Bank und für den Einsatz seines Eigenkapitals erwartet er natürlich ebenfalls eine Verzinsung, die *Eigenkapital-Rendite*. Im Falle beliehener Kapitalanlagen steht diese im Mittelpunkt des Anlegerinteresses.

$$\textbf{Eigenkapital-Rendite aus Cashflow} = \frac{\text{Jahresüberschuss nach Zinsen} \rightarrow \#G16}{1\% \text{ des Eigenkapitals}}$$

Beispielobjekt aus Teil 1 →#37:

$$\textbf{Eigenkapital-Rendite aus Cashflow} = \frac{\text{JÜ } 23.250€}{1\% \text{ v. } 200.000€ \text{ EK}} = \textbf{11,63\% p.a.}$$

Der Jahresüberschuss des Beispielobjektes, nach allen Abzügen einschl. der Zinsen, beträgt 23.250€. Dies entspricht 11,63% des vom Anleger investierten Eigenkapitals.

Aus einer *Gesamtkapital-Rendite* von 4,78% entwickelt sich bei unserem Beispielobjekt (→#37) mittels Beleihung und Hebeleffekt eine *Eigenkapital-Rendite* von 11,63%.

Siehe auch Eigenkapital-Rendite aus Cashflow (ersparter Miete) beim ***selbst genutzten Eigenheim*** →#160/#161.

LIQUIDE EIGENKAPITAL-RENDITE (engl.: *Liquid Return on Equity, LROE*) **#G31**

Die oben beschriebene Eigenkapital-Rendite bezieht sich auf den Jahresüberschuss, also auf den gesamten Gewinn, den eine Immobilie im betreffenden Jahr erzielt.

Die *liquide Eigenkapital-Rendite* bezieht sich hingegen auf den *liquiden Jahresüberschuss*, aus dem jener Anteil des Gewinns herausgerechnet ist, der für die Tilgung aufgewendet wird. Wenngleich Tilgung Gewinn darstellt, schmälert sie dennoch die Liquidität. Der *liquide Jahresüberschuss* und die *liquide Eigenkapital-Rendite* zeigen an, welcher Teil des Jahresüberschusses bzw. der Eigenkapital-Rendite *nach* Tilgung tatsächlich in bar übrig bleibt. Offiziell gibt es die beiden Liquiditäts-Kennzahlen gar nicht, dies habe ich bereits weiter vorn erläutert →#G17.

$$\textbf{liquide EK-Rendite}\ \text{aus Cashflow} = \frac{\text{liquider Jahresüberschuss}}{\text{1\% des Eigenkapitals}}$$

Beispielobjekt aus Teil 1 →#37:

$$\textbf{liquide EK-Rendite}\ \text{aus Cashflow} = \frac{\text{liquider JÜ 11.250€}}{\text{1\% v. 200.000€ EK}} = \textbf{5,63\% p.a.}$$

Die liquide Eigenkapital-Rendite des Beispielobjektes beträgt 5,63%. Sie ergibt sich aus dem liquiden Jahresüberschuss (→#G17) von 11.250€. Diesen Anteil des Gewinns hat der Anleger am Jahresende in bar für sich übrig, natürlich vor Steuern, wie dies bei den Gewinnen anderer Kapitalanlagen auch der Fall ist.

Jener Teil des Jahresüberschuss, der für Schuldentilgung verwendet wird, ist zunächst nicht liquide, ist aber auch nicht für immer weg. Er kann ggf. zum Ende der Zinsfestschreibungszeit durch Nachbeleihung in Liquidität verwandelt werden →#59.

#G32 RENDITESTEIGERUNG DURCH HEBELEFFEKT

Die Erzielung eines positiven Hebeleffektes ist der Dreh- und Angelpunkt jeder wirtschaftlich orientierten Immobilien-Investition. Gleich die *Erste Trumpfkarte* befasst sich exklusiv mit diesem Thema →#1. Deshalb hier nur eine anschauliche Gegenüberstellung der beiden Anlagemodelle, *mit* bzw. *ohne* Beleihung:

MODELL 1: KAPITALANLAGE OHNE BELEIHUNG / OHNE HEBELEFFEKT

Kaufpreis brutto (aus eigenem Geld bezahlt):	100.000€
Jahres-Gewinn aus Erträgen:	4.000€

$$\textbf{Gesamtkapital-Rendite} = \frac{\text{Jahresgewinn 4.000€ p.a.}}{\text{1\% v. 100.000€ KP}} = \textbf{4,00\% p.a.}$$

Gesamtkapital = Eigenkapital / Gesamtkapital-Rendite = Eigenkapital-Rendite

MODELL 2: IMMOBILIE MIT BELEIHUNG / MIT HEBELEFFEKT

Kaufpreis brutto:	100.000€
davon Eigenkapital:	25.000€
davon Darlehen:	75.000%
Netto-Reinertrag aus Mieteinnahmen →#G15:	4.000€
Gesamtkapital-Rendite wie im Beispiel 1:	4% p.a.
Abzug 2% Zinsen p.a. auf Darlehen:	1.500€
Jahresüberschuss nach Zinsen:	2.500€

$$\textbf{Eigenkapital-Rendite} = \frac{\text{Jahresüberschuss 2.500€ p.a.}}{\text{1\% v. 25.000€ EK}} = \textbf{10\% p.a.}$$

Beide Kapitalanlagen haben einen Kaufpreis von 100.000€ und beide erzielen einen Gewinn von 4.000€ pro Jahr, bevor eine Beleihung ins Spiel kommt. Im unbeliehenen Anlagemodell 1 werden volle 100.000€ Eigenkapital eingesetzt, um 4.000€ zu verdienen. Im beliehenen Anlagemodell 2 genügen hingegen 25.000€ Eigenkapital, um 2.500€ zu verdienen. Mithilfe der Beleihung wird die Eigenkapital-Rendite von 4% auf 10% nach oben gehebelt.
Nur auf Immobilien bekommen Sie als Privatanleger von den Banken Darlehen zu so günstigen Konditionen, dass die Erzielung eines Hebeleffektes möglich wird. Das große Vertrauen der Banken hat mit den zuverlässigen laufenden Einnahmen zu tun, die ordentliche Immobilien liefern →#1.
Eigenheim und Hebeleffekt →#160-#163.

RENDITEKATEGORIEN

Rendite aus Cashflow von Anlageimmobilien - Unterscheidung in vier Renditekategorien

Es genügt, wenn Ihnen zu einem Immobilienangebot entweder der *Faktor* oder die *Rohrendite* vorliegen, sowie zusätzlich der *Kaufpreis je* m^2. Mithilfe dieser Kennzahlen können Sie jede Immobilie einer der vier *Renditekategorien* zuordnen.

Damit gewinnen Sie einen guten ersten Eindruck, ob die Ertragskraft der Immobilie in etwa zu Ihren persönlichen Mindestvorgaben (→#125) für die Eigenkapital-Rendite / liquide Eigenkapital-Rendite passt. Nur wenn dies der Fall sein sollte, lohnt es sich, das betreffende Objekt genauer unter die Lupe zu nehmen.

RENDITE-KATEGORIE 1	**RENDITE-KATEGORIE 2**	**RENDITE-KATEGORIE 3**	**RENDITE-KATEGORIE 4**
phänomenal bis sehr gut	sehr gut bis gut	gut bis noch okay	eingeschränkt sinnvoll
KENNZAHL 1: Kaufpreis-Faktor (Vielfaches der Jahresmiete) →#G28			
8- bis 11-fach	11- bis 14-fach	14- bis 17-fach	über 17-fach
KENNZAHL 2: Roh-Rendite →#G27			
12,5% - 9,1%	9,1% - 7,1%	7,1% - 5,9%	unter 5,9%
KENNZAHL 3: Kaufpreis je Quadratmeter Mietfläche →#G7			
ca. 400€ - 900€	ca. 700€ - 1.300€	ca. 1.100€ - 1.600€	nach oben offen
ANFÄNGLICHE EIGENKAPITAL-RENDITE p.a. →#G30			
ca. 26% - 17%	ca. 17% - 12%	ca. 12% - 8,5%	unter 8,5%
ANFÄNGLICHE *LIQUIDE* EIGENKAPITAL-RENDITE p.a. (nach Tilgung) →#G31 **= Ihr sofortiges Zusatzeinkommen in bar**			
ca. 20% - 11%	ca. 11% - 6%	ca. 6% - 2,5%	unter 2,5%

Weitere, ausführliche Erläuterungen zu den Renditekategorien →#121

#G34 RENDITE AUS WERTSTEIGERUNG

Rendite aus laufenden Einnahmen (Cashflow) stellt die Geschäftsgrundlage jeder langfristig ausgerichteten Investition dar. Das soll aber nicht heißen, dass Rendite aus Wertsteigerung nicht interessiert. Doch während es bei der Mehrzahl der Aktienanleger ausschließlich um Wertsteigerung geht, leben die Eigentümer guter Anlageimmobilien eben schon von den laufenden Mieteinnahmen ziemlich gut. Cashflow ist die oberste Pflicht, Wertsteigerung ist die Kür.

Steigende Immobilienpreise können zwei Ursachen haben:

- **Preisanstieg aufgrund allgemeiner Inflation:** Mit den Löhnen und den Preisen für Waren und Dienstleistungen steigen auch die Mieten, Baukosten, Hauspreise usw. Allerdings erhöht sich durch Inflation lediglich der *nominale*, nicht aber der *reale* Wert einer Sache
- **Preisanstieg aufgrund *realer* Wertsteigerung:** Die Kaufpreise steigen infolge von anziehendem Mieten und / oder Faktoren. Tatsächlicher Nachfrageanstieg im Verhältnis zum verfügbaren Angebot.

Schon ein mäßiger Wertanstieg trägt bei Immobilien in Verbindung mit dem Hebeleffekt zu ansehnlichen realen Renditesteigerungen bei. Dies gilt nicht nur im Falle *realer*, nachfragebedingter Wertzuwächse.

Mit langfristig beliehenen Immobilien gewinnen deren Besitzer sogar bei inflationsbedingter, *nominaler* Wertsteigerung an *realem* Vermögen, das heißt an Kaufkraft, hinzu. Die *inflationsbereinigte* Rendite steigt sogar überproportional, je stärker die Inflation ausfällt.

Mithilfe des Hebeleffektes erzielen beliehene Immobilien nicht trotz, sondern - erstaunlicherweise - gerade wegen der Inflation eine phänomenale Eigenkapital-Rendite.

In Bezug auf die Anlageimmobilie, wird Rendite aus Wertsteigerung in der *Ersten Trumpfkarte* ausführlich besprochen →#13-#19, in Bezug auf das selbst genutzte Eigenheim im Teil 3 →#162/#163.

Leider findet Wertsteigerung zunächst immer nur buchhalterisch auf dem Papier statt. Man kann keine Brötchen davon kaufen. Im Falle nicht beleihbarer Kapitalanlagen, wie Aktien, werden Wertzuwächse immer erst dann zu Bargeld, wenn man die betreffende Anlage verkauft. Immobilien hingegen kann man zum Ende einer jeweiligen Finanzierungsperiode nachbeleihen, sofern Wertsteigerung eingetreten ist. Ab dann erzielt man im Idealfall eine unendliche Eigenkapital-Rendite, weil man das gesamte Eigenkapital, oder noch mehr, im Rahmen der Nachbeleihung zurückerhält. Davon handelt die *Vierte Trumpfkarte* →#56.

Die sicherste Methode, um Wertsteigerung mit Immobilien zu erzielen, ist der Erwerb unterbewerteter Objekte im Bereich des Zyklustiefs.

IMMOBILIENZYKLUS #G35

Bei der Suche nach günstigen, unterbewerteten Immobilien kommt uns zunutze, dass die Preisentwicklung auch in der Immobilienbranche immer in Zyklen verläuft. In lokalen Zyklen. Jeder Ort, jede Region kann ungefähr einer bestimmten Position auf der *Immobilienuhr* (→#40) zugeordnet werden. Daraus lässt sich ablesen, ob Immobilien dort im Augenblick allgemein teuer oder günstig sind - siehe auch *Der Mythos von der guten Lage* →#94.

Insofern basiert die Kunst, unterbewertete Immobilien zu erwerben, auf der Kunst des richtigen Timings. Es geht darum, antizyklisch zu investieren und zur richtigen Zeit am richtigen Ort zu sein. Sie können gezielt herausfinden, an welchem Ort die Zeit für den Immobilienkauf gerade günstig ist →#43.

Vor jedem Kauf einer *Anlageimmobilie* müssen Sie zunächst entscheiden: Wollen Sie eine bestimmte Lage oder eine bestimmte Rendite?

Das Verständnis des Immobilienzyklus gehört zu den wichtigsten Erfolgsgrundlagen, wenn es darum geht, gezielt günstige, unterbewertete Immobilien aufzuspüren. Deshalb wird er im Rahmen der *Zweiten Trumpfkarte* sehr ausführlich besprochen - dort finden Sie alles Wissenswerte →#39.

IMMOBILIENWERT / -PREIS #G36

Der Preis und der innere Wert einer Sache haben nichts miteinander zu tun. Insbesondere bei Kapitalanlagen, weichen Preis und Wert oft deutlich vom sogenannten inneren Wert ab. Nach oben, wie nach unten.

Der innere Wert berücksichtigt alle in einer Anlage schlummernden Chancen und Risiken. Der Preis hingegen hängt mehr von der momentanen Stimmung der Anleger ab als von den objektiven Fakten. Während natürlicher zyklischer Schwankungen unterliegt die Kaufpreisentwicklung auf den Immobilienmärkten oft erheblichen Übertreibungen, die mit dem kollektiven Herdenverhalten der Anleger zu tun haben.

Hinzukommt, dass in Bezug auf Immobilien die Faktenlage tatsächlich ziemlich undurchsichtig ist. Es gibt kaum zwei wirklich vergleichbare Immobilien bzw. Immobilienstandorte, nur ein Teil des Immobilienangebotes ist überhaupt öffentlich bekannt und die tatsächlich beurkundeten Kaufpreise bleiben in Deutschland ohnehin geheim. Auch bei besten Absichten haben Verkäufer bzw. Käufer somit kaum die Möglichkeit, einen objektiv richtigen Marktpreis abzuleiten.

Wenn man also die Frage stellt: *Wieviel ist eine Immobilie wert?* Dann muss man immer die Frage nachschieben: WEM? Jeder Verkäufer verlangt, was er will. Und jeder Kaufinteressent bietet, was er will. Jeder Käufer hat die Möglichkeit, eigene Renditeziele und Risikoabschläge bei der Findung SEINES Angebotspreises nach eigenem Ermessen festzulegen →#36. Mal kommen Verkäufer und Kaufinteressent zusammen, mal nicht.

Natürlich muss eine Grundvoraussetzung erfüllt sein, bevor eine Kapitalanlage zu einem besonders günstigen Preis erworben werden kann: Es muss irgendwie nachvollziehbar sein, ob der Preis überhaupt *günstig* ist. Bei Immobilien klappt das mit überschaubarem Aufwand und ausreichender Genauigkeit. Bei Aktien hingegen funktioniert es rein gar nicht. Die Welt der globalen Aktienunternehmen ist für niemanden mehr zu durchschauen.

Zwar gibt es für Immobilien keine offiziellen Börsenkurse wie für Aktien und die Angebotslage ist bei Immobilien, wie erwähnt, ziemlich undurchsichtig. Aber Immobilien sind im Gegensatz zu Aktien nicht global, sondern lokal. Die Aspekte, die den inneren Wert einer Immobilie beeinflussen, sind vergleichsweise einfach vor Ort zu erfassen und zu durchschauen, sofern man weiß, worauf man achten muss. Deshalb ist es möglich, *gezielt* unterbewerte Immobilien zu erwerben →#36 / #43.

#G37 UNTERBEWERTUNG

Als unterbewertet gelten Kapitalanlagen, deren Potenzial von der Mehrheit der Anleger deutlich zu pessimistisch eingeschätzt wird. Die Abneigung gegenüber solchen Anlagen ist unangemessen hoch, die Nachfrage unangemessen gering.

Die Chancen werden unterbewertet, die Risiken überschätzt. Der momentane Marktpreis der Anlagen ist verblüffend günstig, gemessen an ihrer hohen Ertragskraft. Insofern sind die Rendite und die Reserven von Anfang an hoch. Der Kaufpreis liegt deutlich unter dem inneren Wert dieser Kapitalanlagen. Dies sind die Anlagen, die wir suchen.

Das zielgerichtete Investieren in *unterbewertete* Kapitalanlagen wird im englischen als *Value Investing* (engl.: *value* = dt.: *Wert*) bezeichnet. Die Spanne zwischen einem günstigen, unterbewerteten Kaufpreis und dem höheren inneren Wert stellt ein Sicherheitspolster dar. Das Risiko, zukünftig Verluste erleiden zu müssen, fällt dadurch wesentlich geringer aus. Das Sicherheitspolster ist die zentrale Leitidee beim Value Investing.

Vorrangig geht es also darum, die Verlustrisiken möglichst klein zu halten: Im Einkauf liegt die *Reserve*! Erst in zweiter Linie geht es um den Vorteil, dass eine günstiger eingekaufte Kapitalanlage auch höhere Renditechancen bietet. Natürlich liegt im Einkauf auch der *Gewinn*! Beim Kauf einer unterbewerteten Immobilie schlagen Sie somit zwei Fliegen mit einer Klappe: Sie verringern Ihre Verlustrisiken und vergrößern Ihre Gewinnchancen.

Woran erkennt man ein allgemein unterbewertetes Umfeld? →#43

- Die Kaufpreis-Faktoren sind niedrig. Das bedeutet die Rohrenditen von Anlageobjekten sind hoch (Renditekategorie 1 bis 3 →#121.
- Die Kaufpreise je Quadratmeter sind im Umfeld in den letzten Jahren auf 60%, 50% oder gar 30% der Neubau-Herstellungskosten (→#G41) eingebrochen.
- Die Mietpreise bei Neuvermietung sind dort ebenfalls über viele Jahre gefallen, beginnen aber allmählich wieder zu steigen. Die Anzahl der Baugenehmigungen liegt noch auf einem ziemlich unterirdischen Niveau, verglichen mit den guten Jahren.
- Sofern es sich um eine übliche zyklische Schwankung handelt (→#40/#41), die betreffende Lage aber keine langanhaltenden strukturellen Probleme hat und deren Infrastruktur und Zukunftsfähigkeit grundsätzlich in Ordnung sind, dürfen Sie hier in den kommenden Jahren mit deutlich anziehenden Mieten rechnen und somit auch mit steigenden Renditen und Immobilienwerten.

Doppelte Unterbewertung:
Der Idealfall wäre es, wenn Sie in einer *allgemein unterbewerteten Lage* ein darüber hinaus noch *individuell unterbewertetes Einzelobjekt* ausfindig machen. Geben Sie sich also nicht gleich damit zufrieden, sobald Sie eine allgemein unterbewertete Lage entdeckt haben →#43-#45. In jedem lokalen Immobilien-Teilmarkt, der in Gänze ungewöhnlich günstig bewertetet ist, gibt es wiederum teurere und preiswertere Einzelobjekte. Die Gründe für die Unterbewertung individueller Objekte liegen immer auf der Verkäuferseite →#48.

Achtung: Nicht jede billige Immobilie ist unterbewertet!
Die Immobilien, die wir suchen sind *billig* im Sinne von preiswert. Andere Immobilien sind zu Recht einfach nur *billig*, ohne versteckte Potenziale zu beinhalten →#95.

#G38 ÜBERBEWERTUNG

Als überbewertet gelten Kapitalanlagen, deren Potenzial von der Mehrheit der Anleger deutlich zu optimistisch eingeschätzt wird. Die Nachfrage nach solchen Anlagen ist unangemessen hoch.

Die Chancen werden überbewertet, die Risiken unterschätzt. Der momentane Marktpreis der Anlagen ist zu teuer, gemessen an ihrer geringen Ertragskraft. Insofern ist die Rendite von Anfang an vergleichsweise niedrig. Der Kaufpreis liegt deutlich über dem inneren Wert dieser Kapitalanlagen, aber die Käuferherde ist verrückt nach ihnen. Euphorisch werden die Preise in Höhen gesteigert, die längst unvernünftig sind.

Auf Immobilien bezogen geht es hierbei um Objekte in Prestige- und Trendlagen →#94. Oft verstärken äußere Einflüsse, wie zum Beispiel hohe steuerliche Förderung, solch übertriebene Preisentwicklungen →#45. Halten Sie sich fern von überbewerteten Lagen und Immobilien und legen Sie Ihr Geld lieber dort an, wo die Zahlen stimmen.

Falls Sie als Selbstnutzer eine Eigentumswohnung oder ein Einfamilienhaus an Ihrem Heimatort erwerben wollen und die Preise sind dort aktuell überhitzt (10 – 2 Uhr auf der Immobilienuhr →#40), dann könnte es sich lohnen, mit dem Kauf noch einige Zeit zu warten.

Doch selbst in überbewerteten Märkten gibt es erhebliche Preisunterschiede. Wenn Sie Ihr Eigenheim genau jetzt, in einer Zeit allgemeiner Überbewertung erwerben wollen, dann fordern Sie so viele Angebote wie möglich an und suchen Sie nach dem einen individuell unterbewerteten Objekt (→#48), das Ihren Wohnwünschen entspricht.

DIVERSE BEGRIFFE (alphabetisch)

GRUNDSCHULD / HYPOTHEK #G39

Im Rahmen der Beleihung einer Immobilie verlangt die finanzierende Bank zu ihrer eigenen Absicherung die Eintragung einer Grundschuld im Grundbuch (Abteilung 3) an erster Rangstelle.

Wenn der Darlehensnehmer seinen Verpflichtungen nicht nachkommt, ermöglicht die Grundschuld dem Darlehensgeber, die Immobilie im Rahmen einer Zwangsversteigerung zu verwerten.

Die Grundschuld ist eine abstrakte Schuld, die, im Gegensatz zur Hypothek, nicht an das Bestehen einer bestimmten Forderung gebunden ist. Im Rahmen der Verwertung einer Grundschuld darf die Bank nur tatsächlich bestehende Ansprüche geltend machen. Sofern beispielsweise eine Grundschuld mit 100.000€ im Grundbuch eingetragen ist, die Restschuld infolge von Tilgung aber nur noch 60.000€ beträgt, dann darf die Bank nur 60.000€ zuzüglich Zinsen geltend machen.

HAUSVERWALTUNG #G40

Die meisten Besitzer von Anlageimmobilien beauftragen eine Hausverwaltung mit der alltäglichen Betreuung ihrer Immobilie und ihrer Kunden, der Mieter. Nach der Ankaufsphase wird die Hausverwaltung zum wichtigsten Spieler in Ihrem Team. Eine gute Hausverwaltung ist Gold wert. Eine schlechte kann erhebliche Ertragseinbrüche bei einer Anlageimmobilie verursachen.

Die wesentlichen Aufgaben, die eine gute Hausverwaltung erfüllen sollte, haben wir bereits im Teil 2 des Buches besprochen →#104.

HERSTELLUNGSKOSTEN / NEUBAU-HERSTELLUNGSKOSTEN #G41

Die aktuell üblichen *Neubau-Herstellungskosten* sind eine wichtige Vergleichsgröße, wenn es darum geht zu beurteilen, ob der Kaufpreis einer Bestandsimmobilie wirklich günstig ist oder nicht →#121.

Da sich dieses Buch ausschließlich mit vermieteten und selbst genutzten Wohnimmobilien befasst, sind hier nur die Neubau-Herstellungskosten von *Wohngebäuden* gemeint, und zwar von solchen, die einen in etwa durchschnittlichen baulichen Standard aufweisen.

Die Herstellungskosten einer Immobilie entsprechen der Gesamtsumme sämtlicher Kosten, die im Rahmen ihrer Herstellung anfallen: Kosten für Voruntersuchungen, Grundstückskosten, Kaufnebenkosten, Planungskosten, behördliche Gebühren, Baukosten inkl. Außenanlagen, Zinskosten während der Bauphase, Marketingkosten für Vermietung bzw. Verkauf, usw.

Aktuell setze ich für die Neubau-Herstellungskosten quer durch die Republik mindestens rund 2.300€ je m² an. Günstiger wird man derzeit wohl nirgendwo einen neuen Durchschnitts-Wohnungsbau hinstellen können. So ganz genau kommt es auf diese Zahl aber nicht an. Wenn ich sie tendenziell etwas zu niedrig ansetze und vorgebe, dass ich nur unterbewertete Immobilien erwerbe, deren Kaufpreis mindestens 40% unter den Herstellungskosten liegt, dann liege ich immer auf der sicheren Seite.

Natürlich unterscheiden sich die Herstellungskosten auch regional deutlich. Die größten Unterschiede ergeben sich aus den Grundstückspreisen, die ja ebenfalls Bestandteil der Herstellungskosten sind, sowie aus den höheren Baustandards in den 1A-Lagen der Nation. An der Elbchaussee, am Kurfürstendamm oder an der Königsallee werden die Herstellungskosten für Neubauten weit über 2.300€ pro Quadratmeter liegen.

Das ist für uns aber eher bedeutungslos, da wir uns schwerpunktmäßig mit Immobilien in bürgerlichen B- und C-Lagen befassen, in denen die Mehrheit der Bevölkerung lebt.

Wenn Sie sich etwas genauer an die lokal üblichen Herstellungskosten eines bestimmten Umfelds annähern wollen, dann schauen Sie sich dort die Preise von Neubauimmobilien an und sprechen Sie mit Maklern, Hausverwaltern, Architekten, Bauträgern usw. Es genügt, den ungefähren Wert zu kennen.

#G42 INSTANDHALTUNGSKOSTEN / INSTANDHALTUNGS-ETAT

Bei einer Bestandsimmobilie mit durchschnittlichen Abnutzungsspuren, aber ohne wesentliche, funktionseinschränkende Mängel, können sie die Restnutzungsdauer (→#G47) und Vermietbarkeit dieser Immobilie auf einem gleichbleibenden Niveau erhalten, indem Sie jedes Jahr etwa 10€ bis 12€ je Quadratmeter Mietfläche für Instandhaltung aufwenden (Baukostenstand 2015).

Der Instandhaltungs-Etat gehört zu den *nicht umlagefähigen Kosten* →#G14 / #G15 und ist bei der Berechnung des Netto-Reinertrags von der Ist-Miete abzuziehen. Auch beim Kauf eines Eigenheims sollten Sie einen Instandhaltungs-Etat in der genannten Höhe in Ihre jährliche Kostenbelastung einrechnen.

Einmal angenommen, es geht um ein 8-Familienhaus, dann werden Sie mit dem Instandhaltungs-Etat im einen Jahr vielleicht das Treppenhaus neu streichen und die Holzdielen in Wohnung 5 abschleifen. Im nächsten Jahr fällt eventuell eine Badsanierung und die Erneuerung der Regenfallrohre an. Das bedeutet, in fortwährenden kleinen Einzelschritten halten Sie das Haus in Schuss. Vielleicht müssen Sie einmal zwei, drei Jahre lang fast gar kein Geld für Instandhaltung ausgeben, dafür braucht dann vielleicht im Jahr 4 die Heizung einen neuen Brenner.

Das bedeutet, auch in Jahren, in denen weniger ausgegeben werden muss, sollten Sie trotzdem denselben Instandhaltungs-Etat von der Miete abzweigen und damit die Instandhaltungs-Rücklage aufstocken. Mit etwas Geschick können Sie schon mit den Mitteln des allgemeinen Instandhaltungs-Etats (10€ - 12€ p.a. je Quadratmeter Mietfläche) Ihr Haus nach und nach weiter aufwerten und seine Attraktivität im Sinne der Mieter (Ihrer Kunden!) steigern.

INSTANDHALTUNGSRÜCKSTAU / GEBÄUDEMÄNGEL ZUM ZEITPUNKT DES ANKAUFS #G43

Wie bereits weiter vorn besprochen, sollten Sie bei einem Kaufpreis von 50%, 40% oder 30% der Herstellungskosten keine Neubauqualität erwarten. Aber auch keine Bauruine. Ein ziemlich durchschnittlich erhaltenes Bestandsobjekt genügt Ihnen schon. Es darf übliche Gebrauchsspuren aufweisen, sollte aber so wie es vor Ihnen steht im Großen und Ganzen funktionieren.

Wichtig ist, dass die aktuelle Ist-Miete auch weiterhin erzielbar sein wird, ohne dass Sie dafür mehr als den üblichen Instandhaltungs-Etat (→#G42) aufwenden müssen.

Vor dem Kauf einer Immobilie sollten Sie also feststellen, ob ernsthafte Mängel bestehen, welche die nachhaltige Benutzbarkeit bzw. Vermietbarkeit der Immobilie einschränken →#98 *Vorsicht Bauruine!*

Sobald größere Mängel erkennbar sind, die in absehbarer Zeit nach dem Ankauf behoben werden müssen, reduziere ich mein Kaufpreisangebot für eine Immobilie um die benötigte Investitionssumme.

Wenn ich also in einer bestimmten Lage für eine bestimmte Immobilie einen Kaufpreis-Faktor vom 14-fachen der Jahresmiete für angemessen halte, dann aber feststelle, dass ich unmittelbar nach dem Kauf 1,5 Jahresmieten für Instandsetzung ausgeben muss, dann reduziere ich mein Kaufangebot auf den *Faktor* 12,5-fach. Falls der Verkäufer hier nicht zustimmt, biete ich ihm an, dass er die Mängel vor der Übergabe der Immobilie an mich noch selbst beseitigen kann. In Fällen, in denen mit dem Verkäufer diesbezüglich keine Einigung zu erzielen ist, verzichte ich auf den Kauf der Immobilie.

#G44 MIETAUSFALLWAGNIS

Zu den *nicht umlagefähigen Bewirtschaftungskosten* (→#G14) gehört auch das Mietausfallwagnis. Je nach Immobilie ziehe ich dafür einen Anteil zwischen 3% und 6% von der Ist-Miete netto-kalt ab. Im Mietausfallwagnis sind auch Rechtskosten und Räumungskosten einkalkuliert.

Bei vollvermieteten Objekten ist der Abzug, den ich mache, am größten. Bei Objekten, die ich schon mit 15% Leerstand erwerbe, ist der Abzug am geringsten, zumindest, wenn ich das Potenzial sehe, den Leerstand zeitnah ganz oder teilweise zu vermieten. Bei solchen Objekten hat man die Chance, sie dauerhaft auf einem Vermietungsstand zu halten, der höher ist als der zum Zeitpunkt des Ankaufs.

In Jahren, in denen Sie den für Mietausfall angesetzten Betrag nicht aufbrauchen, legen Sie ihn in eine Rücklage für Jahre, die vielleicht nicht so gut laufen.

#G45 MIETERLISTE

Die Mieterliste ist die Grundlage all Ihrer Berechnungen in Verbindung mit einer Anlageimmobilie, sofern diese Immobilie mehrere Wohnungen beinhaltet. Die in der Mieterliste abgebildeten Mieteinnahmen sind wiederum die Grundlage Ihrer gesamten Investition.

Deshalb nehme ich die Mieterliste immer als verbindliche Anlage zum Kaufvertrag, in welchem der Verkäufer mir zu garantieren hat, dass alle in der Mieterliste gemachten Angaben richtig sind.

Die wichtigsten Angaben, die eine Mieterliste enthalten sollte sind:

- Nummer der Mieteinheit und Lage im Haus
- Wohnfläche der Mieteinheit
- Name des Mieters
- Mietbeginn
- Ist-Miete netto-kalt
- Betriebskosten-Vorauszahlung

Ein Beispiel für eine vollständige Mieterliste finden Sie zum Download unter **www.immoEinmaleins.de**.

WIRTSCHAFTLICHKEITSBERECHNUNG **#G46**

Zur Wirtschaftlichkeitsberechnung gehören hauptsächlich zwei Tabellen:

- die Ankaufskalkulation, in der die Einnahmensituation zum Zeitpunkt des Ankaufs sowie die gesamten Eckdaten des Objektes dargestellt werden: Hilfsmittel ➔#H2/#H4
- die 15-Jahres-Planung, in der die langfristige Entwicklung der Immobilie dargestellt wird : Hilfsmittel ➔#H3/#H5

Beide Tabellen können Sie auch unter **www.immoEinmaleins.de** herunterladen.

RESTNUTZUNGSDAUER, RND **#G47**

Im Rahmen der Finanzierung von Neubauten nehmen die Wertgutachter der Banken in der Regel eine Restnutzungsdauer des nagelneuen Gebäudes von 80 Jahren an. Nun finden sich aber in unseren Städten viele Baudenkmäler, die 100, 200, 500 oder gar 800 Jahre alt sind. Diese haben somit die gutachterlich vorgegebene *Haltbarkeit* von Gebäuden weit überschritten. Ermöglicht wurde dies dadurch, dass die betreffenden Gebäude entweder regelmäßig gepflegt und instandgehalten, oder zumindest in unregelmäßigen Abständen immer wieder komplett saniert wurden.

Wenn ein Neubau von Beginn an unter Aufwendung eines bestimmten Instandhaltungs-Etats jedes Jahr gepflegt wird, dann bleibt seine Restnutzungsdauer durchgängig mit 80 Jahren erhalten.

Lassen Sie uns aber einmal annehmen, dass Sie eine gebrauchte Bestandsimmobilie erwerben, die nur noch eine Restnutzungsdauer von beispielsweise 50 Jahren hat. Sie zeigt gewisse Abnutzungserscheinungen, die ihre Gebrauchsfähigkeit bzw. Vermietbarkeit zum aktuellen Mietpreisniveau allerdings noch nicht beeinträchtigen.

Zwar hätten Sie nun die Möglichkeit, durch eine mehr oder weniger umfassende Sanierung wieder einen Zustand herzustellen, in dem die Restnutzungsdauer 80 Jahre wie beim Neubau beträgt. Doch ein solches Vorgehen wird im Normalfall nicht erforderlich sein, solange Ihr Haus funktioniert und gut vermietbar ist. Die Tatsache allein, dass man einem Haus ansieht, dass es schon einige Zeit benutzt wird, stellt per se keinen Mangel dar. Es gibt also keine unbedingte Notwendigkeit zu einer umfassenden Sanierung.

Es genügt, die Restnutzungsdauer und die Vermietbarkeit gleichbleibend auf dem aktuellen Stand von 50 Jahren zu erhalten. Dafür müssen Sie einen bestimmten Instandhaltungs-Etat (➔#G42) pro Jahr von den Mieteinnahmen Ihrer Immobilie abzweigen. Und auch als Käufer eines Eigenheims sollten Sie dafür einen Etat in Ihre jährliche Kostenbelastung einkalkulieren.

HILFSMITTEL

NACHFOLGEND FINDEN SIE ZU ZWEI BEISPIELOBJEKTEN JEWEILS DIE ANKAUFSBERECHNUNG SOWIE DIE 15-JAHRES-PLANUNG. DIESE UND WEITERE TABELLEN KÖNNEN SIE VON DER WEBSITE ZUM BUCH KOSTENLOS HERUNTERLADEN. DABEI HANDELT ES SICH UM FERTIG VORBEREITETE TABELLENROHLINGE, IN DIE SIE LEDIGLICH NOCH DIE SPEZIFISCHEN DATEN IHRER JEWEILIGEN IMMOBILIE EINSETZEN MÜSSEN. DIE ERGEBNISSE ERRECHNEN SICH AUTOMATISCH.

---

www.immoEinmaleins.de

TABELLEN ANLAGEIMMOBILIE

A1 Angebotsvergleich:
Übersichtstabelle zur Auswertung von Immobilienangeboten;
- nur Download -

A2 Ankaufsberechnung mit Objektdaten
→#H2, Objekt zum Faktor 17-fach
→#H4, Objekt zum Faktor 12,5-fach
- im Buch sowie Download -

A3 15-Jahres-Planung
→#H3, Objekt zum Faktor 17-fach
→#H5, Objekt zum Faktor 12,5-fach
- im Buch sowie Download -

A4 Mieterliste
- nur Download -

TABELLEN EIGENHEIM

E1 Ankaufsberechnung Eigenheim
- nur Download -

JEDE INVESTITION IN DER

GROSSEN WELT DER IMMOBILIE

FÜHRT UNS DURCH EINE

PARALLELWELT DER KLEINEN ZAHLEN

TABELLE A2 / 17-fach: Ankaufsberechnung / Objektdaten #H2

MEHRFAMILIENHAUS 10 Whg., Baujahr 1988, Beispielstr. 1, Beispielstadt

WF	vermietbare Wohnfläche:	*596,18* m²	Leerstand Wohnen m²:	*62,14*
GF	vermietbare Gewerbefläche:	*0,00* m²	Leerstand Gewerbe m²:	*0,00*
VMF	**VERMIETBARE FLÄCHE GESAMT:**	**596,18 m²**	**Leerstand ges. m²:**	**62,14**
	davon aktuell vermietete Fläche:	534,04 m²	Leerstand ges. in %:	10,42%
WE	Anzahl Wohneinheiten:	*10*	Wohneinheiten leer:	*1*
GE	Anzahl Gewerbeeinheiten:	*0*	Gewerbeeinheiten leer:	*0*
NE	**ANZAHL NUTZUNGSEINHEITEN GESAMT:**	**10**	**Einheiten leer gesamt:**	**1**
	mittlere Größe der Nutzungseinheiten:	59,62 m²		
	Anzahl Kfz.-Stellplätze:	*0*	Leerstand Stellpl.:	*0*

A 1	**KAUFPREIS NETTO, ohne Kaufnebenkosten:**	***900.000 €***	**Kaufpreis netto/m² VMF:**	**1.510 €**
	FAKTOR / Vielfaches der Jahres-IST-Miete	**17,00 -fach**		
	ROH-RENDITE:	**5,88%**		
A 2	**KAUFNEBENKOSTEN (KNK), inkl. MwSt.:**			
A 2.1	Grunderwerbsteuer (variiert je nach Bundesland):	54.000 €	in % von KP roh:	***6,00%***
A 2.2	Gebühren für Notar und Grundbuchamt:	7.200 €	in % von KP roh:	***0,80%***
A 2.3	Maklerprovision, inkl. MwSt.:	42.840 €	in % von KP roh:	***4,76%***
A 2.4	Bearbeitungsgebühr der finanzierenden Bank:	im Eff.-Zins enthalten		
A 2.5	Kosten für Verkehrswertegutachten, falls gesonderte Abrechnung:	1.800 €	in % von KP roh:	***0,20%***
A 2.6	diverse Kaufnebenkosten (Beratungskosten, etc.):	2.160 €	in % von KP roh:	***0,24%***
A 2ges.	**KAUFNEBENKOSTEN (KNK) gesamt:**	**108.000 €**	**in % von KP roh:**	**12,00%**
A 3	nur bei Erfordernis: Sofortige Investitionen / Instandsetzung o. ä.:	***0 €***	in % von KP roh:	0,00%
Ages.	**KAUFPREIS BRUTTO (Gesamtinvestition) einschl. KNK:**	**1.008.000 €**	Kaufpreis brutto/m² VMF:	1.691 €
	Anteil Grundstückskosten am Kaufpreis (KP) brutto:	154.700 €	Bodenrichtwert:	***260 €***
	Anteil Gebäudeanschaffungskosten* am KP brutto (Basis AfA*), ca.:	853.300 €	Grundstücksgröße m²:	***595 €***

B	**ERTRÄGE AUS VERMIETUNG**	**p. a.:**		**pro Monat:**
B 1.1	Ist-Mieteinnahme Wohnen netto-kalt:	***52.941 €***	je m² vermietete Wohnfl.:	8,26 €
B 1.2	Ist-Mieteinnahme Gewerbe netto-kalt:	***0 €***	je m² vermietete Gew.-Fl.:	0 €
B 1.3	Ist-Mieteinnahme für Kfz-Stellplätze:	***0 €***		
B 1.4	diverse Ist-Mieteinnahmen, z. Bsp. f. Lager, Mobilfunkantennen usw.:	***0 €***		
B 1ges.	**IST-MIETEINNAHME netto-kalt, gesamt p.a.:**	**52.941 €**	**Ist-Mieteinnahme pro Monat:**	**4.412 €**
B 2.1	Abzug Kosten für Instandhaltung / Instandsetzung:	7.154 €	je m² VMF p. a.:	***12,00 €***
	bei 10€ bis 12 € je m² p.a. dürfte die aktuelle Restnutzungsdauer RND in etwa gehalten werden können;			
B 2.2	Abzug für Mietausfallwagnis, einschl. Vermietungsprovisionen:	2.118 €	in % der Ist-Miete B1ges.:	***4,00%***
B 2.3	Abzug Kosten für Hausverwaltung:	3.360 €	je Mieteinheit pro Monat:	***28,00 €***
B 2.4	Abzug für diverse nicht umlagefähige Bewirtschaftungskosten (BWK):	604 €	in % der Ist-Miete B1ges.:	***1,14%***
B 2ges.	**SUMME BEWIRTSCHAFTUNGSKOST., nicht auf Miete umlegbar:**	**13.235 €**	BWK in % der Ist-Miete B1ges.:	**25,00%**
Bges.	**NETTO-REINERTRAG (= B1ges. - B2ges.):**	**39.706 €**	je m² vermietete Fläche i.Monat:	**6,20 €**
	GESAMTKAPITAL-RENDITE:	**3,94%**	**vor Zinsen**	

C	**FINANZIERUNG (Fremdkapital + Eigenkapital):**	**Betrag:**	**Anteil an Ages. %:**		**Kapitaldienst:**
C 1	**DARLEHEN (Fremdkapital):**	***756.000 €***	**75,00%**		
	eff. Zinssatz, Zinsbindungsfrist 15 Jahre:	***2,50%***		**p.a.:**	**18.900 €**
	Darlehensbelastung je m² vermietbare Fläche (VMF):	1.268,07 €			
	anfängl. Tilgung Bankendarlehen:	*2,00%*		**p.a.**	**15.120 €**
	getilgter Darlehensbetrag nach 15 Jahren:	**271.131 €**	**35,9%**		
	Restschuld aus Darlehen nach 15 Jahren:	484.869 €			
C 2	**EIGENKAPITAL:**	**252.000 €**	**25,00%**		
					Kapitald. ges.:
Cges.	**GESAMTKAPITAL (= C1 + C2 = Ages.):**	**1.008.000 €**	**100,00%**		**34.020 €**
ZDQ	**Zinsdeckungsquote** (gibt an, wie oft der Netto-Reinertrag die Zinsen abdeckt):	**2,10**			
KDQ	**Kapitaldienstdeckungsquote** (gibt an wie oft d. Netto-Reinertr. den Kapitaldienst abdeckt):	**1,17**			

D	**JAHRESÜBERSCHUSS / EIGENKAPITALRENDITE IM JAHR DES ANKAUFS**			
	Netto-Reinertrag aus Bges., vor Zinsen / Tilgung / Steuern, anfängl.:	39.706 €		
	Abzug Zinsen auf Bankendarlehen aus C1, anfängl. p.a.:	18.900 €		
D 1	**JAHRESÜBERSCHUSS vor Tilgung, vor Steuern:**	**20.806 €**	**EIGENKAPITAL-RENDITE:**	**8,26%**
	Abzug anfängl. Tilgung* auf Bankendarlehen C1, p.a.:	15.120 €		
D 2	**LIQUIDER JAHRESÜBERSCHUSS vor Steuern:**	**5.686 €**	**LIQUIDE EK-RENDITE:**	**2,26%**

* Tilgung ist Gewinn, der eigentlich noch zu versteuern wäre: allerdings wird der Tilgungsbetrag in etwa kompensiert durch die Abschreibung auf die Gebäudeanschaffungskosten (AfA: 2% bis 2,5% p.a.), sodass auf die Tilgung anfangs keine nennenswerte Steuerzahlung anfällt;

#H3 **TABELLE A3 / 17-fach:** 15-Jahres-Planung

MEHRFAMILIENHAUS 10 Whg., Baujahr 1988, Beispielstr. 1, Beispielstadt

KAUFPREIS NETTO, ohne Kaufnebenkosten:	**900.000 €**	
Faktor (Vielfaches der Jahres-IST-Miete):	**17,00 -fach**	
KAUFNEBENKOSTEN + SOFORTINVESTITIONEN:	108.000 €	
KAUFPREIS BRUTTO (Gesamtinvestition):	**1.008.000 €**	**100,00%**
davon EIGENKAPITAL in t1 bei Ankauf:	**252.000 €**	**25,00%**
davon BANKENDARLEHEN in t1 bei Ankauf:	**756.000 €**	**75,00%**
getilgter Darlehensbetrag nach 15 Jahren:	271.131 €	
getilgter Darlehensanteil nach 15 Jahren in Prozent:	35,86%	
RESTDARLEHEN BANK nach 15 Jahren:	**484.869 €**	

MIETENENTWICKLUNG / NETTO-REINERTRAG				**Kapitaldienst (Annuität)**		
	A*	**B**	**C**	**D**	**E**	**F**
Jahr	**Annahme Mietsteiger-ung* in t**	**IST-Miete aktuell in t netto-kalt**	**NRE nach 25,00% Abzug-BWK**	**Zinsen in t** (abnehmend)	**Tilgung in t** (zunehmend)	**GESAMT in t** (= D + E)
t1	**0,00%**	52.941 €	**39.706 €**	**18.900 €**	15.120 €	**34.020 €**
t2	**0,00%**	52.941 €	**39.706 €**	**18.522 €**	15.498 €	**34.020 €**
t3	**0,00%**	52.941 €	**39.706 €**	**18.135 €**	15.885 €	**34.020 €**
t4	***2,00%***	54.000 €	**40.500 €**	**17.737 €**	16.283 €	**34.020 €**
t5	**2,00%**	55.080 €	**41.310 €**	**17.330 €**	16.690 €	**34.020 €**
t6	**2,00%**	56.181 €	**42.136 €**	**16.913 €**	17.107 €	**34.020 €**
t7	**2,00%**	57.305 €	**42.979 €**	**16.485 €**	17.535 €	**34.020 €**
t8	**2,00%**	58.451 €	**43.838 €**	**16.047 €**	17.973 €	**34.020 €**
t9	**2,00%**	59.620 €	**44.715 €**	**15.598 €**	18.422 €	**34.020 €**
t10	**2,00%**	60.813 €	**45.609 €**	**15.137 €**	18.883 €	**34.020 €**
t11	**2,00%**	62.029 €	**46.522 €**	**14.665 €**	19.355 €	**34.020 €**
t12	**2,00%**	63.269 €	**47.452 €**	**14.181 €**	19.839 €	**34.020 €**
t13	**2,00%**	64.535 €	**48.401 €**	**13.685 €**	20.335 €	**34.020 €**
t14	**2,00%**	65.825 €	**49.369 €**	**13.177 €**	20.843 €	**34.020 €**
t15	**2,00%**	67.142 €	**50.356 €**	**12.656 €**	21.364 €	**34.020 €**
Ges.:	**26,82%**	883.073 €	**662.304 €**	**239.169 €**	**271.131 €**	**510.300 €**
	Durchschnitt 15 Jahre*: **1,79%**				Tilgung gesamt: **35,86%**	

* **vorsichtige** Annahme für Mietensteigerungen (Spalte A): 2%, einschl. Zins- und Zinseszinseffekten; keine Mietensteigerung von Jahr 1 bis 3;

** **vorsichtige** Annahme: keine Erholung des Faktors (d. h. des Anlegervertrauens); der Verkaufsgewinn wird deutlich höher, wenn zu höherem Faktor verkauft werden kann;

Ausgangswerte übernommen aus Tabelle A2

ERTRÄGE AUS VERMIETUNG		
IST-Miete netto-kalt in t1 bei Ankauf:	52.941 €	100,00%
Abzug Bewirtschaftungskosten (BWK) in t1:	**13.235 €**	**25,00%**
NETTO-REINERTRAG in t1 bei Ankauf vor Zinsen:	**39.706 €**	**75,00%**

KAPITALDIENST / ANNUITÄT IM JAHR DES ANKAUFS		
anfängliche Zinsen in t1:	2,50%	18.900 € p. a.
anfängliche Tilgung in t1:	2,00%	15.120 € p. a.
GESAMT:	**4,50%**	**34.020 € p. a.**

ÜBERSCHUSS / RENDITE AUS MIETEINNAHMEN				WERTENTWICKLUNG	
G	H	I	J	K **	L
liquider Überschuss in t (= C - D - E):	liquide EK-Rendite LROE	EK-Rendite in t aus Tilgung (E)	EK-Rendite GESAMT in t ROE	Annahme für Faktor** bei Verkauf	OBJEKTWERT (IST-Miete x Faktor = B x K)
5.686 €	**2,26%**	6,00%	**8,26%**	**17,00**	900.000 €
5.686 €	**2,26%**	6,15%	**8,41%**	**17,00**	900.000 €
5.686 €	**2,26%**	6,30%	**8,56%**	**17,00**	900.000 €
6.480 €	**2,57%**	6,46%	**9,03%**	**17,00**	918.000 €
7.290 €	**2,89%**	6,62%	**9,52%**	**17,00**	936.360 €
8.116 €	**3,22%**	6,79%	**10,01%**	**17,00**	955.086 €
8.959 €	**3,56%**	6,96%	**10,51%**	**17,00**	974.187 €
9.818 €	**3,90%**	7,13%	**11,03%**	**17,00**	993.671 €
10.695 €	**4,24%**	7,31%	**11,55%**	**17,00**	1.013.544 €
11.589 €	**4,60%**	7,49%	**12,09%**	**17,00**	1.033.815 €
12.502 €	**4,96%**	7,68%	**12,64%**	**17,00**	1.054.490 €
13.432 €	**5,33%**	7,87%	**13,20%**	**17,00**	1.075.580 €
14.381 €	**5,71%**	8,07%	**13,78%**	**17,00**	1.097.091 €
15.349 €	**6,09%**	8,27%	**14,36%**	**17,00**	1.119.033 €
16.336 €	**6,48%**	8,48%	**14,96%**	***17,00***	**1.141.414 €**
152.004 €	**hypothetisch angenommener Verkaufspreis Ende t15:**				**1.141.414 €**

Abzug Restdarlehen Ende t15:	484.869 €
Abzug Eigenkapital (EK):	252.000 €
ÜBERSCHUSS AUS VERKAUF im Jahr 15, steuerfrei:	**404.545 €**
+ liquide Mietüberschüsse gesamt in 15 Jahren, vor Steuern:	**152.004 €**
GESAMTÜBERSCHUSS aus Verkauf und Mieten, vor Steuern:	**556.548 €**
GESAMTÜBERSCHUSS in % bezogen auf das Eigenkapital in t1:	220,85%
durchschnittlich p.a.:	**14,72%**

TABELLE A2 / 12,5-fach: Ankaufsberechnung / Objektdaten

4 EIGENTUMSWOHNUNGEN, Baujahr 1928, Beispielstr. 2, Beispielstadt

WF	vermietbare Wohnfläche:	*292,00* m²	Leerstand Wohnen m²:	*0,00*
GF	vermietbare Gewerbefläche:	*0,00* m²	Leerstand Gewerbe m²:	*0,00*
VMF	**VERMIETBARE FLÄCHE GESAMT:**	**292,00 m²**	**Leerstand ges. m²:**	**0,00**
	davon aktuell vermietete Fläche:	292,00 m²	Leerstand ges. in %:	0,00%
WE	Anzahl Wohneinheiten:	*4*	Wohneinheiten leer:	*0*
GE	Anzahl Gewerbeeinheiten:	*0*	Gewerbeeinheiten leer:	*0*
NE	**ANZAHL NUTZUNGSEINHEITEN GESAMT:**	**4**	**Einheiten leer gesamt:**	**0**
	mittlere Größe der Nutzungseinheiten:	73,00 m²		
	Anzahl Kfz.-Stellplätze:	*0*	Leerstand Stellpl.:	*0*

A 1	**KAUFPREIS NETTO, ohne Kaufnebenkosten:**	***250.000 €***	**Kaufpreis netto/m² VMF:**	**856 €**
	FAKTOR / Vielfaches der Jahres-IST-Miete	**12,51 -fach**		
	ROH-RENDITE:	**7,99%**		
A 2	**KAUFNEBENKOSTEN (KNK), inkl. MwSt.:**			
A 2.1	Grunderwerbsteuer (variiert je nach Bundesland):	15.000 €	in % von KP roh:	***6,00%***
A 2.2	Gebühren für Notar und Grundbuchamt:	2.000 €	in % von KP roh:	***0,80%***
A 2.3	Maklerprovision, inkl. MwSt.:	11.900 €	in % von KP roh:	***4,76%***
A 2.4	Bearbeitungsgebühr der finanzierenden Bank:	im Eff.-Zins enthalten		
A 2.5	Kosten für Verkehrswertegutachten, falls gesonderte Abrechnung:	500 €	in % von KP roh:	***0,20%***
A 2.6	diverse Kaufnebenkosten (Beratungskosten, etc.):	600 €	in % von KP roh:	***0,24%***
A 2ges.	**KAUFNEBENKOSTEN (KNK) gesamt:**	**30.000 €**	**in % von KP roh:**	**12,00%**
A 3	nur bei Erfordernis: Sofortige Investitionen / Instandsetzung o. ä.:	*0 €*	in % von KP roh:	0,00%
Ages.	**KAUFPREIS BRUTTO (Gesamtinvestition) einschl. KNK:**	**280.000 €**	Kaufpreis brutto/m² VMF:	959 €
	Anteil Grundstückskosten am Kaufpreis (KP) brutto:	47.124 €	Bodenrichtwert:	***238 €***
	Anteil Gebäudeanschaffungskosten* am KP brutto (Basis AfA*), ca.:	232.876 €	Anteil 4 Whg. am Grundst. m²:	***198***

B	**ERTRÄGE AUS VERMIETUNG**	**p. a.:**		**pro Monat:**
B 1.1	Ist-Mieteinnahme Wohnen netto-kalt:	***19.980 €***	je m² vermietete Wohnfl.:	5,70 €
B 1.2	Ist-Mieteinnahme Gewerbe netto-kalt:	***0 €***	je m² vermietete Gew.-Fl.:	0 €
B 1.3	Ist-Mieteinnahme für Kfz-Stellplätze:	***0 €***		
B 1.4	diverse Ist-Mieteinnahmen, z. Bsp. f. Lager, Mobilfunkantennen usw.:	***0 €***		
B 1ges.	**IST-MIETEINNAHME netto-kalt, gesamt p.a.:**	**19.980 €**	**Ist-Mieteinnahme pro Monat:**	**1.665 €**
B 2.1	Abzug Kosten für Instandhaltung / Instandsetzung:	3.504 €	je m² VMF p. a.:	***12,00 €***
	bei 10€ bis 12 € je m² p.a. dürfte die aktuelle Restnutzungsdauer RND in etwa gehalten werden können;			
B 2.2	Abzug für Mietausfallwagnis, einschl. Vermietungsprovisionen:	599 €	in % der Ist-Miete B1ges.:	***3,00%***
B 2.3	Abzug Kosten für Hausverwaltung:	1.344 €	je Mieteinheit pro Monat:	***28,00 €***
B 2.4	Abzug für diverse nicht umlagefähige Bewirtschaftungskosten (BWK):	200 €	in % der Ist-Miete B1ges.:	***1,00%***
B 2ges.	**SUMME BEWIRTSCHAFTUNGSKOST., nicht auf Miete umlegbar:**	**5.647 €**	BWK in % der Ist-Miete B1ges.:	**28,26%**
Bges.	**NETTO-REINERTRAG (= B1ges. - B2ges.):**	**14.333 €**	je m² vermietete Fläche i.Monat:	**4,09 €**
	GESAMTKAPITAL-RENDITE:	**5,12%**	**vor Zinsen**	

C	**FINANZIERUNG (Fremdkapital + Eigenkapital):**	**Betrag:**	**Anteil an Ages. %:**		**Kapitaldienst:**
C 1	**DARLEHEN (Fremdkapital):**	***210.000 €***	**75,00%**		
	eff. Zinssatz, Zinsbindungsfrist 15 Jahre:	***2,50%***		**p.a.:**	**5.250 €**
	Darlehensbelastung je m² vermietbare Fläche (VMF):	719,18 €			
	anfängl. Tilgung Bankendarlehen:	***2,00%***		**p.a.**	**4.200 €**
	getilgter Darlehensbetrag nach 15 Jahren:	**75.314 €**	**35,9%**		
	Restschuld aus Darlehen nach 15 Jahren:	134.686 €			
C 2	**EIGENKAPITAL:**	**70.000 €**	**25,00%**		
					Kapitald. ges.:
Cges.	**GESAMTKAPITAL (= C1 + C2 = Ages.):**	**280.000 €**	**100,00%**		**9.450 €**
ZDQ	**Zinsdeckungsquote** (gibt an, wie oft der Netto-Reinertrag die Zinsen abdeckt): **2,73**				
KDQ	**Kapitaldienstdeckungsquote** (gibt an wie oft d. Netto-Reinertr. den Kapitaldienst abdeckt): **1,52**				

D	**JAHRESÜBERSCHUSS / EIGENKAPITALRENDITE IM JAHR DES ANKAUFS**			
	Netto-Reinertrag aus Bges., vor Zinsen / Tilgung / Steuern, anfängl.:	14.333 €		
	Abzug Zinsen auf Bankendarlehen aus C1, anfängl. p.a.:	5.250 €		
D 1	**JAHRESÜBERSCHUSS vor Tilgung, vor Steuern:**	**9.083 €**	**EIGENKAPITAL-RENDITE:**	**12,98%**
	Abzug anfängl. Tilgung* auf Bankendarlehen C1, p.a.:	4.200 €		
D 2	**LIQUIDER JAHRESÜBERSCHUSS vor Steuern:**	**4.883 €**	**LIQUIDE EK-RENDITE:**	**6,98%**

* Tilgung ist Gewinn, der eigentlich noch zu versteuern wäre: allerdings wird der Tilgungsbetrag in etwa kompensiert durch die Abschreibung auf die Gebäudeanschaffungskosten (AfA: 2% bis 2,5% p.a.), sodass auf die Tilgung anfangs keine nennenswerte Steuerzahlung anfällt;

#H5 **TABELLE A3 / 12,5-fach:** 15-Jahres-Planung

4 EIGENTUMSWOHNUNGEN, Baujahr 1928, Beispielstr. 2, Beispielstadt		
KAUFPREIS NETTO, ohne Kaufnebenkosten:	**250.000 €**	
Faktor (Vielfaches der Jahres-IST-Miete):	**12,51**	**-fach**
KAUFNEBENKOSTEN + SOFORTINVESTITIONEN:	30.000 €	
KAUFPREIS BRUTTO (Gesamtinvestition):	**280.000 €**	**100,00%**
davon EIGENKAPITAL in t1 bei Ankauf:	**70.000 €**	**25,00%**
davon BANKENDARLEHEN in t1 bei Ankauf:	**210.000 €**	**75,00%**
getilgter Darlehensbetrag nach 15 Jahren:	75.314 €	
getilgter Darlehensanteil nach 15 Jahren in Prozent:	35,86%	
RESTDARLEHEN BANK nach 15 Jahren:	**134.686 €**	

MIETENENTWICKLUNG / NETTO-REINERTRAG				**KAPITALDIENST (Annuität)**		
	A*	**B**	**C**	**D**	**E**	**F**
Jahr	**Annahme Mietsteiger-ung* in t**	**IST-Miete aktuell in t netto-kalt**	**NRE nach 28,26% Abzug-BWK**	**Zinsen in t** (abnehmend)	**Tilgung in t** (zunehmend)	**GESAMT in t (= D + E)**
t1	**0,00%**	19.980 €	**14.333 €**	**5.250 €**	4.200 €	**9.450 €**
t2	**0,00%**	19.980 €	**14.333 €**	**5.145 €**	4.305 €	**9.450 €**
t3	**0,00%**	19.980 €	**14.333 €**	**5.037 €**	4.413 €	**9.450 €**
t4	***2,00%***	20.380 €	**14.619 €**	**4.927 €**	4.523 €	**9.450 €**
t5	**2,00%**	20.787 €	**14.912 €**	**4.814 €**	4.636 €	**9.450 €**
t6	**2,00%**	21.203 €	**15.210 €**	**4.698 €**	4.752 €	**9.450 €**
t7	**2,00%**	21.627 €	**15.514 €**	**4.579 €**	4.871 €	**9.450 €**
t8	**2,00%**	22.060 €	**15.825 €**	**4.458 €**	4.992 €	**9.450 €**
t9	**2,00%**	22.501 €	**16.141 €**	**4.333 €**	5.117 €	**9.450 €**
t10	**2,00%**	22.951 €	**16.464 €**	**4.205 €**	5.245 €	**9.450 €**
t11	**2,00%**	23.410 €	**16.793 €**	**4.074 €**	5.376 €	**9.450 €**
t12	**2,00%**	23.878 €	**17.129 €**	**3.939 €**	5.511 €	**9.450 €**
t13	**2,00%**	24.356 €	**17.472 €**	**3.801 €**	5.649 €	**9.450 €**
t14	**2,00%**	24.843 €	**17.821 €**	**3.660 €**	5.790 €	**9.450 €**
t15	**2,00%**	25.339 €	**18.177 €**	**3.516 €**	5.934 €	**9.450 €**
Ges.:	**26,82%**	333.273 €	**239.076 €**	**66.436 €**	**75.314 €**	**141.750 €**
	Durchschnitt 15 Jahre*: **1,79%**				Tilgung gesamt: **35,86%**	

* **vorsichtige** Annahme für Mietensteigerungen (Spalte A): 2%, einschl. Zins- und Zinseszinseffekten; keine Mietensteigerung von Jahr 1 bis 3;

** **vorsichtige** Annahme: keine Erholung des Faktors (d. h. des Anlegervertrauens); der Verkaufsgewinn wird deutlich höher, wenn zu höherem Faktor verkauft werden kann;

Ausgangswerte übernommen aus Tabelle A2

ERTRÄGE AUS VERMIETUNG		
IST-Miete netto-kalt in t1 bei Ankauf:	19.980 €	100,00%
Abzug Bewirtschaftungskosten (BWK) in t1:	**5.647 €**	**28,26%**
NETTO-REINERTRAG in t1 bei Ankauf vor Zinsen:	**14.333 €**	**71,74%**

KAPITALDIENST / ANNUITÄT IM JAHR DES ANKAUFS		
anfängliche Zinsen in t1:	2,50%	5.250 € p. a.
anfängliche Tilgung in t1:	2,00%	4.200 € p. a.
GESAMT:	**4,50%**	**9.450 € p. a.**

ÜBERSCHUSS / RENDITE AUS MIETEINNAHMEN				WERTENTWICKLUNG	
G	H	I	J	K **	L
liquider Überschuss in t (= C - D - E):	liquide EK-Rendite LROE	EK-Rendite in t aus Tilgung (E)	EK-Rendite GESAMT in t ROE	Annahme für Faktor** bei Verkauf	OBJEKTWERT IST-Miete x Faktor = B x K)
4.883 €	**6,98%**	6,00%	**12,98%**	**12,51**	250.000 €
4.883 €	**6,98%**	6,15%	**13,13%**	**12,51**	250.000 €
4.883 €	**6,98%**	6,30%	**13,28%**	**12,51**	250.000 €
5.169 €	**7,38%**	6,46%	**13,85%**	**12,51**	255.000 €
5.462 €	**7,80%**	6,62%	**14,43%**	**12,51**	260.100 €
5.760 €	**8,23%**	6,79%	**15,02%**	**12,51**	265.302 €
6.064 €	**8,66%**	6,96%	**15,62%**	**12,51**	270.608 €
6.375 €	**9,11%**	7,13%	**16,24%**	**12,51**	276.020 €
6.691 €	**9,56%**	7,31%	**16,87%**	**12,51**	281.541 €
7.014 €	**10,02%**	7,49%	**17,51%**	**12,51**	287.171 €
7.343 €	**10,49%**	7,68%	**18,17%**	**12,51**	292.915 €
7.679 €	**10,97%**	7,87%	**18,84%**	**12,51**	298.773 €
8.022 €	**11,46%**	8,07%	**19,53%**	**12,51**	304.749 €
8.371 €	**11,96%**	8,27%	**20,23%**	**12,51**	310.844 €
8.727 €	**12,47%**	8,48%	**20,95%**	***12,51***	**317.060 €**
97.326 €	**hypoth. angenommener Verkaufspreis Ende t15:**				**317.060 €**

Abzug Restdarlehen Ende t15:	134.686 €
Abzug Eigenkapital (EK):	70.000 €
ÜBERSCHUSS AUS VERKAUF im Jahr 15, steuerfrei:	**112.375 €**
+ liquide Mietüberschüsse gesamt in 15 Jahren, vor Steuern:	**97.326 €**
GESAMTÜBERSCHUSS aus Verkauf und Mieten, vor Steuern:	**209.700 €**
GESAMTÜBERSCHUSS in % bezogen auf das Eigenkapital in t1:	299,57%
durchschnittlich p.a.:	**19,97%**

DANKE!

Zunächst habe ich zu bekennen, dass kaum etwas wirklich neu ist, was Sie in diesem Buch zu lesen bekommen. Das hat damit zu tun, dass sich die Grundzüge des Immobiliengeschäftes seit Generationen kaum verändert haben. Sozusagen *very old economy*. Beim Schreiben dieses Buches musste ich das Rad nicht neu erfinden. Ich bin kein innovativer Wissenschaftler. In meinem beruflichen Alltag wende ich altbewährte Strategien und Erkenntnisse rund um die Immobilie an, die ich von anderen erlernen durfte. Wie sagt man so schön: *Niemand ist eine Insel, nur für sich allein!*

Eine Vielzahl hilfsbereiter und fähiger Menschen hat mich im Rahmen gemeinsamer beruflicher Aktivitäten über lehrreiche Jahre hinweg an ihrem Wissens- und Erfahrungsschatz teilhaben lassen und tut dies noch immer. Nur dank ihrer Hilfe konnte ich all die Kenntnisse und Erkenntnisse sammeln, die ich in diesem Buch leicht nachvollziehbar für die Leser aufbereitet habe. Leider reicht der Platz hier nicht aus, um alle Freunde und Kollegen namentlich zu nennen, vor denen ich mich dankbar zu verneigen hätte. Stellvertretend seien einige besonders prägende Weggefährten der vergangenen 25 Jahre genannt (alphabetisch): Heinz Armbruster, Helmut Bätzner, Pat und Billy Costello, Andreas Engelmann, Dr. Herrmann Lumm, Nicola Peter und Heinz Rapp. Herzlichen Dank!

Auch einer Reihe ausländischer Autorenkollegen schulde ich Applaus: Auf dem deutschen Buchmarkt war ein allgemeinverständliches Immobilien-Einmaleins bisher nicht verfügbar. Verschiedene gute Anregungen ließen sich bei englischsprachigen Autoren finden. Mein inniger Dank dafür gehört unter anderem: Robert T. T. Kiyosaki für *Rich Dad Poor Dad*, Ken McElroy für *The ABC´s of Real Estate Investing*, William J. Poorvu und Jeffrey L. Cruikshank für *The Real Estate Game*, Dolf de Roos für sein Buch *Real Estate Riches*, sowie Robert Helms und Russel Gray für ihre gleichermaßen geistreiche wie unterhaltsame *Real Estate Guys Radio Show* (auch als Podcast verfügbar). Thank you all!

Ein weiteres riesiges Dankeschön gilt dem Projektleiter und Layouter, Philipp Peil, sowie den engagierten Lektoren dieses Buches, deren Kritik mich angespornt hat die Allgemeinverständlichkeit immer weiter zu verbessern.

Last but not least geht ein ganz besonderer Dank an die Grafiker von *Double Standards* für Kreativität und Ausdauer bei der Buchgestaltung. Ein Buch für einen Architekten zu gestalten, ist gewiss kein Zuckerschlecken.

DIES IST NICHT DAS ENDE,
SONDERN DER ANFANG.
VIEL FREUDE BEIM KLUGEN IMMOBILIENKAUF!

DAS EINMALEINS DER IMMOBILIEN-INVESTITION

3. Auflage, Dezember 2020